基礎からわかる
表示登記

横山 亘 著

一般社団法人 金融財政事情研究会

はじめに

　本書は、民法や不動産登記法を勉強する過程で表示の登記に興味をもったり、土地家屋調査士の国家資格に興味をもったり、法務局の職員としてこれから表示の登記を勉強をしたいと考えたり、金融機関で不動産融資を担当するので表示の登記を勉強したいと考えたり、さまざまな理由で表示の登記に興味や関心をもち、これから表示の登記の勉強をしようと思っている方に、まず初めに手にとって読んでいただけるような本でありたいと考えています。

　表示の登記の世界は、奥が深く、この1冊で、そのすべてをマスターすることは、とうてい不可能です。だからといって、いきなり分厚い教科書を読破しようとするのは、あまりに無謀といえます。せっかくの志も、表示の登記の魅力が十分に理解できずに、その習得を早々に諦めてしまうなどという悲しい結果になってしまうこともあると思います。

　筆者の信条として、初心者は、まず、表示の登記の世界がいったいどのようなものか、その全体像をふかんしたうえで、そこから、各自がそれぞれの目的にあわせて、基本書を選定し、さらなる表示の登記の世界に進んでいくのが理想であり、また、そうあるべきと思うのです。

　本書の目的は、不動産の表示に関する登記の基本的な仕組みを初心者に理解していただくことにあり、表示の登記を学ぶために、最低限必要となる用語や規定をもらすことなく掲載することを意図していることから、基礎中の基礎となる事柄しか触れることができません。しかし、基礎を理解するということは、これからの皆さんにとって、何よりも重要なことであり、それがすべての出発点となり、やがて、皆さんの永遠の財産になっていくのだと思います。

　皆さんが今後、数えきれないほど繰り返し、読み込むことになるであろう法令の規定は、惜しむことなく掲載します。初心者にとって条文は、難解でわかりにくいものですが、条文に接することは、迂遠なことのようで、結局は近道であることを著者は身をもって経験しています。「この取扱いには、

法令の裏付けがある」ことを1つずつ確認しながら、理解を進めることは、これから表示の登記の勉強をする初心者にとっては、きわめて重要なことであるといえます。

　重要な判例、先例なども厳選して掲載します。また、なるべくわかりやすい言葉を用いつつも、早急に覚えるべき専門用語や、勉強を進めるうちに壁にぶつかるであろう論点も、さわりの部分だけになりますが、掲載するよう心がけます。

　なお、あらかじめお断りしておきますが、本書の目的は、あくまでも表示に関する登記の基礎を理解していただくことにあり、「土地所在図」「地積測量図」「建物図面」「各階平面図」などの図面については、不動産登記法などで定められている要件を説明をするにとどめています。つまり、図面作成のために必要とされる測量に関する知識や技術の基礎について詳述することは本書の対象外となりますので、これらについては、別途、それぞれの方法で習得していただきたいと思います。

　平成29年2月

横　山　亘

【著者略歴】

横山 亘

昭和58年東京法務局
平成5年法務省民事局第三課
平成10年法務省民事局第四課
平成13年東京法務局
平成17年法務省民事局民事第二課司法書士・土地家屋調査士係長
平成18年同課不動産登記第二係長
平成20年東京法務局港出張所登記官
平成22年東京法務局不動産登記部門登記官
平成24年広島法務局不動産登記部門統括登記官
平成26年千葉地方法務局松戸支局統括登記官
平成27年4月から新潟地方法務局供託課長

〈参考文献〉
清水湛・新井克美・全訂不動産表示登記入門・社団法人民事法情報センター
法務総合研究所・研修教材不動産登記法(表示に関する登記)(第7版)
法務省民事局　測量技術講習教材平成13年3月・再訂測量実務

目　次

第1章　表示登記制度の基礎を学ぼう

Q 1　不動産登記制度とは何ですか………………………………………3
Q 2　表示に関する登記とは何ですか……………………………………10
Q 3　表示に関する登記と権利に関する登記との違いは何ですか………13
Q 4　登記することができる土地とは何ですか…………………………19
Q 5　登記することができる建物とは何ですか…………………………25
Q 6　実地調査とは何ですか。どんなときにするのですか……………31
Q 7　登記所とは何ですか…………………………………………………34
Q 8　登記官とは何ですか…………………………………………………35
Q 9　登記簿（登記記録）とは何ですか…………………………………36
Q10　表示に関する登記には、どんな種類がありますか………………39
Q11　表示に関する登記は、だれが申請するのですか。それは、義務ですか……………………………………………………………………42
Q12　所有者が表示登記の申請義務を果たさず、死亡した場合には、だれが登記申請人になるのですか……………………………………44
Q13　代位による登記の申請とは何ですか………………………………46
Q14　嘱託登記とは何ですか………………………………………………49

第2章　地図と図面の基礎を学ぼう

Q15　登記所には、どのような図面がありますか………………………53
Q16　なぜ登記所に地図が備えられているのですか……………………60
Q17　地図に準ずる図面とは何ですか……………………………………69
Q18　公図とは何ですか……………………………………………………72
Q19　土地所在図とは何ですか。どのようにして作成するのですか…74
Q20　地積測量図とは何ですか。どのように作成するのですか………81

Q21	建物所在図とは何ですか	93
Q22	建物図面とは何ですか	96
Q23	各階平面図とは何ですか	106

第3章 土地の登記事項の基礎を学ぼう

Q24	土地の表示に関する登記事項には、何がありますか	115
Q25	土地の所在とは何ですか	119
Q26	土地の地番とは何ですか	121
Q27	土地の地目とは何ですか	123
Q28	土地の地積とは何ですか	134
Q29	表題部の所有者とは何ですか	142
Q30	不動産番号とは何ですか	144
Q31	登記原因およびその日付とは何ですか	145
Q32	登記の年月日とは何ですか	146

第4章 建物の登記事項の基礎を学ぼう

Q33	建物の表示に関する登記事項には、何がありますか	149
Q34	建物の所在地番とは何ですか	154
Q35	建物の家屋番号とは何ですか	157
Q36	建物の名称とは何ですか	161
Q37	建物の床面積とは何ですか	162
Q38	建物の種類とは何ですか	168
Q39	建物の構造とは何ですか	172
Q40	附属建物とは何ですか	177

第5章 区分建物の基礎を学ぼう

| Q41 | 区分建物とは何ですか | 183 |

Q42	敷地権とは何ですか	185
Q43	専有部分と敷地利用権の一体性とは何ですか	190
Q44	共用部分とは何ですか	193
Q45	団地共用部分とは何ですか	196
Q46	区分建物の登記記録は、どうなっていますか	198

第6章 各種登記の基礎を学ぼう

Q47	土地の表題登記とは何ですか	211
Q48	土地の表題部の登記事項の変更の登記とは何ですか	214
Q49	土地の表題部の氏名等の変更または更正の登記とは何ですか	216
Q50	地目の変更の登記とは何ですか	219
Q51	地積の変更の登記とは何ですか	222
Q52	土地の表題部の登記事項の更正の登記とは何ですか	223
Q53	地目の更正の登記とは何ですか	224
Q54	地積の更正の登記とは何ですか	225
Q55	所有者の更正の登記とは何ですか	226
Q56	土地の滅失の登記とは何ですか	228
Q57	土地の分筆の登記とは何ですか	229
Q58	一部地目変更による分筆および地目変更の登記とは何ですか	234
Q59	土地の合筆の登記とは何ですか	236
Q60	土地の分合筆の登記とは何ですか	240
Q61	建物の表題登記とは何ですか	242
Q62	建物の表題部の変更の登記とは何ですか	247
Q63	建物の表題部の更正の登記とは何ですか	253
Q64	建物の分割の登記とは何ですか	255
Q65	建物の区分の登記とは何ですか	259
Q66	建物の合体の登記とは何ですか	264
Q67	建物の合併の登記とは何ですか	267
Q68	建物の滅失の登記とは何ですか	272

第7章 登記申請手続の基礎を学ぼう

- Q69 登記申請は、どのようにするのですか……………………………… 277
- Q70 登記申請情報は、どのように作成するのですか…………………… 282
- Q71 添付情報には、どのようなものがあるのですか…………………… 288
- Q72 登記識別情報とは何ですか…………………………………………… 292

第8章 表示に関する登記の申請方法を学ぼう

- Q73 土地の表題登記の申請は、どのようにするのですか……………… 297
- Q74 地目の変更の登記の申請は、どのようにするのですか…………… 302
- Q75 地目の更正の登記の申請は、どのようにするのですか…………… 307
- Q76 地積の更正の登記の申請は、どのようにするのですか…………… 312
- Q77 土地の分筆の登記の申請は、どのようにするのですか…………… 317
- Q78 土地の合筆の登記の申請は、どのようにするのですか…………… 323
- Q79 土地の滅失の登記の申請は、どのようにするのですか…………… 329
- Q80 新築による建物の表題登記の申請は、どのようにするのですか… 333
- Q81 建物の滅失の登記の申請は、どのようにするのですか…………… 341
- Q82 建物の増築登記の申請は、どのようにするのですか……………… 346
- Q83 附属建物の新築の登記の申請は、どのようにするのですか……… 351
- Q84 建物の表題部の登記事項の更正の登記の申請は、どのようにするのですか…………………………………………………………… 356
- Q85 区分建物の表題登記の申請は、どのようにするのですか………… 361
- Q86 地図訂正の申出は、どのようにするのですか……………………… 368

事項索引………………………………………………………………………… 374

第1章

表示登記制度の基礎を学ぼう

皆さんは、「登記」「登記所」「登記簿」「登記官」などの言葉を聞いたことがありますか。社会人であれば、知っているという方は多いかもしれませんし、学生時代に民法の勉強をした方なら、きっと記憶の片隅に残っていることでしょう。その一方で、中高生にとっては、まったくなじみのない言葉ではないでしょうか。

　「登記」とは、大ざっぱにいえば、登記所という国家機関で行われる行政事務のことですが、その「登記」には、「不動産登記」と「商業法人登記」があります。この2つは、類似する点も多くありますが、基本的には別の事務です。

　本書のなかで、「登記」という言葉が出てきた場合には、特に断りがない限り、「不動産登記」を指すものです。

　まず、この章では、登記制度の基礎について説明します。初心者にはむずかしいかもしれませんが、がんばってください。では、不動産登記と表示の登記について、詳しくみていきましょう。

Q1 不動産登記制度とは何ですか

不動産登記制度を一言でまとめてみました。

> 不動産登記制度は、**国家機関（登記所）**に所属する**登記官**が、**不動産登記法**の定めるところにより、**公の帳簿**（登記簿・登記記録）に、個々の**不動産**についての**物理的な状況**（表示に関する登記）と**権利関係**（権利に関する登記）を記録し、**公示すること**によって、国民の権利の保全を図り、もって不動産取引の安全と円滑に資するためのものです。

とても大事な制度であることは、察していただけると思いますが、これでは、初心者にはむずかしすぎます。

では、分解して、説明しましょう。

1　国家機関（登記所）

不動産登記は、登記所という国家機関で行うものです。しかし、登記所という名のついた行政機関は存在しません。法律では、法務局（地方法務局）という名の行政機関が登記所の事務を行うことになっています。法務局が「登記所」と呼ばれるのは、このような理由からです。

ちなみに、戦前の登記事務は、裁判所で行われていて、当時は、裁判所が「登記所」だったわけです。

❗ 登記所について、もっと知りたいあなたは、Q7へ進んでください。

2　登 記 官

登記官とは、登記所で登記事務を処理する独任制の行政官庁（独任官庁）

のことです。独任制とは、行政庁が1人の者により構成されていることで、合議制の反対です。わかりやすくいえば、登記官は、一つひとつの登記事務の処理について、自身の判断と責任において、独立してその権限を行使するということです。

　登記官の事務は、法務局（地方法務局）に勤務する法務事務官のなかから、法務局長（地方法務局長）に指定された職員が行っています。

！　登記官について、もっと知りたいあなたは、Q8へ進んでください。

③　不動産登記法

　不動産登記制度は、「不動産登記法」という法律に基づき行われています。この法律には長い歴史があります。今日の不動産登記制度の基盤が確立されたのは、明治32年に制定された「(旧)不動産登記法」です。この法律は、その後、100年を超えて、社会や経済の変化に伴って、重要な改正を何度も経験しながら、その基本的な仕組みを維持し続けてきました。

　そして、平成16年には、オンライン申請手続などに対応するために、これまでの不動産登記法を全面的に改めた、新しい「不動産登記法」が制定されました。この法律は、平成17年3月7日から施行されています。本書で引用する不動産登記法は、この新しい法律になります。

　不動産登記制度は、複雑かつ難解で、1つの法律のなかでその詳細を規定することなどできません。そこで、不動産登記令（政令）、不動産登記規則（法務省令）、といった下位の法令が置かれています。また、不動産登記事務取扱手続準則（法務省民事局長通達）をはじめ、登記実務上のさまざまな問題点について事務処理上の指針を示した、膨大な法務省通達、先例があります。登記官は、これらに基づいて、登記事務を運用しているのです。

　初心者は、まず、最上位の不動産登記法を理解することから始めるべきです。やがて、必要に応じて、下位の法令や通達、先例なども徐々に理解することができるようになると思います。

> **専門知識1－1** 「法律」「政令」「省令」「通達」「先例」の違い
>
> 「法律」とは、衆参両議院の議決を経て制定される国法の一形式をいう。
> 「政令」とは、憲法および法律を実施するために内閣が制定する命令をいう。不動産登記令は、法律である不動産登記法の委任を受けて、登記申請人等に義務を課すなどの必要事項が定められている。
> 「省令」とは、各省大臣が主任の行政事務につき、法律もしくは政令を施行するためまたは法律もしくは政令の特別の委任に基づいて発する命令をいう。不動産登記規則は、不動産登記法および不動産登記令の委任を受けて、登記申請人等に義務を課すなどの必要事項が定められている。
> 登記官が登記実務を処理するうえでの指針として、上級行政庁の発する「通達」と、個別の具体的事件の処理方法についての照会に対し上級庁の発する「回答」は、あわせて「先例」と呼ばれている。
> 「通達」とは、全国の登記行政が統一的に運用されるように、不動産に関する法令の解釈あるいは運用の統一的基準を示すもので、回答は、個別の具体的事件の処理方法や運用すべき法令の解釈について、上級行政庁の判断を示したものである。
> 「先例」とは、直接的には、登記官を法律上または事実上拘束するものであり、申請人を直接拘束するものではないが、登記官が先例に拘束されることから、事実上、間接的に申請人を拘束することとなる。

4 公の帳簿（登記簿・登記記録）

　登記簿とは、登記所で登記官によって保管されている帳簿のことです。登記官がこの帳簿に必要な事柄を書き込んでいる姿をイメージすれば、わかりやすいと思います。

　後ほど、詳しく説明しますが、1つの不動産には1つの登記用紙を備えるという約束事があり、実際、登記所には、明治時代から平成の初めまでの間、大福帳やバインダー式の帳簿が備え付けられていました。

　大福帳やバインダー式の登記簿には、複数の登記用紙がつづられていて、登記官は、この登記用紙に、登記事項と呼ばれる一定の事項を手書きしたり、タイプライターで打ち込んで、公開してきたのです。

　現在、登記事務は電子化され、登記用紙に記載されていた事項は、「登記

記録」と呼ばれる電子データ（電磁的記録）を指すことになりました。登記簿という名は、いまも残っているのですが、昔のような大福帳やバインダー式の帳簿を指すのではなく、登記記録を記録する磁気ディスク（媒体）を指すものに変わりました。

この辺りの話は、登記簿の電子化に伴って、紙の時代に用いられてきた用語が意味を変えて残されていたり、新しい用語に変わったりしているので、初心者でなくてもわかりにくいところです。

! 登記簿について、もっと知りたいあなたは、Q9へ進んでください。

5　不 動 産

社会人であればだれもが不動産の意味を知っていると思いますが、その法律上の定義は、民法にあります。

民法第86条　（不動産及び動産）　土地及びその定着物は、不動産とする。
　2　不動産以外の物は、すべて動産とする。
　3　無記名債権は、動産とみなす。

民法86条には、「土地及びその定着物は、不動産とする」と書いてあります。土地が不動産であることはわかるのですが、「その定着物」とは、いったい何のことでしょう。

残念ながら、民法にこれ以上のことは書いてありません。「土地の定着物」が何かは、不動産登記法が明らかにしています。

不動産登記法第2条　（定義）　この法律において、次の各号に掲げる用語の意義は、それぞれ当該各号に定めるところによる。
　一　不動産　土地又は建物をいう。

不動産登記法2条1号は、「土地の定着物」が「建物」を指すことを明ら

かにしています。ここでは、不動産登記が土地と建物を対象とするものであることを理解してください。

! 土地や建物について、もっと知りたいあなたは、Q4・Q5へ進んでください。

⑥ 物理的な状況

　不動産の物理的な状況とは、1つの不動産を特定するために必要となる不動産のかたちや場所などの情報のことです。

　土地を例にとると、その土地が「何県何市何町何丁目」にあるのかという「所在」についての情報、その土地が「何番」なのかという「地番」についての情報、その土地が「田」「畑」「宅地」など、どのように利用されているのかという「地目」についての情報、その土地がどれだけの大きさなのかという「地積」についての情報などです。

　これらは、1つの土地ごとにつくられた登記記録の「表題部」という欄に記録される情報であり、表題部にされる登記は、「表示に関する登記」と呼ばれます。

　また、登記所には、登記記録のほかに、「地図」や「地積測量図」と呼ばれる図面も備え付けられていて、これらも、土地の物理的な状況を表す情報といえます。

　建物についても1つの建物ごとにつくられた登記記録の「表題部」欄の記録や、「建物所在図」「建物図面」「各階平面図」などの図面が備え付けられていて、土地と同じく、建物の物理的な状況がわかるようになっています。

! 物理的な状況について、もっと知りたいあなたは、Q2・Q10へ進んでください。

⑦ 権利関係

　不動産についての権利関係とは、民法177条に規定する「物権の得喪及び変更」のことをいいます。物権とは、物を直接に支配して、利益を受ける排

他的な権利のことで、所有権、地上権、抵当権など、法律で定められています。物権は債権などと比べると非常に強力な権利が法律上認められています。しかし、その帰属や内容は、目にみえない観念的な存在であり、外部の者は簡単には知ることができません。そこで、これら物権の内容とその変動の過程を登記によって明らかにしようとするものです。これらは、1つの不動産ごとにつくられた登記記録の「権利部」という欄に記録される情報であり、権利部にされる登記は、「権利に関する登記」と呼ばれます。

! 権利関係について、もっと知りたいあなたは、Q3へ進んでください。

専門知識1-2　物権とは

　物権とは、特定の物を直接に支配することを内容とする権利である。債権とともに、財産権の主要部分を占めるものである。債権が債務者の行為を内容とするものであるのに対し、物権は、直接に物を支配することを内容とし、排他性を有することが大きな特徴である。したがって、同一の物の上に、相いれない物権が2個以上同時に成立することができない（これを「一物一権主義」という）。

　物権は、現存する特定の独立した物の上にだけ成立し、同一物上では債権に優先する。また、物権の間では、先に成立したものが優先する（これらを「物権の優先的効力」という）。そして、物権の内容の実現が妨げられた場合には、その排除を請求する権利を有する（これを「物権的請求権」という）。

---

⑧　公示すること

　物を買ったり、借りたり、その物を担保にお金を貸すときは、事前にその物がだれの所有で、どんな他人の権利がついているかを知る必要があります。これら物権の帰属や内容を明らかにする方法を公示方法と呼んでいます。民法では、動産については「引渡し」が、不動産については「登記」が公示方法となっています。

　つまり、調査が必要な不動産について、その登記記録の内容を確認するこ

とによって、物権の帰属や内容がわかるのです。だれでも登記官に対し、定められた手数料を納付すれば、登記記録に記録されている内容を証明した書面（登記事項証明書）の交付を求めることができます。

専門知識1－3　物とは

　物とは、権利の客体である。権利の客体とは、権利の主体である人（自然人と法人）に対する概念である。一般に、物といえば、有体物と無体物の総称であるが、民法上の物は、有体物のみを指し、電気、熱、光などの無体物を含まない。また、民法上の物は、動産と不動産に分類される。不動産以外の物は、すべて動産である。

---

⑨　まとめ

　登記簿（登記記録）には、不動産の物理的な状況と、その不動産についての権利の帰属や内容が記載（記録）されています。そして、これを公開することによって、だれでも容易に、その不動産の所有者がだれであるか、その不動産に地上権や抵当権といった他人の権利がついているかどうか、その権利の内容がどのようなものであるかを知ることができます。このように登記記録をみることによって、不動産の取引を安心して行うことができるよう、不動産登記制度が設けられています。

　最後に、不動産登記法の目的を確認しておきましょう。

不動産登記法第1条　（目的）　この法律は、不動産の表示及び不動産に関する権利を公示するための登記に関する制度について定めることにより、国民の権利の保全を図り、もって取引の安全と円滑に資することを目的とする。

表示に関する登記とは何ですか

　ここでは、表示に関する登記について、詳しく説明してみたいと思います。表示に関する登記を一言でまとめてみました。

> 　表示に関する登記とは、不動産の物理的な状況を公示するため、土地または建物の登記記録の表題部にされる登記のことであり、権利に関する登記の前提となるものである。

　不動産登記制度が機能するためには、不動産の物理的な状況がしっかりと公示されなければなりません。その役目を担っているのが表示に関する登記ということになります。

　次ページに示したのは、土地の登記事項証明書のサンプルです。

　「表題部（土地の表示）」をみると、所在や物理的状況のほかに、所有者の欄があります。この所有者は、後日、「権利部（甲区）（所有権に関する事項）」に権利の登記（所有権保存の登記）を申請するときの申請適格者となります。申請適格者とは、所有権保存の登記を申請する権限をもっている人という意味です。

!　表題部所有者について、もっと知りたいあなたは、Q11へ進んでください。

　表示に関する登記と権利に関する登記が「所有者」でつながっていることがわかります。

　ところで、表示に関する登記の制度は、昭和35年の旧不動産登記法の一部改正によってできたもので、それより以前は、登記所では権利に関する登記しか扱っていませんでした。

　つまり、登記制度は、もともと、権利に関する登記を公示するためのもの

表　題　部　（土地の表示）	調製	余　白	不動産番号	○○○○○○○
地図番号	余　白	筆界特定	余　白	
所　　在	特別区南郡町一丁目		余　白	

①地番	②地目	③地積　㎡	原因及びその日付（登記の日付）
101番	宅地	300：00	不詳 （平成20年10月14日）
所　有　者	千葉県船橋市海神町何丁目何番何号　甲　野　太　郎		

権　利　部　（甲区）　（所有権に関する事項）			
順位番号	登記の目的	受付年月日・受付番号	権利者その他の事項
1	所有権保存	平成20年10月15日 第637号	所有者　千葉県船橋市海神町何丁目何番何号 　　　　甲　野　太　郎
2	所有権移転	平成20年10月27日 第718号	原因　平成20年10月26日売買 所有者　特別区南郡町一丁目5番5号 　　　　法　務　五　郎

権　利　部　（乙区）　（所有権以外の権利に関する事項）			
順位番号	登記の目的	受付年月日・受付番号	権利者その他の事項
1	抵当権設定	平成20年11月12日 第807号	原因　平成20年11月4日金銭消費貸借同日 　　　設定 債権額　金4,000万円 利息　年2・60％（年365日日割計算） 損害金　年14・5％（年365日日割計算） 債務者　特別区南郡町一丁目5番5号 　　　　法　務　五　郎 抵当権者　特別区北郡町三丁目3番3号 　　　　株　式　会　社　南　北　銀　行 　　　　（取扱店　南郡支店） 共同担保　目録㈲第2340号

共　同　担　保　目　録				
記号及び番号	㈲第2340号		調製	平成20年11月12日
番　号	担保の目的である権利の表示	順位番号	予　備	
1	特別区南郡町一丁目　101番の土地	1	余　白	
2	特別区南郡町一丁目　101番地 家屋番号　101番の建物	1	余　白	

　これは登記記録に記録されている事項の全部を証明した書面である。
平成20年11月12日
何何法務局何何出張所　　　　登記官　　　　　法　務　一　郎

みほん
電子公印

※　下線のあるものは抹消事項であることを示す。　整理番号　D23534　（1/2）　1/1

として存在していたのです。しかし、その当時の登記簿にも、表題部はありました。

「表示に関する登記制度はないのに、表題部はあった」。これはいったいどういうことでしょう。

実は、明治時代から昭和25年7月31日までは、台帳制度というものがあり、税務署が課税対象となる土地や建物を特定するために「土地台帳」と「家屋台帳」を備え付けていたのです。登記所は、表題部をつくるために必要な情報を、この台帳からもらっていたのです。

その後、不動産への課税は、市町村が固定資産税を課することとなったので、この台帳制度は必要がなくなりました。そこで、登記所は、昭和25年8月に税務署からこれら台帳の移管を受け、以後、登記所が台帳事務を引き継いだのです。この時から、台帳事務は、課税のためではなく、登記所が不動産の物理的状況を明確にするためのものに変わっていきます。

しかし、同じ登記所のなかで、同じ目的のために、登記制度と台帳制度が併存することは、合理的とはいえません。そこで、昭和35年の旧不動産登記法の一部改正により、台帳事務が登記事務に統合され、新たに「表示に関する登記」として、生まれ変わっていったのです。これを一元化といいます。

表示に関する登記と権利に関する登記との違いは何ですか

　表示に関する登記と、権利に関する登記には、大きく分けて、次の4つの違いがあります。

1　登記の対抗力
2　申請義務
3　登記官の審査権
4　職権主義

　順に説明しましょう。

1　登記の対抗力

> **民法第177条**（**不動産に関する物権の変動の対抗要件**）　不動産に関する物権の得喪及び変更は、不動産登記法（平成16年法律第123号）その他の登記に関する法律の定めるところに従いその登記をしなければ、第三者に対抗することができない。

　登記の対抗力とは、不動産に関する権利の変動、たとえば、所有権を移転したり、抵当権を設定した場合に、これを第三者に対抗するためには、登記が必要になるという民法177条の効力をいいます。
　この権利の変動のことを「**物権変動**」といいます。
　たとえば、売主と買主の間で不動産の売買をした場合、売買契約が成り立つと、その不動産の所有権は売主から買主へ移転します。これは、所有権という物権が売主から買主へ変動したことになります。
　売買契約の当事者である売主と買主との間では、物権変動の有無が明らか

第1章　表示登記制度の基礎を学ぼう　13

ですが、売主と買主以外の人（第三者）にとっては、物権変動があったことを知ることは容易ではありません。

そこで、売主と買主がこの物権変動があったことを第三者に対して、法律上主張するためには、その登記をしなければならないとされたのです。これが「登記の対抗力」です。

この登記をすることによって、はじめて買主は、対抗力のついた、完全な所有権を得ることになります。逆にいうと、売主と買主の間で所有権移転の契約をしただけで、登記をしないのであれば、買主は第三者への対抗力のない、不完全な所有権しか取得できないことになるのです。

これは、不完全物権変動説（通説）と呼ばれ、初心者にわかりやすい考え方なので、紹介しました。なお、諸説ありますので、興味があれば、専門書で民法177条の物権変動論を勉強してください。

話が脱線しましたが、権利に関する登記は、この「対抗力」を得るためのもので、権利に関する登記には、対抗力が与えられています。これに対し、表示に関する登記は、不動産の物理的な状況を公示するもので、この「対抗力」を得るための登記ではありません。

ちょっと待った！

建物の区分所有等に関する法律に定められている「共用部分である旨の登記」は、表示に関する登記に分類されているが、この登記は、対抗力を有する登記である（区分所有法4条2項）。また、借地権者が登記されている建物を所有するときは、借地権を第三者に対抗することができることがある（借地借家法10条1項）が、ここでいう登記には、表題登記のみがされた建物が含まれる（最判昭50・2・13）。

専門知識1－4　物権変動と物権行為

物権変動とは、物権の発生、変更、消滅の総称である。物権変動は、物権当事者の法律行為（物権行為）によって生ずることが多いが、そのほか、時効、混同、先占、遺失物拾得、埋蔵物発見、附合、混和、加工、相続、公用徴収、没収等によっても生じる。

物権行為とは、所有権移転行為、抵当権設定行為など、直接に物権変動を

生じさせる法律行為のことである。これに対し、売買行為、贈与行為などは、債権行為と呼ばれる。債権行為は、売主や贈与者に所有権移転の債務を負担させるものであり、所有権の移転は、その債務の履行としてされるものと考えられる。もっとも、わが国の民法は、所有権の移転も意思表示だけで完結する（これは、「意思主義」と呼ばれ、フランス民法の立法例である。ドイツ民法は、所有権の移転に登記や引渡しなどの特別な形式を必要とする「形式主義」がとられている）ので、当事者が物権行為と債権行為を明確にしていないときは、原則として、売買や贈与の契約によって所有権の移転の効果が生じると考えられている（判例・通説）。

② 申請義務

　表示に関する登記は、不動産の物理的な状況を公示するもので、その性質上、常に不動産の最新の現況が登記される必要があります。
　たとえば、土地の利用状況が畑から宅地に変わったり、建物を新築したり、取り壊したような場合には、これを直ちに登記記録に反映させなければなりません。

不動産登記法第36条　（土地の表題登記の申請）　新たに生じた土地又は表題登記がない土地の所有権を取得した者は、その所有権の取得の日から1月以内に、表題登記を申請しなければならない。

第164条　（過料）　第36条、（中略）の規定による申請をすべき義務がある者がその申請を怠ったときは、10万円以下の過料に処する。

　そこで、表示に関する登記には、不動産の所有者に登記申請義務が課され、この義務を怠った者には罰則も規定されています。
　一方、権利に関する登記は、対抗力を得るためのものであり、登記するかどうかは、当事者の自由になります。登記をしなかったことにより、法律上の不利益を受けたとしても、それは、登記をしなかった当事者の責任ということになるのです。

> **ちょっと待った！**
>
> 表示に関する登記のなかには、形成的登記（または創設的登記）というジャンルがあり、これらの登記には、登記申請義務はなく、登記するかどうかは、当事者の自由な意思に委ねられている。

! 形成的（創設的）登記について、もっと知りたいあなたは、Q10へ進んでください。

③ 登記官の審査権

表示に関する登記は、不動産の物理的な状況を公示するものです。登記の申請がされたとしても、本当に申請どおりの現況になっているかどうかはわかりません。

> **不動産登記法第29条　（登記官による調査）**　登記官は、表示に関する登記について第18条の規定により申請があった場合及び前条の規定により職権で登記しようとする場合において、必要があると認めるときは、当該不動産の表示に関する事項を調査することができる。
> 2　登記官は、前項の調査をする場合において、必要があると認めるときは、日出から日没までの間に限り、当該不動産を検査し、又は当該不動産の所有者その他の関係者に対し、文書若しくは電磁的記録に記録された事項を法務省令で定める方法により表示したものの提示を求め、若しくは質問をすることができる。この場合において、登記官は、その身分を示す証明書を携帯し、関係者の請求があったときは、これを提示しなければならない。

そこで、登記官には、現地に行って、その不動産の現況を調査したり、所有者や隣接土地の住民に話を聞くことが許されています。

これを「**実地調査権**」または「**実質的審査権**」といいます。

これに対して、権利に関する登記には、登記官にそのような審査権があり

ません。この場合には、申請された書類や情報のなかから、物権変動の有効無効などを判断することが認められていますが、現地に行って、不動産を調査したり、当事者から契約内容や物権変動の事実を口頭などで確認することは認められません。

これを「**形式的審査権**」といいます。

権利に関する登記は、大量に申請されるので、これを適正かつ迅速に審査するためには、このような審査方式が最適であると考えられています。

表示に関する登記と権利に関する登記は、登記官の審査権がまったく違っているということを理解していただけましたか。

> **ちょっと待った！**
>
> 権利に関する登記にも、申請人本人の確認の審査については、一定の要件のもと、申請人等に出頭を求めたり、質問をしたりすることが認められているので、この限りにおいて、権利に関する登記にも、実質的な審査権があるといえる（不動産登記法24条など）。

4 職権主義

表示に関する登記は、登記官が職権で登記をすることができます。不動産の所有者には、登記申請義務が課されているのですが、義務が課されているとはいえ、登記の申請をしないこともあります。また、登記の申請を待っていたのでは不十分な場合もあります。このような場合には、登記官に職権で登記をすることを認めないと、不動産の物理的な状況を公示するという表示に関する登記の目的を達成することができません。

> **不動産登記法第28条　（職権による表示に関する登記）**　表示に関する登記は、登記官が、職権ですることができる。

そこで、表示に関する登記の申請主義を補助する制度として、この職権主義が併用されているのです。

権利に関する登記については、申請主義のみがとられています。

> **ちょっと待った！**
>
> 権利に関する登記は、職権主義はとられていないが、権利に関する登記を登記官が職権で行うことがまったくないわけではない（不動産登記法71条4項など）。

　表示に関する登記のうち、形成的（創設的）登記については、原則として職権による登記は許されません。形成的登記は、所有者の自由な意思によって行われるべきものであるからです。

! 形成的（創設的）登記について、もっと知りたいあなたは、Q10へ進んでください。

> **ちょっと待った！**
>
> 　形成的（創設的）登記でありながら、例外的に登記官の職権によってされる場合として、①1筆の土地の一部が別地目になった場合または地番区域を異にすることとなった場合の分筆の登記、②地図を作成する場合において必要があり、かつ、所有者に異議のないときの分筆、合筆および分合筆の登記がある（不動産登記法39条2項・3項）。

登記することができる土地とは何ですか

　わが国は、周りを海に囲まれており、陸地が無限に続いているわけではありません。土地とは、陸地という意味でしょうか。そうであるとしたら、わが国の陸地がすべて登記の対象になるのでしょうか。そもそも、陸地と呼ばれる部分は、潮の満ち引きで1年を通じて、または、1日の干満の差でも変動しているので、いったい何をもって陸地と定めるのでしょうか。疑問は、深まるばかりです。

　そこで、登記することができる土地を一言でまとめてみました。

> 　登記することができる土地は、日本領土内の陸地のうち、人為的に区画された一定の地表であって、経済取引の対象となる土地でなければならない。

ここでは、6つの問題を取り上げます。

1	登記することができる陸地	2	海面下の土地
3	陸地と海面との境	4	堆積物
5	公有水面の埋立て	6	河川

順に説明していきましょう。

1　登記することができる陸地

　不動産登記制度は、不動産取引の安全・円滑のためのものです。
　そこで、登記することができる土地は、所有権などの権利の対象となるものでなければなりません。
　つまり、私人が社会生活において支配できる土地でなければならないので

第1章　表示登記制度の基礎を学ぼう　19

す。

　このように考えると、日本領土内の陸地のうち、人為的に区画された一定の地表であって、経済取引の対象となる土地が登記することができる土地といえます。

> **ちょっと待った！**
>
> 　池沼やため池のように表面が水に覆われている土地も、一般的には登記することができる土地と認められている（Q27の「池沼」「ため池」を参照）。

2　海面下の土地

では、海面下の土地は、登記することができるのでしょうか。

> 　海面下の土地は、国のものであるが、国が公用廃止処分をすれば、所有権の対象となる。　　　　　　　　　　　　　　　　（最判昭61・12・16）

　海面下の土地は、「公共用物」と呼ばれ、古来から自然のままの状態で、共同使用されてきました。
　海面下の土地は、国が直接管理することとされ、特定の私人が排他的に支配することが認められず、そのままの状態では、所有権などの権利の対象となるものではないと考えられています。

> **専門知識1－5　公共用物とは**
>
> 　公共用物とは、道路、河川、公園など、公物（国または地方公共団体等の行政主体により公の用に供される個々の有体物）のうち、直接に、一般公衆の公共使用に供されるものをいう。国有財産法では、公共用財産とも呼ばれる。

　ただし、深海のように特定の私人が支配することができない土地を除いては、国が海底を一定の範囲に区画して、その土地を特定の私人が支配できる

ようにしたうえで、その用途を廃止（公用廃止処分）して、私人に所有権を与える手続をとることによって、所有権の目的とすることができます（最判昭61・12・16）。

> **専門知識1－6　公用廃止処分とは**
>
> 　公用廃止処分とは、公物の公物としての性質を失わせる公物管理者の意思表示と、それに伴う処分行為をいう。公用廃止によって、その物に対する公法上の制限が排除される。

③　陸地と海面との境

　陸地と海面とは、何を基準に線引きされるのでしょうか。この基準については、裁判所の考え方（判例）と登記所の考え方（登記実務）がずれています。驚かれる方もいるかもしれませんが、登記実務は、不動産登記制度を維持するための視点でこの問題をとらえ、裁判は、争いとなった個別的な事件の具体的な解決や救済といった視点からこの問題をとらえるので、その結果、判例と登記実務との不一致が生じることがまれにあります。

> 　社会通念上、海水の表面が最高高潮面に達したときの水際線をもって海と陸地が区別される。　　　　　　　　　　（最判昭61・12・16）

　昭和61年最高裁判例は、「社会通念上、海水の表面が最高高潮面に達したときの水際線をもって海と陸地が区別される」といっています。

> 　潮の干満の差のある水面にあっては、春分・秋分における満潮位を標準にして定める。
> 　　　　　（昭33・4・11民三第203号民事局第三課長事務代理通知）

　一方、登記実務では、「潮の干満の差のある水面にあっては、春分・秋分における満潮位を標準にして定める」としています。ただし、登記実務の基

準は、一時的に海面に没した土地には適用されません。たとえば、台風や嵐などの天災による場合で、一時的に海面に没したものの、また、陸地に復旧させることができるときには、私人の所有権は消滅しないものとされています。

4　堆 積 物

　海に行くと、土砂が潮流や風波で寄せられ、海岸に砂が堆積して、寄洲（よりす）ができている光景を目にすることがあると思います。
　寄洲により新たな土地が生じた場合も、登記実務と判例とがずれています。
　また、寄洲についての登記手続には、2つの考え方があります。

　寄洲は、その符合した土地の一部であり、その土地の面積が増加したものである。　　（昭36・6・6民三第459号民事局第三課長電報回答）

　この説によれば、寄洲が符合したと認められるA土地について、地積変更の登記をしなければなりません。

　土地の境界は当初から定まっていて、増えたり減ったりするものではないので、隣に新たな土地が生じる。

（大判明37・7・8）。

　もう1つは、A土地の境界は当初から定まっていて、増えたり減ったりするものではないので、A土地の隣に新たなB土地が生じたとする考え方です。
　この説によれば、B土地について、新たに表題登記をしなければなりません。
　もっとも、だれがB土地の所有者になるのかという点については、争いがあり、A土地の所有者がB土地を取得する見解と、国の所有に属するとする見解があります。

B土地に隣接する土地または海岸の土地がA土地以外にもあり、これらの所有者が異なる場合には、寄洲の所有権がだれにどれだけ帰属するのか、権利関係が複雑になってしまいます。

5　公有水面の埋立て

公有水面については、公有水面埋立法という法律で埋立ての免許を受けて、適法に埋め立てることができます。そして、竣工認可を受ければ、その告示の日に埋立地の所有権を取得することができます。この場合には、免許を受けた者が埋立地の表題登記を申請することになります。

不法に埋め立てられた場合には、埋立者は、所有権を取得することができず、その土地が所属する市町村や町字も決まらないので、登記をすることはできません。

> **専門知識1－7　公有水面埋立法とは**
>
> 　大正10年法律第57号。同法は、河、海、湖、沼その他公共の用に供する水流または水面で、国の所有に属するものを公有水面といい、その埋立て（干拓）および利用に関して定めている。

6　河　　川

河川については、河川法という法律があります。

この河川法が適用される河川にあっては、河川の敷地（河川敷）が所有権の対象となり、登記の対象となります。

ただし、常に水が流れ続けている部分（河川の流水下）にあっては、私人がその部分を支配することができない土地であり、所有権の対象にはなりません。

専門知識1－8　河川法とは

　昭和39年法律第167号。河川について治水・利水に関し総合的な管理を行い、国土の保全と開発に寄与することを目的とする法律。河川に関する総則、河川の管理、河川に関する費用、監督、河川審議会等について定めている。

登記することができる建物とは何ですか

ここでは、登記することができる建物とは何かについて、詳しく説明します。

```
土地の定着物 ＜ 建物
              工作物
```

不動産登記法は、「建物」が民法でいう「土地の定着物」であることを明らかにしていますが、「土地の定着物」がすべて「建物」であるとは限りません。

たとえば、橋や送電線鉄塔や石油タンクなどを思い浮かべてください。これらは、通常、土地にしっかりと定着しています。

しかし、これらは、土地の定着物ではあっても、一般の人が思い描く「建物」のイメージとは程遠いものであり、これらを建物と認めることはできません。建物として登記することもできません。

つまり、土地に定着したもののなかには、建物と呼べるものと、建物と呼べないものがあるのです。そして、建物と呼べないものは、「工作物」などと呼ばれます。

```
社会通念……登記官 ─→ 建物の認定
```

では、建物か工作物かは、だれがどのような基準で判断するのでしょうか。

この判断は、土地の定着物それぞれについて、登記官が社会通念に従って個別的に行うことになります。これを「建物の認定」と呼びます。

社会通念とは、社会に広く受け入れられている常識のことです。先ほど、

「一般の人が思い描く「建物」のイメージ」という表現をしましたが、まさにこれが社会通念といえます。

> **不動産登記規則第111条　（建物）**　建物は、屋根及び周壁又はこれらに類するものを有し、土地に定着した建造物であって、その目的とする用途に供し得る状態にあるものでなければならない。

法務省令（不動産登記規則）は、「建物」を上のように定めています。

ただし、これらの要件をそれぞれ機械的に当てはめればよいというものではなく、当該建造物の規模や構造なども考慮しながら、登記されることによって、抵当権の目的となり金融の手段となることなども検討したうえで、総合的に判断されることになります。

では、登記実務における不動産登記規則111条の具体的な解釈例をみていきましょう。

1　土地に定着していること（固着性、永続性）
2　材料を用いて人工的に構築されていること（構築性、永続性）
3　屋根および周壁等の外部構造によって外気が分断されていること（外気分断性）
4　内部の空間が一定の用途に供することが可能な空間であること（用途性、人貨滞留性）

１　土地に定着していること（固着性、永続性）

建物が「土地の定着物」であることは、民法にも定義されています。

たとえば、簡単に移動することができる切符売場や入場券売場は、定着性があるとはいえず、登記することができません。

また、定着性は、土地にどれだけしっかり固定されているかというだけでなく、建造物そのものが永続的に土地に固定されているかということ、つまり、建造物の材質も問題になります。

たとえば、屋根や壁の仕上げが耐用年数の短い材質でつくられたビニール張りの建造物（ビニールハウス）は、建物とは認められません。
　工事現場に設置される飯場建物や、住宅展示会場に築造されるモデルハウスなどは、短期間で取り壊されることが想定されており、永続性に欠け、建物とは認められません。

> **ちょっと待った！**
> 　工事現場に設置される飯場建物や、住宅展示会場に築造されるモデルハウスなどは、永続性がないという理由ではなく、取引性がないという理由で、建物性を否定する見解もある。これについては、そもそも取引性のない建物など存在しないとの理由で、建物の要件に、取引性という概念を持ち込むことに反対する見解もある。

　歩行者が雨に濡れないように商店街の道路上に屋根覆いを施しただけで、周壁等の外気を分断する構造になっていないアーケード付街路と呼ばれる建造物は、建物とは認められません。
　人が内部に入り作業などを行うことがないガスタンク、石油タンク、給水タンクなどは、建物として取り扱うことができません。
　まだ、内部造作工事が未了で、一定の用途に供することが不明な建築工事中の建造物などは、その建造物の用途がはっきりするまでは、一般的には、建物として取り扱うことができません。

> **ちょっと待った！**
> 　土地への固着は、必ずしも土地に直接付着していることを要しない。機械上に建設した建造物であっても建物として認められるものがあり、永久的な構築物である桟橋の上に建築された建造物が建物として認められる例もある。いわゆる人工地盤上の建造物も、人工地盤を介して土地に定着していると解されている。
> 　海上に浮かぶ建造物は定着性がないので、建物とは認められないが、海底に基礎を置く海中展望塔などの建造物は、海面下の土地に固着しており、建物性が認められている。

②　材料を用いて人工的に構築されていること（構築性、永続性）

　建物として認められるためには、それが材料を用いて人工的につくられたものである必要があります。自然洞窟を駐車場や倉庫に利用したとしても、建物とは認められません。

③　屋根および周壁等の外部構造によって外気が分断されていること（外気分断性）

　建物とは、本来、人が外部から遮断された空間で、安心して寝起きして、食事をしたり、仕事をしたり、物を貯蔵したりする空間を確保するために、雨露をしのぐ機能をもっていなければならないと考えられていました。外気分断性とは、その建造物が外気から分断されている必要があるということです。

　屋根を有することは、建物の不可欠の要件と考えられています。

　もっとも、カプセル型の建造物のように、屋根の部分と、周壁の部分の境目が明確でない建物もありますが、それは、「屋根」と呼ばれる部分が存在しないだけのことであり、外気分断性が充足されているのであれば、十分に屋根の機能を果たしているといえます。

　また、屋根の部分が固定されてない開閉式屋根を有するドーム型の競技場も建物といえます。開閉式の屋根であっても、その用途に応じ、いつでも屋根としての機能を行使することができる構造、材質、耐久性等が認められるものであれば、建物としての要件を満たすものと考えられています。

　アーケード付街路やガソリンスタンドに付随するキノコ型（あるいは「キャノピー」などと呼ばれる）の建造物などの周壁を有しない建造物は、建物とは認められません。

　また、1階部分が柱だけで、2階部分だけに居住施設などがある建造物は、1階部分は建物とは認められず、単に高床式の平屋建の建物として取り扱われています。

> **ちょっと待った！**
>
> 　完全な周壁がすべての建物に必要なのかという点は、議論がある。現在の登記実務は、周壁がまったくない建造物を建物と認定するまでには至っていないが、その用途や利用状況や建造物の規模などに応じて、車庫、駐車場、材木置場などの周壁を柔軟に解す傾向にある。建物の原型が「雨露をしのぐ」ところから出発したものであったとしても、建築資材や建築技術水準の進歩により、複雑多様化した建造物に対する取引需要が高まっている現代社会では、建物の周壁の概念を固定的にとらえすぎることは、かえって社会通念に反することになる場合がある。

専門知識1－9　観念的周壁

　「物理的な周壁」に対する概念として、周壁が完全に備わっていなくても、それが建物の用途からくる要請であり、かつ、建物全体において建物所有権の及ぶ範囲が客観的に明白になる構造を備えていれば、これを「観念的周壁」として扱い、建物として積極的に認定しようとする考え方がある。

---

④　内部の空間が一定の用途に供することが可能な空間であること（用途性、人貨滞留性）

　建物は、人工的につくりだされるものであり、建造の当初から一定の利用目的を有しています。そして、その利用目的に沿って利用のできる状態にあることは、「用途性」と呼ばれ、建物の要件の1つとされています。

　また、極端に床面積の小さい建造物や、天井が低いものは、そのなかで人や貨財が滞留できないので、そもそも、具体的な用途を検討するまでもなく、建物とは認められません。

　用途性は、建物の種類と関係しています。つまり、居宅であれば、居宅としての用途性や人貨滞留性が求められ、倉庫であれば、倉庫としての用途性や人貨滞留性が求められます。

　居宅として利用することができる建物は、現に空家であっても建物であることに変わりありません。その用途に供することのできる状態にあれば、実際に利用されているかどうかは問わないのです。

専門知識1-10　建物の個数

　建物は、土地と異なり、人工物であることから、物理的区分性（物理的一棟性）を有している。建物の個数といえば、この物理的な1棟の建物を単位とするのが原則である。これには、例外がある。1つは、主である建物と附属建物の関係にある数棟の建物の場合で、この場合には、数棟をあわせて1個と数える。もう1つは、1棟の建物を区分した各部分がある場合で、区分所有法の定める要件を満たす区分建物の場合には、1棟の建物でありながら、数個と数える。

　なお、建物の形態および構造がきわめて多様化している今日、一見しただけでは、建物の棟数が判然としないものがあり、物理的な1棟の建物を定義することは、必ずしも容易なことではない。

実地調査とは何ですか。どんなときにするのですか

ここでは、実地調査について、詳しく説明します。

> **不動産登記法第29条** （登記官による調査） 登記官は、表示に関する登記について第18条の規定により申請があった場合及び前条の規定により職権で登記しようとする場合において、必要があると認めるときは、当該不動産の表示に関する事項を調査することができる。
> 2 登記官は、前項の調査をする場合において、必要があると認めるときは、日出から日没までの間に限り、当該不動産を検査し、又は当該不動産の所有者その他の関係者に対し、文書若しくは電磁的記録に記録された事項を法務省令で定める方法により表示したものの提示を求め、若しくは質問をすることができる。この場合において、登記官は、その身分を示す証明書を携帯し、関係者の請求があったときは、これを提示しなければならない。

　表示に関する登記が申請されると、登記官は土地または建物の表示に関する事項を調査することができます。また、登記官が職権で表示に関する登記をする場合にも、同様に実地調査をすることができます。
　この実地調査は、日の出から日没までの間に限られています。登記官は、対象となる不動産やその隣接地などを検査したり、対象となる不動産の所有者や利害関係人に、質問したり、文書の提示を求めることができます。

> **不動産登記法第162条** （検査の妨害等の罪） 次の各号のいずれかに該当する者は、30万円以下の罰金に処する。
> 　一　第29条第2項（第16条第2項において準用する場合を含む。次号において同じ。）の規定による検査を拒み、妨げ、又は忌避した者

二　第29条第2項の規定による文書若しくは電磁的記録に記録された事項を法務省令で定める方法により表示したものの提示をせず、若しくは虚偽の文書若しくは電磁的記録に記録された事項を法務省令で定める方法により表示したものを提示し、又は質問に対し陳述をせず、若しくは虚偽の陳述をした者

　そして、登記官による実地調査を拒否した者は、30万円以下の罰金に処せられることがあります。
　登記官が表示に関する登記をするためには、必ず実地調査をしなければならないというものではありません。実地調査を行うか否かは登記官の「合理的な自由裁量」によることになります。

不動産登記規則第93条　（実地調査）　登記官は、表示に関する登記をする場合には、法第29条の規定により実地調査を行わなければならない。ただし、申請に係る不動産の調査に関する報告（土地家屋調査士又は土地家屋調査士法人が代理人として登記を申請する場合において、当該土地家屋調査士（土地家屋調査士法人の場合にあっては、その代表者）が作成したものに限る。）その他の申請情報と併せて提供された情報又は公知の事実若しくは登記官が職務上知り得た事実により登記官が実地調査をする必要がないと認めたときは、この限りでない。

　たとえば、資格者代理人である土地家屋調査士からその不動産について、詳細な調査報告書が提出され、登記官がその内容を調査した結果、実地調査を行うまでもないと認めたときや、その他の多くの資料や、登記官の知っている情報、だれもが知っている事実などを総合して、実地調査をする必要がないと認めたときには、実地調査が省略されることがあります。

> **専門知識1-11　土地家屋調査士とは**
>
> 　他人の依頼を受けて、不動産の表示に関する登記につき必要な土地または家屋に関する調査・測量・申請手続または審査請求の手続を業とする者である。土地家屋調査士になるには、原則として土地家屋調査士試験（法務大臣が毎年1回以上実施）に合格しなければならず、日本土地家屋調査士会連合会に備えた土地家屋調査士名簿に登録することが必要である。土地家屋調査士会に入会している土地家屋調査士でない者は、原則として土地家屋の調査・測量・申請手続・審査請求の手続をすることができない。

　登記官が実地調査を行った結果、表示に関する登記の申請の内容が、登記官の調査の結果とあわないときは、登記官は、その登記をすることができないので、その登記を却下することになります。

ちょっと待った！

　補正という制度もある。登記の申請に却下事由が認められる場合でも、その不備が補正することができるものであるときは、登記官は、申請人に対し、相当の期間を定めて、その期間内に補正をする機会を与えることができる（不動産登記法25条ただし書）。

登記所とは何ですか

ここでは、「登記所」についてもう少し詳しく説明します。

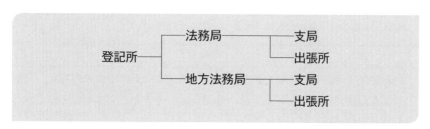

登記事務は、独立の官庁である登記官が行うもので、登記所そのものが登記事務を行うわけではありません。

また、登記所が官庁なのかと尋ねられれば、官庁は登記官であり、登記所そのものは官庁ではありません。

登記所とは、正確には、官庁である登記官が執務をする場所を意味するものです。

> **不動産登記法第6条　（登記所）**　登記の事務は、不動産の所在地を管轄する法務局若しくは地方法務局若しくはこれらの支局又はこれらの出張所（以下単に「登記所」という。）がつかさどる。

現在の不動産登記法では、法務局もしくは地方法務局もしくはこれらの支局またはこれらの出張所をもって登記所としています。

これらの登記所において、不動産に関する登記事務が行われています。

平成28年4月現在、全国には418の登記所がありますが、その内訳は、法務局8、地方法務局42、支局262、出張所106となっています。

Q8 登記官とは何ですか

登記官について、ここで詳しく説明します。

> **不動産登記法第9条　（登記官）**　登記所における事務は、登記官（登記所に勤務する法務事務官のうちから、法務局又は地方法務局の長が指定する者をいう。以下同じ。）が取り扱う。

　不動産登記の事務は、法務局もしくは地方法務局もしくはこれらの支局またはこれらの出張所に勤務する法務事務官（国家公務員）で、法務局長または地方法務局長が指定した登記官によって行われます。

　登記官の数は、登記所の規模に応じて1人または複数置かれています。

　登記官の職務権限は独立しており、合議制や決裁制ではありません。

　登記官が、故意または過失によって、登記を誤ったり、不当な処分をして、その結果、私人に損害を与えた場合には、国家賠償法という法律によって、国が賠償責任を負うことになります。この場合、登記官に故意や重大な過失があったときには、国はその登記官に求償することになります。

> **専門知識1－12　国家賠償法とは**
>
> 　昭和22年法律第125号。国または公共団体の損害賠償責任に関する一般法。公権力の行使に基づく損害の賠償責任を規定している。「国又は公共団体の公権力の行使に当る公務員が、その職務を行うについて、故意又は過失によって違法に他人に損害を加えたときは、国又は公共団体が、これを賠償する責に任ずる」（1条1項）としている。

登記簿(登記記録)とは何ですか

1 登記簿と登記記録の違い

　登記簿と登記記録は、同じ意味に用いられることが多いのですが、旧不動産登記法では、「登記簿」という言葉のみが使われ、「登記記録」という言葉はありませんでした。いまでも「登記簿」が一般的で、「登記記録」というと首をかしげられてしまいます。「登記記録」という言葉は、なかなか普及しません。

　そもそも、旧不動産登記法の「登記簿」には、2つの意味があって、1つの土地または建物ごとに作成された登記用紙を指す場合と、これらの登記用紙がつづられた帳簿(バインダー)を指す場合がありました。つまり、「登記簿をみたい」という場合には、「何町何番の土地の登記用紙をみたい」という意味と、「何町何番の土地の登記用紙がつづられている帳簿をみたい」という2つの意味があったのです。

> **不動産登記法第2条　(定義)**　この法律において、次の各号に掲げる用語の意義は、それぞれ当該各号に定めるところによる。(中略)
> 　五　登記記録　表示に関する登記又は権利に関する登記について、1筆の土地又は1個の建物ごとに第12条の規定により作成される電磁的記録(電子的方式、磁気的方式その他人の知覚によっては認識することができない方式で作られる記録であって、電子計算機による情報処理の用に供されるものをいう。以下同じ。)をいう。
> 　九　登記簿　登記記録が記録される帳簿であって、磁気ディスク(これに準ずる方法により一定の事項を確実に記録することができる物を含む。以下同じ。)をもって調製するものをいう。

現在の不動産登記法では、「何町何番の土地の登記用紙」に当たるものが「登記記録」に、「何町何番の土地の登記用紙がつづられている帳簿」に当たるものが「登記簿」になったのです。

　登記事務は、コンピュータ（磁気ディスクに記録する方式）によって行われていますので、登記記録は、表示に関する登記または権利に関する登記について、1筆または1個の建物ごとに作成される電磁的記録を指します。

　一方、登記簿は、登記記録が記録される帳簿であって、磁気ディスクをもって調製するものをいいます。つまり、登記簿は、登記記録を記録する媒体を指すものです。

専門知識1－13　一不動産一登記記録の原則

　登記記録は、1筆の土地または1個の建物ごとに記録されるものである。これを「一不動産一登記記録の原則」という。この原則は、わが国の不動産登記制度が物的編成主義をとり、民法が一物一権主義をとっていることと密接に関連する。この原則は、①1個の不動産に複数の登記記録を設けない、②1つの登記記録に数個の不動産を登記しない、③1個の不動産の一部について1つの登記記録を設けないの3つの意味に分解される。

---

② 登記記録の構成

不動産登記法第2条　（定義）　この法律において、次の各号に掲げる用語の意義は、それぞれ当該各号に定めるところによる。（中略）
　　七　表題部　登記記録のうち、表示に関する登記が記録される部分をいう。
　　八　権利部　登記記録のうち、権利に関する登記が記録される部分をいう。

　登記記録は、表題部と権利部からなります。
　表題部には、表示に関する事項が記録され、そのほか、地図の番号または

建物所在図の番号が記録されます。

!　表題部の記録内容について、もっと知りたいあなたは、Q24・Q33・Q46へ進んでください。

> **不動産登記規則第4条　（登記記録の編成）**
> （中略）
> 4　権利部は、甲区及び乙区に区分し、甲区には所有権に関する登記の登記事項を記録するものとし、乙区には所有権以外の権利に関する登記の登記事項を記録するものとする。

　登記記録の権利部は、さらに甲区と乙区に分かれます。
　甲区と乙区には、それぞれ、事項欄と順位番号欄が設けられていて、甲区事項欄には所有権に関する事項を、乙区事項欄には所有権以外の権利に関する事項が記録されます。

> **ちょっと待った！**
> 　1棟の建物を区分した建物については、その1棟の建物に属する区分建物ごとに1棟の建物の表題部のほか、各区分建物に関する登記記録として、甲区・乙区が設けられている。

表示に関する登記には、どんな種類がありますか

ここでは、表示に関する登記にどのような種類があるのかをみてみましょう。

1 不動産の種類による分類

表示に関する登記 ＜ 土地に関する登記 / 建物に関する登記

まず、不動産の種類によって表示に関する登記を分類すると、土地に関する登記と、建物に関する登記に分類されます。

2 登記の種類による分類

次に登記の種類によって分類すると、下記のように分類されます。

1 土地・建物の表題登記
2 土地・建物の表題部の変更の登記
3 土地・建物の表題部の更正の登記
4 土地・建物の滅失の登記
5 建物の合体の登記など
6 土地の分筆・合筆の登記
7 建物の分割・区分・合併の登記

③ 登記の機能による分類

上記の登記は、登記の機能によって、大きく「報告的登記」と「形成的（創設的）登記」に分けられます。

```
1  報告的登記
2  形成的（創設的）登記
```

報告的登記とは、不動産の物理的状況の変化を単に報告するための登記のことで、不動産の所有者などに登記の申請義務が課せられています。

また、登記官は職権でもすることができます。下記の1〜5の登記がこれに該当します。

形成的（創設的）登記とは、不動産の物理的状況の変化とは関係なく、これらの登記をすることによって、登記上の不動産の数が変更する登記のことです。

この登記は、不動産の個数の変更の効果が生じるので、形成的処分の効果が生じる登記であるといわれています。この登記をするかしないかは、不動産の所有者などの自由な意思により、登記官は、原則として職権ですることができません。下記の6および7の登記がこれに該当します。

```
報告的登記
  1  土地・建物の表題登記
  2  土地・建物の表題部の変更の登記
  3  土地・建物の表題部の更正の登記
  4  土地・建物の滅失の登記
  5  建物の合体の登記など
形成的（創設的）登記
  6  土地の分筆・合筆の登記
  7  建物の分割・区分・合併の登記
```

! それぞれの登記について、もっと知りたいあなたは、土地については Q47〜Q60へ、建物については Q61〜Q68へ進んでください。

専門知識1-14　形成的処分とは

　登記官などの行政庁が行う具体的な形成行為をいう。形成行為とは、権利や法律関係などを設定・変更または消滅させる行為をいう。

表示に関する登記は、だれが申請するのですか。それは、義務ですか

　Q10で述べたように、表示に関する登記は、大きく報告的登記と形成的（創設的）登記に分けられます。いずれの登記も関係者の申請に基づいて登記がされることが原則です。

○表示に関する登記の申請人
　1　所有者
　2　表題部所有者
　3　所有権の登記名義人となった者

　そこで、表示に関する登記の申請人は、①所有者、②表題部所有者、③所有権の登記名義人のいずれかに法定されています。
　報告的登記は、登記官の職権によってすることができました。それなら、報告的登記をすべて登記官が職権でやってしまえばよいのではと思われるかもしれません。
　しかし、日本国内にある不動産のすべてにつき、登記官がその変更を発見し、探知、調査するためには、膨大な数の登記官を配置しなければなりません。現在の国家体制では不可能といわざるをえないのです。
　表示に関する登記の目的は、不動産についての物理的状況を正確に公示することです。そして、これを最も正確に知っているのは、不動産の所有者ということになります。そこで、表示に関する登記の申請の事由が生じた場合には、不動産の所有者に登記の申請を求めることが、最も合理的であり、かつ、効率的なのです。

○表示に関する登記の申請義務
　1　報告的登記　→　義務（共有者の1人からの申請可）

2 形成的(創設的)登記 → 任意(共有者の1人からの申請不可)

　不動産登記法は、報告的登記について、「所有者」「表題部所有者」、または「登記名義人」に対して、一定の事由の発生の日から1カ月以内に登記の申請を義務づけています。

　そして、この申請義務を怠ったときは、10万円以下の過料に処することとされています。

　報告的登記については、単に不動産の物理的状況を登記記録に正しく反映させるための登記なので、当該不動産が共有の場合には、共有者の1人から申請することができます。

　しかし、形成的(創設的)登記については、所有権の作用として所有者の意思により行われる登記であるので、当該不動産が共有の場合には、共有者全員の意思表示が必要であり、共有者全員によって申請されなければなりません。

所有者が表示登記の申請義務を果たさず、死亡した場合には、だれが登記申請人になるのですか

　報告的登記は、所有者などに登記申請義務を課しています。その申請義務を負ったまま所有者などが死亡した場合には、その相続人が登記申請義務を承継するものと考えられます。相続人が複数いる場合の報告的登記の申請は、相続人の1人からすることができます。

1　表題登記

　では、表題登記の申請をしないまま所有者が死亡した場合には、どのような申請手続になるのでしょうか。登記実務では、

> 　その相続人は、相続を原因とする所有権移転の登記をしなくても、土地や建物の表題登記の申請をすることができる。
>
> （昭38・1・24民甲第158号民事局長回答）

としています。
　相続人が申請人となるのですが、表題登記の申請方法によって表題部の所有者欄には、相続人の住所氏名を直接記録することも、死亡した所有者の住所氏名を記録することもできるのです。

2　その他の報告的登記

　土地の地目や建物の床面積の変更の登記の申請義務を果たさないまま所有者が売買、贈与などをして、その所有権が移転した場合、新たな所有者が登記申請義務を承継するものと考えられています。新所有者は、所有権を取得した日から1カ月以内に表題登記や表示の変更の登記を申請しなければなりません。
　具体的には、どのような申請手続になるのでしょうか。

表題部の登記だけがされた（権利の登記がされていない）不動産の場合には、旧所有者（表題部に記録されている売主である「所有者」）の名義で所有権の保存の登記を行い、次に新所有者に所有権の移転の登記を行った後に、新所有者から表題部の変更の登記の申請をしなければなりません。

これは、旧所有者には、自己名義で所有権保存登記の申請手続をする義務と、新所有者への所有権移転登記の申請手続を行う義務があり、その義務が果たされない限り新所有者は表題部の変更の登記の申請義務を果たすことができないからです。

旧所有者の名義で所有権の登記がされている不動産の場合も同じことがいえます。

> **ちょっと待った！**
>
> ここでいう申請義務の承継は、非区分建物に限られることであり、区分建物については、原始取得者のみが申請義務を負うものである。

登記実務では、旧所有者が自己名義のまま登記申請をすることも認められています。少しわかりにくいかもしれませんが、旧所有者が所有権が移転したことを明らかにしない限り、登記官には所有権が移転した事実を知ることができないので、登記申請が認められてしまうことと、旧所有者が所有権を失っていたとしても、報告的登記の目的に沿うものであることから、結果オーライということなのでしょう。

③ 形成的（創設的）登記

土地の分筆、合筆の登記または建物の分割、合併の登記などの形成的（創設的）登記は、表題部に記録された所有者または所有権の登記名義人以外の者から申請することは認められていません。

もっとも、これらの表題部所有者等が死亡している場合には、必ずしも相続の登記（権利の登記）をして登記を相続人の名義にしなくても、相続の登記をしないままで、申請情報に相続を証する情報を添付して、相続人全員からこれら形成的（創設的）登記を申請することができると解されています。

代位による登記の申請とは何ですか

　代位による登記の「代位」とは、何でしょう。聞き慣れない言葉ですが、民法の債権法を勉強された方であれば、「債権者代位権」という言葉を覚えているかもしれません。

```
代位による登記 ─┬─ 債権者代位（民法）
              └─ 特別法による代位
```

　ここでは、民法によって認められた「債権者代位」と、民法以外の特別の法律によって認められた「代位」の2種類があります。

1　債権者代位（民法）

　では、まず、民法によって認められた「債権者代位」からみていきましょう。

> **民法第423条　（債権者代位権）**　債権者は、自己の債権を保全するため、債務者に属する権利を行使することができる。ただし、債務者の一身に専属する権利は、この限りではない。

　債権者は、自分の債権を保全するために、債務者である不動産の所有者にかわって表示に関する登記を申請することができます。
　これは、民法で債権者に認められている債権者代位権という権利が表示に関する申請手続についても認められるものです。
　債権者は、債務者の申請代理人としてではなく、代位申請人として自己の名において申請するのです。
　たとえば、抵当権は、未登記の不動産についても設定することができま

す。抵当権者（債権者）は、債務者である未登記不動産の所有者（抵当権設定者）に抵当権設定登記請求権をもっています。抵当権者は、この債権を保全するため、債権者代位によって当該不動産の表題登記を申請することが認められています。

また、1筆の土地の一部も売買の対象になります。1筆の土地の一部を購入した買主（債権者）は、売主（債務者）に対し、所有権移転登記請求権をもっていますが、この請求権を保全するために、買主には、債権者代位によって当該土地のうち、購入した部分を分筆する登記を申請することが認められます。

建物（現況）の担保価値に基づき抵当権設定契約を締結した抵当権者は、抵当権設定登記請求権を保全するために、債権者代位により建物の表題部の変更または更正の登記を申請することができます。

専門知識1-15　登記請求権とは

不動産物権の変動その他の原因で登記が真実に合致しない場合に、登記権利者から登記義務者に対し登記申請の協力を求める権利をいう。権利登記の申請は、原則として両当事者の共同申請によるので、一方の当事者が登記の申請に応じない場合に、他方の当事者が判決によって単独で登記の申請をするには、この請求権が認められないと制度の実効性を欠くことになる。

2　特別法による代位

次に、民法以外の法律によって認められている表示に関する登記の代位について説明しましょう。

不動産登記法第48条　（区分建物についての建物の表題登記の申請方法）
（中略）
2　前項の場合において、当該区分建物の所有者は、他の区分建物の所有者に代わって、当該他の区分建物についての表題登記を申請するこ

とができる。

　区分建物の表題登記は、1棟の建物に属する区分建物の全部につきともに申請しなければなりません。区分建物の所有者が大勢いる場合に、全員がともに申請することは非常に大変です。そこで、区分建物の所有者は、1棟の建物に属する他の区分建物の所有者に代位して、他の区分建物の表題登記を申請することができます。
　この場合には、他の所有者との間に通常の債権債務関係がないので、民法の債権者代位の規定ではなく、不動産登記法の特別な規定に基づき代位するのです。
　非区分建物に接続して増築したことによって、区分建物が生じた場合（いわゆる「増築区分」の場合）も同様の申請が認められています。

！　区分建物について、もっと知りたいあなたは、Q41へ進んでください。

専門知識1−16　公共事業施行者による代位登記

「土地改良事業」「土地区画整理事業」などの各種公共事業を行ううえで、事業の施行者に法令の特別規定により事業を行うために必要な土地の分筆や、不動産の表題登記、表題部の変更登記などについて、代位登記の申請（嘱託）の権限が与えられている場合がある。これら事業施行者は、もともと本来の申請適格者に対する債権者ではないので、民法423条の適用を受けないことから、特別規定が設けられている。

Q14 嘱託登記とは何ですか

　登記官が登記手続を始めるきっかけは、「申請」と「職権」だけではありません。「嘱託」と呼ばれる手続があります。日常用語の「嘱託」とは、「頼むこと」や「任せる」ことですが、不動産登記法上の嘱託とは、どのようなものでしょうか。

> **不動産登記法第16条**　（当事者の申請又は嘱託による登記）　登記は、法令に別段の定めがある場合を除き、当事者の申請又は官庁若しくは公署の嘱託がなければ、することができない。

　嘱託とは、官庁または公署が登記所に対して一定の内容の登記をすべきことを依頼する意思表示です。一般人の行う「申請」と基本的に異なるものではありませんが、特例が認められています。

　「官庁若しくは公署」とは、国の機関および地方公共団体その他の公共団体の機関を指します。行政機関だけでなく、衆議院、参議院および裁判所なども含まれます。

　公社、公団、事業団などの特殊法人にあっては、昨今、独立行政法人化や民営化がされており、その業務内容に応じて、それぞれの法律で嘱託に関する規定の有無を確認する必要があります。

ちょっと待った！

　嘱託登記の特例に関する規定は、主として権利に関する登記であり、表示に関する登記においては、特別な手続を認める要素はほとんどない。不動産登記法では、「河川区域内の土地に係る登記の嘱託」（43条）がある。また、各種公共事業のなかで認められている代位登記のうち、事業施行者が都道府県知事や地方公共団体その他の公共団体であるものについて、各法令の規定により代位登記の嘱託権限が認められている。

第1章　表示登記制度の基礎を学ぼう　49

第 2 章

地図と図面の基礎を学ぼう

表示に関する登記の制度は、不動産の物理的状況を登記記録上に明確にするための制度です。

　しかし、登記記録の内容だけでは、登記されている土地が現地のどこにあって、その範囲や区画がどうなっているのかをはっきりと示すことができません。

　そこで、登記所には、地図、公図、その他各種の図面が備え付けられているのです。

　一般の方が思い描く地図は、ランドマークが記された道路地図や住宅地図であり、登記所の地図とは、程遠いものになります。登記所の地図がどのようなものかを理解している方は少ないと思われます。

　また、多くの方は、地図と公図と図面の区別がついていません。登記所が保管している地図と図面の基礎を理解することは、表示の登記の真髄に踏み込むことでもあります。

　ここでは、地図と図面の意味はもちろん、どのようにして地図が作成されるのか、あるいは、どのようにして、土地所在図、地積測量図、建物図面、各階平面図を作成すればよいのかについて、その基礎を説明したいと思います。

　なお、本書で「地図」という場合には、特に断りのない限り、不動産登記法14条１項の地図（現地復元性を有する高精度な地図）を指し、不動産登記法14条３項の地図（地図に準ずる図面または公図と呼ばれるもの）を包含するものではないことをご承知おきください。

Q15 登記所には、どのような図面がありますか

登記所に保管されている図面をまとめました。

○土地……1　地図　　2　地図に準ずる図面（公図）　　3　土地所在図　　4　地積測量図　　5　地役権図面
○建物……6　建物所在図　　7　建物図面　　8　各階平面図

　登記所には、土地の物理的な状況を表す情報として、登記記録のほかに、「地図」や「地積測量図」などと呼ばれる図面が備え付けられています。
　また、建物についても「建物所在図」「建物図面」「各階平面図」などの図面が備え付けられていて、その物理的な状況がわかるようになっています。
　登記所には、つくられた時代を異にする多くの種類の図面が保管されています。そして、その多くは、写しを交付したり、閲覧をすることによって公開されています。ここでは、それぞれの図面について簡単に説明しましょう。

1　地　　図

> **不動産登記法第14条**　（地図等）　登記所には、地図及び建物所在図を備え付けるものとする。
> 2　前項の地図は、1筆又は2筆以上の土地ごとに作成し、各土地の区画を明確にし、地番を表示するものとする。

　一般に地図といえば、道路地図や住宅地図などを思い浮かべるでしょう。しかし、登記所で地図といえば、登記された各筆の土地のかたちや、隣の土地との境となる点（筆界点）を明らかにしたものをいうのです。

地図上の筆界点とは、測量によって得られた数値に基づく筆界点座標を指します。たとえば、自然災害などで、土地の形状が大きく変わってしまっていても、この地図に基づいて、もともとの土地のかたちを復元することができるのです。

地図は、正確な測量と調査に基づきつくられ、コンピュータによって磁気ディスクなどに記録されますが、ポリエステル・フィルムなどを用いてつくられたものもあります。

> **ちょっと待った！**
>
> このポリエステル・フィルムでつくられた地図は、「マイラー地図（図面）」とか、単に「マイラー」などと呼ばれている。後述する「地図に準ずる図面」にもポリエステル・フィルムで作成または再製されたものがあり、これらについても同様の呼ばれ方をする。

地図をつくるための測量は、測量法という法律に基づいて行われ、基準点と呼ばれる一定の精度を有する点を基礎として、そこからの距離や角度を測定する方法によって行われます。

! 地図の意義や作成方法について、もっと知りたいあなたは、Q16へ進んでください。

専門知識2－1　測量とは

測量とは、土地および土地の定着物等の地球上の諸点相互の関係位置を定める技術であって、それらの点の間の水平距離や高低差を測定したり、それらの点を結ぶ線の方向を決めたり、すでに決定している角と距離を用いてその正しい位置を地上に決定（現地復元）したりするための技術である。

測量法（昭和24年法律第188号）上、測量は、基本測量と公共測量に分類され、前者は国土交通省国土地理院が行う、すべての測量の基礎となる測量（測量法4条）をいい、後者は、基本測量以外の測量のうち、小道路もしくは建物のため等の局地的測量または高度の精度を必要としない測量で、政令（測量法施行令1条）で定めるものを除き、測量に要する費用の全部もしくは一

部を国または公共団体が負担し、もしくは補助して実施する測量（測量法5条）をいう。

専門知識2－2　筆界点とは

不動産登記法123条1号は、筆界を「表題登記がある1筆の土地（以下単に「1筆の土地」という。）とこれに隣接する他の土地（表題登記がない土地を含む。以下同じ。）との間において、当該1筆の土地が登記された時にその境を構成するものとされた二以上の点及びこれらを結ぶ直線をいう」と定義している。つまり、筆界点は、筆界のうち1筆の土地の境を構成する点であるといえる。

専門知識2－3　基準点測量・基準点とは

基準点測量とは、測量地域全体の骨格となる基準点を設置する測量をいう。作業の方法によって、三角測量、多角測量、水準測量に細分される。

基準点とは、任意地点の座標を求める便宜を図るため設置されている標識のことである。基準点の設置および維持管理は、国土地理院が基本測量の一環として行っているが、基準点のうち基本測量によるものを国家基準点、公共測量によるものを公共基準点と呼ぶことがある。

2　地図に準ずる図面（公図）

地図とは別に、地図に準ずる図面と呼ばれる図面があります。

不動産登記法第14条　（地図等）

4　第1項の規定にかかわらず、登記所には、同項の規定により地図が備え付けられるまでの間、これに代えて、地図に準ずる図面を備え付けることができる。

5　前項の地図に準ずる図面は、1筆又は2筆以上の土地ごとに土地の位置、形状及び地番を表示するものとする。

「地図」は、正確な測量に基づいてつくられるので、これを全国に整備す

るためには、莫大な経費と時間がかかります。そこで、登記所に地図が整備されるまでの間、地図のかわりとして備え付けられているものが、「地図に準ずる図面」です。

一般に、地図に準ずる図面は、地図と比べて、現地を復元するまでの精度はないものの、その土地の大まかな形状や位置関係を明らかにすることができるものです。

地図に準ずる図面の多くは、旧土地台帳附属地図（公図）と呼ばれるもので、もともと税務署が土地台帳事務を行う際の課税資料として利用されていたものを、戦後、登記所が土地台帳とともに移管を受けたものです。

これらは、当初、紙でつくられていましたが、その後、ポリエステル・フィルムに書き写したり（マイラー化）、電子化するなどして、現在は、登記所内の地図情報システムに登録されています。

! 地図に準ずる図面、公図、旧土地台帳附属地図について、もっと知りたいあなたは、Q17・Q18へ進んでください。

③　土地所在図

土地所在図とは、どのような図面でしょうか。

> **不動産登記令第2条　（定義）**　この政令において、次の各号に掲げる用語の意義は、それぞれ当該各号に定めるところによる。
> 　二　土地所在図　1筆の土地の所在を明らかにする図面であって、法務省令で定めるところにより作成されるものをいう。

ある土地について初めてする登記を「土地の表題登記」（Q47を参照してください）といいます。

土地所在図は、この「土地の表題登記」を申請するときに、登記官がその土地の位置や、形状を確認し、地図に必要な事項を書入れするために提出される図面です。

! 土地所在図について、もっと知りたいあなたは、Q19へ進んでください。

4　地積測量図

地積測量図とは、どのような図面でしょうか。

> **不動産登記令第2条**　（定義）　この政令において、次の各号に掲げる用語の意義は、それぞれ当該各号に定めるところによる。
> 　三　地積測量図　1筆の土地の地積に関する測量の結果を明らかにする図面であって、法務省令で定めるところにより作成されるものをいう。

地積測量図は、「土地の表題登記」（Q47を参照してください）、「地積の変更登記」（Q51を参照してください）、「地積の更正の登記」（Q54を参照してください）、「分筆の登記」（Q59を参照してください）などを申請するときに、提出されるものです。

地積測量図には、申請の対象となった土地の面積と計算方法が明らかにされていて、これらの情報に基づき筆界を特定することができます。

! 地積測量図について、もっと知りたいあなたは、Q20へ進んでください。

5　地役権図面

地役権図面とは、どのような図面でしょうか。

> **不動産登記令第2条**　（定義）　この政令において、次の各号に掲げる用語の意義は、それぞれ当該各号に定めるところによる。
> 　四　地役権図面　地役権設定の範囲が承役地の一部である場合における当該地役権設定の範囲を明らかにする図面であって、法務省令で

定めるところにより作成されるものをいう。

　地役権は、他人の土地を利用することができる物権で、地役権の登記は、表示の登記ではなく、権利の登記です。この「他人の土地」は、「承役地」と呼ばれます。

　地役権は、承役地の一部に設定することが認められていますが、これを登記するためには、地役権を設定した承役地の範囲を明らかにした地役権図面が提出されなければなりません。

　提出された図面は、土地所在図と同様の取扱いがされます。

専門知識2－4　地役権とは

　地役権とは、A土地（要役地）の利用価値を増すために、B土地（承役地）を一定の方法で支配する物権のことである。たとえば、A土地のためにB土地から水を引いたり、A土地の所有者がB土地を通行したり、A土地の観望を確保するためにB土地に一定の建築を制限させたりする権利である。地役権は、A土地（要役地）の全部に及ぶものであるが、B土地（承役地）については、全部である必要はなく、1筆の土地の一部に設定する契約も認められている。

---

⑥　建物所在図

　建物所在図とは、どのような図面でしょうか。

不動産登記法第14条　（地図等）　登記所には、地図及び建物所在図を備え付けるものとする。
　3　第1項の建物所在図は、1個又は2個以上の建物ごとに作成し、各建物の位置及び家屋番号を表示するものとする。

　ある建物について初めてする登記を「**建物の表題登記**」（Q61を参照してください）といいます。建物所在図は、登記官がその建物を特定し、二重登記

を防止するために提出される図面で、建物の表題登記を申請するときなどに建物の位置や家屋番号が記載されます。

7　建物図面

建物図面とは、どのような図面でしょうか。

> **不動産登記令第2条　（定義）**　この政令において、次の各号に掲げる用語の意義は、それぞれ当該各号に定めるところによる。
> 　五　建物図面　1個の建物の位置を明らかにする図面であって、法務省令で定めるところにより作成されるものをいう。

建物図面は、「**建物の表題登記**」（Q61を参照してください）を申請するときなどに、登記官が建物の位置および形状を確認し、建物所在図に必要な事項を書入れするために提出される図面です。

8　各階平面図

各階平面図とは、どのような図面でしょうか。

> **不動産登記令第2条　（定義）**　この政令において、次の各号に掲げる用語の意義は、それぞれ当該各号に定めるところによる。
> 　六　各階平面図　1個の建物の各階ごとの平面の形状を明らかにする図面であって、法務省令で定めるところにより作成されるものをいう。

各階平面図は、「**建物の表題登記**」（Q61を参照してください）を申請するときなどに提出されるもので、建物の各階の形状や床面積などが明確に示されています。

Q16 なぜ登記所に地図が備えられているのですか

ここでは、地図について、詳しく説明したいと思います。

1　地図が必要とされる理由
2　地図とは何か
3　地図をつくるために必要な測量
4　地図の精度
5　地図の作成者
6　地図の作成方法
7　地図の公開方法

1　地図が必要とされる理由

　土地に関する表示の登記は、権利の客体となる土地の内容を登記記録上で明らかにする役割をもっています。

　土地の登記記録の表題部には、土地が所在する「市区郡町村」や「字」が記録されていて、その土地がどこに存在するかを明らかにしています。また、そのほかに、地番や地目や地積を記録することによって、その土地を特定しています。

　しかし、これらの登記事項だけでは、土地がどこにあって、どのようなかたちをしているかが正確にはわかりません。

　そこで、不動産登記法は、登記所に「登記された土地の区画と地番を明確にした地図」を備え付けることとしているのです。

2　地図とは何か

　不動産登記法14条2項では、地図は、1筆または2筆以上の土地ごとに作

成し、各筆の土地の区画や地番を明確にするものでなければならないと定められています。

③ 地図をつくるために必要な測量

地図は、たとえば自然災害などで土地の形状が大きく変わってしまったり、お隣さんとの間で境界争いが生じた場合に、登記された土地の筆界を、現地において一定の誤差の範囲内で、復元する高い精度や能力をもっている必要があります。

そのためには、測量法の規定に基づいた測量がされている必要があるのです。

不動産登記規則第10条　（地図）

3　地図を作成するための測量は、測量法（昭和24年法律第188号）第2章の規定による基本測量の成果である三角点及び電子基準点、国土調査法（昭和26年法律第180号）第19条第2項の規定により認証され、若しくは同条第5項の規定により指定された基準点又はこれらと同等以上の精度を有すると認められる基準点（以下「基本三角点等」と総称する。）を基礎として行うものとする。

---

④ 地図の精度

地図は、その測量の時点で常に測量誤差と呼ばれる誤差をもっています。

ある土地をその地図を用いて復元しようとする場合には、その地図がもっている精度を超えて、正確に復元することは不可能になります。

地図を作成するにあたっては、だれもが高精度で測量をしたい思うのですが、実際には、経費や労力等の制限があり、理想の地図づくりは大変にむずかしい作業になります。また、大都市の宅地と山奥の山林とを比較すると、土地の価値（地価）や土地の利用状況にも差があります。

地図を作成する場合には、これらのことを考え、一定の基準に応じた測量が行われることになります。

第2章　地図と図面の基礎を学ぼう

では、不動産登記法の地図は、いったいどの程度の精度（現地復元能力）が必要となるのでしょう。

　これに関しては、不動産登記規則（法務省令）のなかで、地図を作成するための１筆地測量および地積測定における誤差の限度を地域別に分け、精度の統一が図られています。

不動産登記規則第10条　（地図）
４　地図を作成するための１筆地測量及び地積測定における誤差の限度は、次によるものとする。
　一　市街地地域については、国土調査法施行令（昭和27年政令第59号）別表第４に掲げる精度区分（以下「精度区分」という。）甲２まで
　二　村落・農耕地域については、精度区分乙１まで
　三　山林・原野地域については、精度区分乙３まで

　地図を作成するための１筆地測量および地積測定における誤差の限度は、国土調査法施行令別表第４（精度区分）によります。

専門知識２－５　１筆地測量とは

　１筆地測量とは、筆界および地積に関する測量をいう。１筆地測量は、国土調査法による地籍調査、土地改良法もしくは土地区画整理法による換地手続、または不動産登記法14条地図作成作業においても行われる。
　また、１筆地測量は、細部測量（基準点に基づいて、一定の広がりをもつ地域の地表面の状況を測定する測量）の１つでもある。

専門知識２－６　地積測定（面積測定）とは

　地積測定とは、境界線（筆界）によって囲まれた土地の広がりを一定の水平面に投影し、その広さを測定することであり、面積測定とも呼ばれる。

> **専門知識2－7　測量の誤差とは、測量の精度とは**
>
> 　測量の誤差とは、測定値あるいは計算値と真の値（最確値）との差をいう。測量にはさまざまな誤差を伴うが、測量の誤差は、①観測者の不注意によって起こる過失（過誤）、②観測者特有のくせ、気温、気圧などの自然条件、測量機器固有の誤差などの系統的誤差（定誤差）、③不規則で原因不明の誤差などの偶然誤差（不定誤差）に分類される。
> 　測量の精度を具体的な数値として表現する方法の1つとして、標準偏差（平均二乗誤差）が用いられる。標準偏差が小さいほど精度がよいと評価される。

! 　誤差の限度について、もっと知りたいあなたは、Q28の専門知識3－5、3－6へ進んでください。

5　地図の作成者

　地図には、法務局によって作成されたもののほか、国土調査法20条1項（地籍調査）によって作成された「地籍図」などがあります。

> **専門知識2－8　法務局以外が作成した地図とは**
>
> 　国土調査法20条1項の規定により登記所に送付された地籍図および土地改良登記令5条2項3号、土地区画整理登記令4条2項3号、新住宅市街地開発法等による不動産登記に関する政令6条2項の土地所在図その他これらに準ずる図面は、地図として備え付けることを適当としない特別の事情がある場合を除き、その関連する登記が完了した後に、地図として登記所に備え付けることとされている。地図として備え付けることを適当としない特別の事情がある場合とは、たとえば地籍図の材質がポリエステル・フィルムまたはアルミケント紙以外のものである場合などが考えられている。

> **専門知識2－9　法務局による不動産登記法14条地図作成作業とは**
>
> 　全国の法務局・地方法務局では、現在、「民活と各省連携による地籍整備の推進」（平成15年6月26日都市再生本部決定）の方針をふまえ、全国の都市部の人口集中地区（DID）の地図混乱地域を対象に、個々の14条地図作成作業

を計画的に実施しているが、大都市の枢要部や地方の拠点都市の地図の整備は進んでいない。また、東日本大震災の被災県においても、復興の進展に伴い地図の整備が求められている。

そこで、地図の整備のさらなる推進を図るため、従来の計画を見直し、平成27年度を初年度とする、①「登記備付地図作成作業第2次10か年計画」、②「大都市型登記所備付地図作成作業10か年計画」および③「震災復興型地図作成作業3か年計画」を策定し、作業面積を拡大して実施している。

専門知識2－10　地図混乱地域とは

地図混乱地域とは、公図と現地が大きく異なる地域をいう。このような地域では、道路・下水道整備等の社会基盤の整備、固定資産税の課税等の行政事務に支障をきたし、事業・住宅資金の借入れのための担保権の設定等の経済活動も阻害され、開発事業においても、土地の境界確認に膨大な時間を要する等の弊害が生ずるおそれがある。

---

⑥　地図の作成方法

地図の作成方法は、不動産登記規則（法務省令）にて定められています。

不動産登記規則第10条　（地図）　地図は、地番区域又はその適宜の一部ごとに、正確な測量及び調査の成果に基づき作成するものとする。
（以下省略）

地図は、正確な測量と調査の成果に基づいて作成されなければなりません。その工程は、

現地調査（1筆地調査）　→　測量　→　地積測定　→　地図作成

の順になります。1つずつみていきましょう。
(1)　現地調査（1筆地調査）

現地調査は、登記された各土地の筆界点、地目などを、土地所有者（地権者）の立会いのもと、現地において調査することです。ここで、正しい筆界

を確認することができないと、誤った筆界に基づき測量がされることになり、正確な地図をつくることができなくなります。

(2) 測　　量

　地図をつくるための測量は、大きく基準点測量と細部測量（一筆地測量）に分けられます。基準点測量とは、測量地域全体の骨格となる基準点を設置する測量をいい、作業の方法によって三角測量、多角測量、水準測量に細分されます。細部測量（一筆地測量）は、基準点に基づいて、一定の広がりをもつ土地（一筆地）の地表面の状況を測定する測量をいいます。

　地図をつくるために測量は、測量法の規定に基づいた測量が必要です。では、測量法の規定に基づいた測量とは、いったいどのような測量をいうのでしょう。

　少しむずかしくなりますが、筆界点の位置を求めるためには、基準となる点が必要になるのです。この基準となる点は、測量法の規定に基づいて設置された三角点および電子基準点、多角点（国家基準点）を基礎とした基準点測量によって設置されたものである必要があります。

　そして、この測量の成果は、筆界点が基準となる点からの方向と距離によって一定の精度で現地に示すことができるものであることが必要です。

　しかし、これらの基準点は、直ちに1筆地測量ができるほどの密度で設置されているわけではないのです。

　そこで、この基準点を基礎として、さらに図根三角点と呼ばれる点や、図根多角点と呼ばれる点を設置していきます。この図根三角点を設置するための測量を図根三角測量と、図根多角点を設置するための測量を図根多角測量といいます。

(3) 地積測定

　1筆地測量が終わると、各筆の土地の面積を測定する作業が行われます。

(4) 地図の作成

　① 図面の規格・材質

不動産登記法第14条　（地図等）
　6　第1項の地図及び建物所在図並びに第4項の地図に準ずる図面は、

電磁的記録に記録することができる。

不動産登記事務取扱手続準則第12条　（地図の作成等）　地図を作成するときは、磁気ディスクその他の電磁的記録に記録するものとする。ただし、電磁的記録に記録することができないときは、ポリエステル・フィルム等を用いて作成することができる。

　地図は、正確な測量および調査の成果に基づき、磁気ディスクその他の電磁的記録（登記所には、「地図情報システム」と呼ばれるコンピュータシステムがあります）に記録することができます。

　また、電磁的記録に記録できない場合には、ポリエステル・フィルム等を用いて作成することができます。

②　縮　　尺

不動産登記規則第10条　（地図）
2　地図の縮尺は、次の各号に掲げる地域にあっては、当該各号に定める縮尺によるものとする。ただし、土地の状況その他の事情により、当該縮尺によることが適当でない場合は、この限りでない。
　一　市街地地域（主に宅地が占める地域及びその周辺の地域をいう。以下同じ。）　250分の1又は500分の1
　二　村落・農耕地域（主に田、畑又は塩田が占める地域及びその周辺の地域をいう。以下同じ。）　500分の1又は1000分の1
　三　山林・原野地域（主に山林、牧場又は原野が占める地域及びその周辺の地域をいう。以下同じ。）　1000分の1又は2500分の1

　地図は、原則として、市街地地域は250分の1または500分の1、村落・農耕地域は500分の1または1000分の1、山林・原野地域は、1000分の1または2500分の1の縮尺で作成することとなっています。

③　作成単位
　地図は、1筆または2筆以上の土地ごとに作成することとされています。

④　記録事項等

> **不動産登記規則第13条　（地図の記録事項）**　地図には、次に掲げる事項を記録するものとする。
> 一　地番区域の名称
> 二　地図の番号（当該地図が複数の図郭にまたがって作成されている場合には、当該各図郭の番号）
> 三　縮尺
> 四　国土調査法施行令第2条第1項第1号に規定する平面直角座標系の番号又は記号
> 五　図郭線及びその座標値
> 六　各土地の区画及び地番
> 七　基本三角点等の位置
> 八　精度区分
> 九　隣接図郭との関係
> 十　作成年月日
> 2　電磁的記録に記録する地図にあっては、前項各号に掲げるもののほか、各筆界点の座標値を記録するものとする。

　地図の記録事項は、①地番区域、②地図番号、③縮尺、④平面直角座標系の番号または記号、⑤図郭線およびその座標値、⑥各土地の区画および地番、⑦基本三角点等および図根点の位置、⑧精度区分、⑨隣接図郭との関係、⑩作成年月日、⑪各筆界点の座標値とされています。

7　地図の公開方法

(1)　地図の写しの交付請求

> **不動産登記法第120条　（地図の写しの交付等）**　何人も、登記官に対し、手数料を納付して、地図、建物所在図又は地図に準ずる図面（以下この条において「地図等」という。）の全部又は一部の写し（地図等が

第2章　地図と図面の基礎を学ぼう　67

電磁的記録に記録されているときは、当該記録された情報の内容を証明した書面）の交付を請求することができる。

地図の写しは、手数料を納付して、だれでも請求することができます。
(2) **地図の写し**
地図の写しのサンプルです。

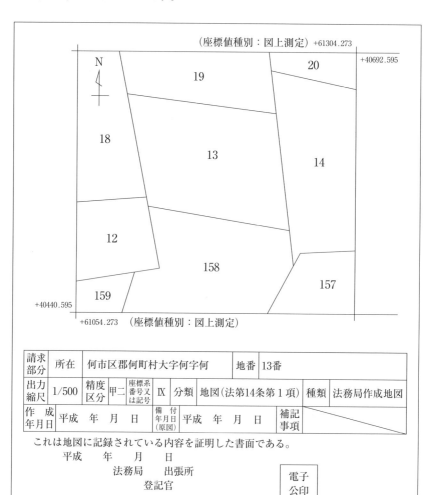

地図に準ずる図面とは何ですか

　不動産登記法は、登記されたすべての土地について、地図が備え付けられることを理想としています。

　しかし、この地図は、Q15やQ16でも触れたとおり、相当程度の精度が要求されるもので、現実には、多額の費用と相当な年月を要します。

　地図の最大の供給源は、地籍調査の成果である地籍図ですが、不動産取引が活発に行われている市街地または準市街地では、地籍調査が進んでいないのが現実です。

1　地図に準ずる図面

　そこで、不動産登記法は、地図が備え付けられるまでの間、地図にかわって、土地の位置、形状、地番が表示された図面として、「地図に準ずる図面」を備えることとされています。

不動産登記法第14条　（地図等）

4　第1項の規定にかかわらず、登記所には、同項の規定により地図が備え付けられるまでの間、これに代えて、地図に準ずる図面を備え付けることができる。

5　前項の地図に準ずる図面は、1筆又は2筆以上の土地ごとに土地の位置、形状及び地番を表示するものとする。

6　第1項の地図及び建物所在図並びに第4項の地図に準ずる図面は、電磁的記録に記録することができる。

　地図がない地域においては、地図に準ずる図面が土地を特定するための唯一の公的資料であり、表示に関する登記や不動産取引の基礎資料等として重要な機能を果たしています。

この地図に準ずる図面は、一般には、法務局が税務署から引き継いだ、公図と呼ばれている「旧土地台帳附属地図」ですが、これに限定されるわけではありません。公図については、Q18で詳しく説明しますので、ここでは、公図以外の地図に準ずる図面について説明しましょう。

② 公図以外の地図に準ずる図面

　Q16の「5　地図の作成者」で説明したとおり、地籍調査によってつくられた「地籍図」は、原則として、地図の要件を満たすものです。

　ところが、なんらかの事情により地図の要件を満たすことができない地籍図もあります。しかし、それが「土地の位置、形状及び地番を表示するもの」であれば、地図に準ずる図面として備えることになります。

　このことは、土地区画整理事業や土地改良事業によって作成された図面などについても同様です。

　地図に準する図面の変更や訂正手続は、地図の場合と同様です。また、公開の方法についても地図の場合と同様です。

専門知識2−11　土地区画整理事業とは

　土地区画整理法（昭和29年法律第119号）に基づき、土地計画区域内の土地について、公共施設の整備改善および宅地の利用増進を図るため、土地の区画形質の変更や公共施設の新設または変更を行う事業である。

専門知識2−12　土地改良事業とは

　土地改良法（昭和24年法律第195号）に基づき、農業生産の基盤の整備・開発を図り、農業の生産性の向上、農業総生産の増大、農業生産の選択的拡大および農業構造の改善に資することを目的として、農用地の改良・開発・保全および集団化に関する事業である。農用地の改良には、土地区画整理の手法が採用されている。

③ 地図に準ずる図面の公開方法

(1) 地図に準ずる図面の写しの交付請求

地図に準ずる図面の写しは、手数料を納付して、だれでも請求することができます。

(2) 地図に準ずる図面の写し

地図に準ずる図面の写しのサンプルです。

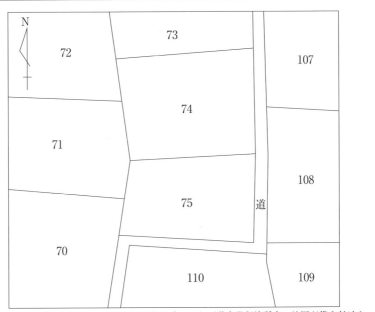

(注) 地図に準ずる図面は、土地の区画を明確にした不動産登記法所定の地図が備え付けられるまでの間、これに代わるものとして備え付けられている図面で、土地の位置及び形状の概略を記載した図面です。

請求部分	所在	何市区郡何町村大字何字何			地番	74番		
出力縮尺	1/600	精度区分		座標系番号又は記号		分類	地図に準ずる図面	種類	旧土地台帳付属地図
作成年月日			備付年月日(原図)			補記事項		

これは地図に準ずる図面に記録されている内容を証明した書面である。
　　　　平成　　年　　月　　日
　　　　　　　　　法務局　　出張所
　　　　　　　　　登記官　　　　　　　　　　　電子公印

Q18 公図とは何ですか

　公図とは、「旧土地台帳附属地図」の通称であって、「地図に準ずる図面」として登記所に備え付けられています。

○土地台帳事務　→　表示に関する登記の制度
○地図（旧土地台帳附属地図、公図）　→　地図（不動産登記法）

　表示に関する登記の制度が生まれたのは、昭和35年の不動産登記法の一部改正です。それ以前の登記所では、権利に関する登記事務と並行して土地台帳事務が行われていました。
　この土地台帳制度では、「土地台帳」という帳簿のほかに、土地の区画および地番を明らかにする資料として、「地図」を備えることとされていました（この「地図」は、本書で定義している不動産登記法上の「地図」とは別のものです）。
　この「地図」というのが、旧土地台帳附属地図もしくは公図と呼ばれるものだったのです。
　なお、この旧土地台帳附属地図は、もともと、税務署で保管されていたのですが、昭和25年に登記所に移管されました。
　公図の歴史は、地域によって異なりますが、一般的に公図と呼ばれるものの多くは、改租図（地方では字切図、字限図、字図などと呼ばれることもあります）や、地押調査図（更正図などと呼ばれることもあります）であると考えられます。

公図 ＜ 改租図（字切図、字限図、字図など）
　　　 地押調査図（更正図など）

改租図は、明治6年から明治14年にかけて明治政府が行った地租改正事業で作成されたものです。一般に測量技術が未熟で、山林などについては、歩測や目測によることも認められていたようで、山林、原野などにあっては見取図や談合図のように現地とあわない図面が数多く存在していたようです。

　地押調査図は、不正確な改租図を是正するために明治20年に制定された「町村地図調製式及更正手続」に基づき作成されたものです。平板測量と同様の方法が用いられ、当時としては進歩した技術で作成されたようです。

　これらの図面は、明治22年の土地台帳法の制定に伴い、土地台帳附属地図として、正本が「税務官署」に、副本が「市町村役場」にて保管されていました。

　公図は、現在、地図に準ずる図面として、登記所において、表示に関する登記の事務を処理するために利用されているほか、不動産取引の資料や、訴訟の証拠資料などにも、広く利用されています。

> **ちょっと待った！**
>
> 　登記所は、税務官署が保管していた公図の正本を引き継いだが、公図の副本は、市町村に保管されている。市町村は、地方税法の規定による固定資産税の事務を行っているので、公図の多くは、現在でも課税資料として利用されている。

土地所在図とは何ですか。どのようにして作成するのですか

1 土地所在図とは

土地所在図とは、土地について初めて行う登記(土地の表題登記)の申請情報にあわせて提出される図面です。

不動産登記令別表			
項	登記	申請情報	添付情報
土地の表示に関する登記			
4	土地の表題登記		イ 土地所在図 ロ 地積測量図 (以下省略)

　土地について最初にされる登記は、土地の表題登記です。この登記では、登記官が対象となる土地がどこに存在しているかを調査、確認して、地図に所要の記載をしなければなりません。そこで、これらのことを明確にさせるために、土地の所有者は、土地所在図を作成して、申請情報とともに提出しなければなりません。

　土地所在図は、土地表題登記の申請人またはその代理人が作成する図面です。

　申請人本人が土地所在図を自らつくれない場合には、代理人を選任して、その代理人に土地所在図の作成を含む登記申請手続を依頼することができます。これらのことを業としているのが土地家屋調査士です。土地家屋調査士には、不真正な登記を防止するために、現地確認をはじめとする職務上の義務が課されているので、図面の作成業務だけではなく、登記の申請手続の

いっさいを委任します。

2　土地所在図の作成単位

> 不動産登記規則第75条　（土地所在図及び地積測量図の作成単位）　土地所在図及び地積測量図は、1筆の土地ごとに作成しなければならない。

土地所在図は、1筆の土地ごとに作成しなければなりません。

3　土地所在図の提出方法

> 不動産登記規則第73条　（土地所在図、地積測量図、建物図面及び各階平面図の作成方式）　電子申請において送信する土地所在図、地積測量図、建物図面及び各階平面図は、法務大臣の定める方式に従い、作成しなければならない。書面申請においてこれらの図面を電磁的記録に記録して提出する場合についても、同様とする。

登記の申請には電子申請と書面申請があります。
土地所在図を電磁的記録に記録する場合には、電子申請によることはもちろんのこと、書面申請の際に磁気ディスク等の電磁的記録媒体に記録して提出することも可能です。
以下は、主として書面により図面を作成する場合を前提とします。

4　土地所在図の作成方法

土地所在図のつくり方は、法務省令などによって定められており、これらの規定に従わないでつくられた土地所在図は、土地所在図とは認められません。

> 不動産登記規則第74条　（土地所在図、地積測量図、建物図面及び各階

> 平面図の作成方法）
>
> 3　第1項の土地所在図、地積測量図、建物図面及び各階平面図は、別記第1号及び第2号の様式により、日本工業規格B列4番の丈夫な用紙を用いて作成しなければならない。

　土地所在図の用紙の様式や規格は統一されています。法務省令で定めた様式に従い、日本工業規格B列4番の用紙によらなければなりません。また、材質は強靭なものを用い、伸縮率の小さな紙質のものが望ましいとされています。

　また、土地所在図とは別に地積測量図という図面があります。これも申請人が作成するものです。2つの図面には共通する点も多いので、地積測量図の縮尺が、その土地について作成する土地所在図の縮尺と同一であって、地積測量図によって土地所在図を明確に表示することができるときは、図面の標記を「地積測量図兼土地所在図」として、地積測量図をもって土地所在図を兼ねる取扱いが便宜、認められています。

　なお、地積測量図の余白を用いて、土地所在図を作成することができる場合には、図面の標記に土地所在図と追記して、便宜、土地所在図を作成してもかまいません。

　土地所在図が1枚の紙に収まらない場合には、土地所在図の余白の適宜の箇所にその総枚数とその用紙が何枚目の用紙なのかを記載します。

> **不動産登記規則第74条　（土地所在図、地積測量図、建物図面及び各階平面図の作成方法）**　土地所在図、地積測量図、建物図面及び各階平面図（これらのものが書面である場合に限る。）は、0.2ミリメートル以下の細線により、図形を鮮明に表示しなければならない。

　土地所在図は、墨を用いて、0.2ミリメートル以下の細線で、鮮明に作成しなければなりません。製図の器具や技術をもっている方にとっては、たやすいことかもしれませんが、これらに不慣れな方にとっては、簡単とはいえません。

> **不動産登記規則第74条　（土地所在図、地積測量図、建物図面及び各階平面図の作成方法）**
> 2　前項の土地所在図、地積測量図、建物図面及び各階平面図には、作成の年月日を記録し、申請人が記名するとともに、その作成者が署名し、又は記名押印しなければならない。

　書面申請において提出される土地所在図は、作成の年月日を記録し、申請人が記名するとともに、その作成者が署名または記名押印しなければなりません。

5　土地所在図の内容

> **不動産登記規則第76条　（土地所在図の内容）**　土地所在図には、方位、縮尺、土地の形状及び隣地の地番を記録しなければならない。

　土地所在図には、方位、縮尺、土地の形状および隣地の地番が記録されます。

> **不動産登記規則第76条　（土地所在図の内容）**
> 2　土地所在図は、近傍類似の土地についての法第14条第1項の地図と同一の縮尺により作成するものとする。
> 3　第10条第4項の規定は、土地所在図について準用する。
> **第10条　（地図）**
> 2　地図の縮尺は、次の各号に掲げる地域にあっては、当該各号に定める縮尺によるものとする。ただし、土地の状況その他の事情により、当該縮尺によることが適当でない場合は、この限りでない。
> 　一　市街地地域（主に宅地が占める地域及びその周辺の地域をいう。以下同じ。）　250分の1又は500分の1
> 　二　村落・農耕地域（主に田、畑又は塩田が占める地域及びその周辺の

地域をいう。以下同じ。）　500分の1又は1000分の1
　　三　山林・原野地域（主に山林、牧場又は原野が占める地域及びその周辺の地域をいう。以下同じ。）　1000分の1又は2500分の1
（中略）
4　地図を作成するための1筆地測量及び地積測定における誤差の限度は、次によるものとする。
　　一　市街地地域については、国土調査法施行令（昭和27年政令第59号）別表第4に掲げる精度区分（以下「精度区分」という。）甲2まで
　　二　村落・農耕地域については、精度区分乙1まで
　　三　山林・原野地域については、精度区分乙3まで

　土地所在図は、地図に書入れを行うためのものなので、土地所在図の縮尺は、近傍類似の土地の地図と同一の縮尺により作成しなければなりません。地図の縮尺は、原則として次のとおりですので、土地所在図の縮尺もこれにあわせることになります。
・250分の1または500分の1　（市街地地域）
・500分の1または1,000分の1　（村落・農耕地域）
・1,000分の1または2,500分の1　（山林・原野地域）
　なお、図面には誤差がつきものですが、土地所在図で許される誤差の限度は、地図の場合と同じです。

不動産登記規則第73条　（土地所在図、地積測量図、建物図面及び各階平面図の作成方式）
2　前項の土地所在図、地積測量図、建物図面及び各階平面図には、作成の年月日並びに申請人及び作成者の氏名又は名称を記録しなければならない。
第76条　（土地所在図の内容）　土地所在図には、方位、縮尺、土地の形状及び隣地の地番を記録しなければならない。

　土地所在図の記録事項は、このほかに、方位、土地の形状、隣地の地

番、作成の年月日、申請人の氏名等があります。

⑥　土地所在図の保存と保存期間

> **不動産登記規則第20条**　（土地図面つづり込み帳等）　土地図面つづり込み帳には、土地所在図及び地積測量図（これらのものが書面である場合に限る。）をつづり込むものとする。

　書面申請において提出された土地所在図は、土地図面つづり込み帳につづり込むこととされています。

> **不動産登記規則第20条**　（土地図面つづり込み帳等）
> 2　第17条第2項の規定にかかわらず、登記官は、前項の土地所在図及び地積測量図を同条第1項の電磁的記録に記録して保存することができる。
> 3　登記官は、前項の規定により土地所在図及び地積測量図を電磁的記録に記録して保存したときは、第1項の土地所在図及び地積測量図を申請書類つづり込み帳につづり込むものとする。

　土地所在図は、電磁的記録に記録して保存することもできるので、この場合には、書面で提出された土地所在図は、申請書類つづり込み帳につづり込むものとされています。

> **不動産登記規則第28条**　（保存期間）　次の各号に掲げる情報の保存期間は、当該各号に定めるとおりとする。
> 　十三　土地所在図、地積測量図、建物図面及び各階平面図（第20条第3項（第22条第2項において準用する場合を含む。）の規定により申請書類つづり込み帳につづり込まれたものを除く。）　永久（閉鎖したものにあっては、閉鎖した日から30年間）

土地所在図は、永久保存です。閉鎖された土地所在図は、閉鎖された時から30年間保存されます。

7　土地所在図の公開方法

(1)　土地所在図の写しの交付請求

　土地所在図の写しは、手数料を納付して、だれでも請求することができます（不動産登記法121条1項、不動産登記令21条）。

(2)　土地所在図（サンプル）

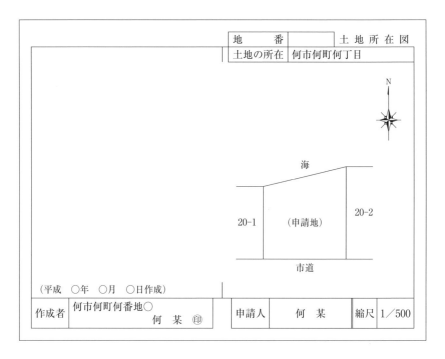

Q 20 地積測量図とは何ですか。どのように作成するのですか

1　地積測量図とは

地積測量図は、土地の表題登記、分筆の登記、地積の変更・更正登記等を申請する際に、申請情報にあわせて提出される図面です。

不動産登記令別表

項	登記	申請情報	添付情報
土地の表示に関する登記			
4	土地の表題 登記		イ　土地所在図 ロ　地積測量図 (以下省略)
6	地積に関する変更の登記又は更正の登記（以下省略）	(省略)	地積測量図
8	分筆の登記	(省略)	イ　分筆後の土地の地積測量図 (以下省略)

地積測量図は、地積および求積の方法等を明らかにするとともに、筆界を特定するために作成される図面です。申請情報に記録された地積について、地積と求積の方法などを記録して、申請情報とともに提出しなければなりません。

地積測量図は、登記の申請人またはその代理人が作成する図面です。

② 地積測量図の作成単位

> **不動産登記規則第75条** （土地所在図及び地積測量図の作成単位） 土地所在図及び地積測量図は、1筆の土地ごとに作成しなければならない。
> 2 分筆の登記を申請する場合において提供する分筆後の土地の地積測量図は、分筆前の土地ごとに作成するものとする。

　書面により提出する地積測量図は、1筆の土地ごとに1用紙を用いて作成しなければなりません。接続する数筆の土地についての土地の表題登記、分筆の登記等を申請する場合であっても、1筆ごとに作成します。
　分筆の登記を申請する場合の分筆後の土地の地積測量図は、分筆前の土地ごとに作成します。
　広大な1筆の土地を分筆する登記を申請する場合には数葉の用紙を用いてさしつかえありません。

③ 地積測量図の提出方法

> **不動産登記規則第73条** （土地所在図、地積測量図、建物図面及び各階平面図の作成方式） 電子申請において送信する土地所在図、地積測量図、建物図面及び各階平面図は、法務大臣の定める方式に従い、作成しなければならない。書面申請においてこれらの図面を電磁的記録に記録して提出する場合についても、同様とする。

　登記の申請には電子申請と書面申請があります。地積測量図を電磁的記録に記録する場合には、電子申請によることはもちろんのこと、書面申請の際に磁気ディスク等の電磁的記録媒体に記録して提出することも可能です。
　以下は、主として書面により図面を作成する場合を前提とします。

4　地積測量図の作成方法

　地積測量図のつくり方は、法務省令などによって定められており、これらの規定に従わないでつくられた地積測量図は、地積測量図とは認められません。

不動産登記規則第74条　（土地所在図、地積測量図、建物図面及び各階平面図の作成方式）
3　第1項の土地所在図、地積測量図、建物図面及び各階平面図は、別記第1号及び第2号の様式により、日本工業規格B列4番の丈夫な用紙を用いて作成しなければならない。

　地積測量図の用紙の様式や規格は統一されています。法務省令で定めた様式に従い、日本工業規格B列4番の用紙によらなければなりません。また、材質は強靭なものを用い、伸縮率の小さな紙質のものが望ましいとされています。

　なお、土地所在図の箇所でも触れましたが、地積測量図の縮尺が、その土地について作成する土地所在図の縮尺と同一であって、地積測量図によって土地所在図を明確に表示することができるときは、図面の標記を「地積測量図兼土地所在図」として、地積測量図をもって土地所在図を兼ねる取扱いが便宜、認められています。

　また、地積測量図の余白を用いて、土地所在図を作成することができる場合には、図面の標記に土地所在図と追記して、便宜、土地所在図を作成してもかまいません。

　地積測量図が1枚の紙に収まらない場合には、地積測量図の余白の適宜の箇所にその総枚数とその用紙が何枚目の用紙なのかを記載します。

不動産登記規則第74条　（土地所在図、地積測量図、建物図面及び各階平面図の作成方式）　土地所在図、地積測量図、建物図面及び各階平面図（これらのものが書面である場合に限る。）は、0.2ミリメートル以

下の細線により、図形を鮮明に表示しなければならない。

　地積測量図は、墨を用いて、0.2ミリメートル以下の細線で、鮮明に作成しなければなりません。

> **不動産登記規則第73条　（土地所在図、地積測量図、建物図面及び各階平面図の作成方式）**
> 　2　前項の土地所在図、地積測量図、建物図面及び各階平面図には、作成の年月日並びに申請人及び作成者の氏名又は名称を記録しなければならない。
> **第74条　（土地所在図、地積測量図、建物図面及び各階平面図の作成方式）**
> 　2　前項の土地所在図、地積測量図、建物図面及び各階平面図には、作成の年月日を記録し、申請人が記名するとともに、その作成者が署名し、又は記名押印しなければならない。

　作成の年月日、申請人の氏名等を記録します。
　申請人の記名と、地積測量図の作成者の署名または記名押印が必要となります。

⑤　地積測量図の内容

> **不動産登記規則第77条　（地積測量図の内容）**
> 　4　地積測量図は、250分の1の縮尺により作成するものとする。ただし、土地の状況その他の事情により当該縮尺によることが適当でないときは、この限りでない。

　地積測量図の縮尺は、原則として250分の1によりますが、この縮尺によることが適当でない場合には適宜の縮尺によることができます。

> **不動産登記規則第77条　（地積測量図の内容）**
> 5　第10条第4項の規定は、地積測量図について準用する。
>
> **第10条　（地図）**
> 4　地図を作成するための1筆地測量及び地積測定における誤差の限度は、次によるものとする。
> 　一　市街地地域については、国土調査法施行令（昭和27年政令第59号）別表第4に掲げる精度区分（以下「精度区分」という。）甲2まで
> 　二　村落・農耕地域については、精度区分乙1まで
> 　三　山林・原野地域については、精度区分乙3まで

地積測量図の誤差の限度は、地図の場合と同じです。

> **不動産登記規則第77条　（地積測量図の内容）**　地積測量図には、次に掲げる事項を記録しなければならない。
> 　一　地番区域の名称
> 　二　方位
> 　三　縮尺
> 　四　地番（隣接地の地番を含む。）
> 　五　地積及びその求積方法
> 　六　筆界点間の距離（以下省略）
> 　七　国土調査法施行令第2条第1項第1号に規定する平面直角座標系の番号又は記号

　①地番区域の名称、②方位、③縮尺、④地番（隣接地番を含む）、⑤地積および求積方法、⑥筆界間の距離ならびに基本三角点等に基づく測量の成果による筆界点の座標値（近傍に基本三角点等が存しない場合その他の基本三角点等に基づく測量ができない特別の事情がある場合にあっては、近傍の恒久的地物に基づく測量の成果による筆界点の座標値）を記録します。

　土地の形状は、測量の成果に基づき、実線で正確に描写します。

> **不動産登記規則第77条　（地積測量図の内容）**　地積測量図には、次に掲げる事項を記録しなければならない。
> 一～七　（省略）
> 八　基本三角点等に基づく測量の成果による筆界点の座標値
> 九・十　（省略）
> 2　近傍に基本三角点等が存しない場合その他の基本三角点等に基づく測量ができない特別の事情がある場合には、前項第7号及び第8号に掲げる事項に代えて、近傍の恒久的な地物に基づく測量の成果による筆界点の座標値を記録しなければならない。

(1)　**基本三角点等に基づく測量の成果による筆界点の座標値**

　基本三角点等とは、測量法2章の規定による基本測量の成果である三角点および電子基準点、国土調査法19条2項の規定により認証されもしくは同条5項の規定により指定された基準点またはこれと同等以上の精度を有すると認められる基準点をいいます。

　記録方法は、当該基本三角点等に符号を付したうえ、地積測量図の適宜の箇所に、その符号、基本三角点等の名称およびその座標値を記録します。

(2)　**近傍に基本三角点等が存しない場合等**

　近傍に基本三角点等が存しない場合その他の基本三角点等に基づく測量ができない特別の事情がある場合にあっては、近傍の恒久的な地物に基づく測量の成果による筆界点の座標値を記録する場合には、当該地物の存する地点に符号を付したうえで、地積測量図の適宜の箇所にその符号、地物の名称、概略図およびその座標値も記録します。

> **不動産登記規則第77条　（地積測量図の内容）**　地積測量図には、次に掲げる事項を記録しなければならない。
> 一～八　（省略）
> 九　境界標（筆界点にある永続性のある石杭又は金属標その他これに類する標識をいう。以下同じ。）があるときは、当該境界標の表示

> 十 （省略）
> 2 （省略）
> 3 第1項第9号の境界標の表示を記録するには、境界標の存する筆界点に符号を付し、適宜の箇所にその符号及び境界標の種類を記録する方法その他これに準ずる方法によってするものとする。

　境界標とは、筆界点間にある永続性のある石杭または金属その他これに類する標識をいいます。一般に、木杭やプラスチック製杭、マーカーによる印、刻み印などは、境界標には当たりません。地積測量図に境界標を記録する場合には、境界標の存する筆界点に符号を付し、適宜の場所にその符号および境界標の種類を記録する方法その他これに準ずる方法によりこれらの境界標も記録しなければなりません。

⑥ 分筆の登記を申請する場合に提供する地積測量図

　分筆の登記を申請する場合には、分筆後の土地の地積測量図を提供しなければなりません。この地積測量図を作成する場合には、以下の点に気をつける必要があります。

> **不動産登記規則第75条** （土地所在図及び地積測量図の作成単位）
> 2 分筆の登記を申請する場合において提供する分筆後の土地の地積測量図は、分筆前の土地ごとに作成するものとする。

> **不動産登記規則第78条** （分筆の登記の場合の地積測量図）　分筆の登記を申請する場合において提供する分筆後の土地の地積測量図には、分筆前の土地を図示し、分筆線を明らかにして分筆後の各土地を表示し、これに符号を付さなければならない。

　この地積測量図は、分筆前の土地ごとに作成しなければならず、このときの表示は、分筆前の土地を図示し、分筆線を明らかにして、分筆後の各土地

を表示してこれに符号を付さなければなりません。具体的な符号の付し方は、不動産登記事務取扱手続準則（通達）に定められています。

> **不動産登記事務取扱手続準則第51条　（土地所在図及び地積測量図の作成方法）**　規則第78条の規定により地積測量図に付する分筆後の各土地の符号は、①②③、(イ)(ロ)(ハ)、ＡＢＣ等適宜の符号を用いて差し支えない。
>
> （２項以下省略）

分筆の登記の地積測量図には、分筆前の土地を図示し、分筆線を明らかにして分筆後の各土地を表示し、これに①②③、(イ)(ロ)(ハ)、ＡＢＣ等の符号を付します。

> **不動産登記事務取扱手続準則第72条　（分筆の登記の申請）**
> ２　分筆の登記を申請する場合において提供する分筆後の土地の地積測量図には、分筆前の土地が広大な土地であって、分筆後の土地の一方がわずかであるなど特別の事情があるときに限り、分筆後の土地のうち１筆の土地について規則第77条第１項第５号から第７号までに掲げる事項（同項第５号の地積を除く。）を記録することを便宜省略して差し支えない。

分筆前の広大な土地であって、分筆後の土地の一方がわずかであるなど特別な事情があるときに限り、分筆後の土地のうち１筆の土地について、地積およびその求積方法、筆界点間の距離、国土調査法施行令２条１号に規定する平面直角座標系の番号または記号の記録を便宜省略してさしつかえないとされています（不動産登記事務取扱手続準則72条２項）。逆にいえば、特別な事情がない限り、分筆後の土地について地積測量図の記録事項をすべて記録しなければなりません。

これは、旧不動産登記法下においては、分筆後の土地のうちの１筆については、必ずしも地積およびその求積方法を明らかにせず、登記簿上の地積か

ら実測した部分（分筆後の各土地）の地積を差し引く方法によってさしつかえないとされていた規定（旧不動産登記事務取扱手続準則123条ただし書）が変更されたものです。

> **不動産登記規則第77条　（地積測量図の内容）**
> 5　第10条第4項の規定は、地積測量図について準用する。

> **不動産登記事務取扱準則第72条1項　（分筆の登記の申請）** 分筆の登記を申請する場合において、分筆前の地積と分筆後の地積の差が、分筆前の地積を基準にして規則第77条第5項の規定による地積測量図の誤差の限度内であるときは、地積に関する更正の登記の申請を要しない。

　なお、分筆の登記を申請する場合において、分筆前の地積と分筆後の地積の差が、分筆前の地積を基準にして不動産登記規則77条5項の規定による地積測量図の誤差の限度内であるときは、地積の更正の登記の申請をする必要はありません（不動産登記事務取扱手続準則72条1項）。

！　誤差の限度について、もっと知りたいあなたは、Q28の専門知識3－6、3－7へ進んでください。

7　地積測量図の保存期間

　書面申請において提出された地積測量図は、土地図面つづり込み帳につづり込むこととされています。もっとも、地積測量図は、電磁的記録に記録して保存することもできるので、この場合には、書面で提出された地積測量図は、申請書類つづり込み帳につづり込むものとされています。

　土地図面つづり込み帳は、永久保存です。閉鎖された地積測量図は、閉鎖された時から30年間保存されます。

地積測量図

世界測地系による成果

地番							
筆界点	X座標（Xn）	Y座標（Yn）	点間距離	境界標種別	座標値種別	備考	
K-1	－122555.734	43086.093	30.000	プラスチック標	実測値	ＴＳ値	
K-2	－122555.734	43056.093	25.000	金属プレート標	実測値	ＴＳ値	
K-3	－122530.734	43056.093	30.806	コンクリート標	実測値	ＴＳ値	
K-4	－122523.734	43086.093	32.000	コンクリート標	実測値	ＴＳ値	
K-1	－122555.734	43086.093		プラスチック標	実測値	ＴＳ値	
計算方法					$2F = \Sigma \lvert Y_n(X_{n+1} - X_{n-1}) \rvert$		
倍面積					－1710.000000		
面積（㎡）					855.0000000		
地積					855.00　㎡		

地番	面積
	855.0000000 ㎡
総合計面積	855.0000000 ㎡

近傍電子基準点一覧表

名称	局番号	基準点コード
○○	940095	EL04831032701
	X＝－108375.696　Y＝44366.221	
○○	21086	EL04731729003
	X＝－110655.948　Y＝24041.430	
○○	960715	EL04731620402
	X＝－128350.605　Y＝28990.463	

（平成　○年　○月　○日作成）

作成者	○市○町○番地○　　　　何某 ㊞

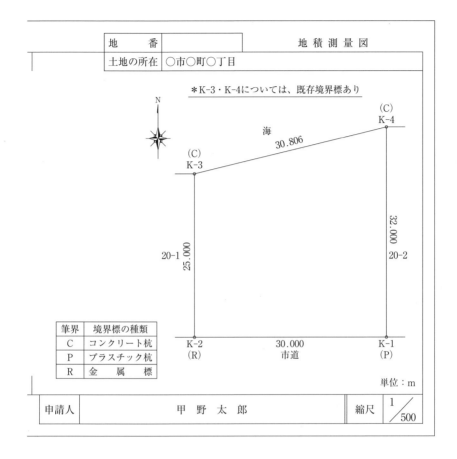

⑧　地積測量図の公開方法

(1)　地積測量図の写しの交付請求

　地積測量図の写しは、手数料を納付して、だれでも請求することができます。

(2)　地積測量図（サンプル）

　90・91ページを参照してください。

Q21 建物所在図とは何ですか

1 建物所在図とは

建物所在図とは、登記された建物の現地における位置や形状を公示するための図面をいいます。登記された土地の位置や形状を公示する役割を担っている地図のいわば建物版ということになります。

繰り返しになりますが、登記された建物が現地のどこに位置するかは、建物の表示に関する登記事項だけでは、必ずしも明らかにすることができないことから、これを補うものとして建物所在図が必要となるのです。

> **不動産登記法第14条 （地図等）** 登記所には、地図及び建物所在図を備え付けるものとする。
> 3 第1項の建物所在図は、1個又は2個以上の建物ごとに作成し、各建物の位置及び家屋番号を表示するものとする。
> 5 前項の地図に準ずる図面は、1筆又は2筆以上の土地ごとに土地の位置、形状及び地番を表示するものとする。
> 6 第1項の地図及び建物所在図並びに第4項の地図に準ずる図面は、電磁的記録に記録することができる。

建物所在図は、1個または2個以上の建物ごとに作成するもので、磁気ディスクその他の電磁的記録に記録されますが、電磁的記録に記録できない場合には、ポリエステル・フィルム等を用いて単位区域ごとに作成されます。これらは、地図の場合と同じです。

2 建物所在図の作成方法

建物所在図の作成には、二通りの方法があります。

> **不動産登記規則第11条　（建物所在図）**　建物所在図は、地図及び建物図面を用いて作成することができる。
> 2　前項の規定にかかわらず、新住宅市街地開発法等による不動産登記に関する政令（昭和40年政令第330号）第6条第2項（同令第11条から第13条までにおいて準用する場合を含む。）の建物の全部についての所在図その他これに準ずる図面は、これを建物所在図として備え付けるものとする。ただし、建物所在図として備え付けることを不適当とする特別の事情がある場合は、この限りでない。

1つは、登記の申請に伴って申請人から提供のあった建物図面を利用して作成する方法です。

もう1つは、新住宅市街地開発法等による不動産登記に関する政令6条2項の規定によって作成された建物の全部について所在図その他の図面が登記所に提出され、これを備えつける場合です。

> **不動産登記規則第14条　（建物所在図の記録事項）**　建物所在図には、次に掲げる事項を記録するものとする。
> 　一　地番区域の名称
> 　二　建物所在図の番号
> 　三　縮尺
> 　四　各建物の位置及び家屋番号（区分建物にあっては、当該区分建物が属する1棟の建物の位置）
> 　五　第11条第2項の建物所在図にあっては、その作成年月日

建物所在図の縮尺は、原則として当該地域の地図の縮尺と同一のものとされています。

建物所在図に記録される事項は、①地番区域の名称、②建物所在図の番号、③縮尺、④各建物の位置および家屋番号（区分建物については、1棟の建物の位置）、⑤不動産登記規則11条2項の建物所在図にあっては作成の年月

日です。

③ 建物所在図の公開方法

(1) 建物所在図の写しの交付請求

建物所在図の写しは、手数料を納付して、だれでも請求することができます。

(2) 建物所在図の写し

建物所在図の写しのサンプルです。

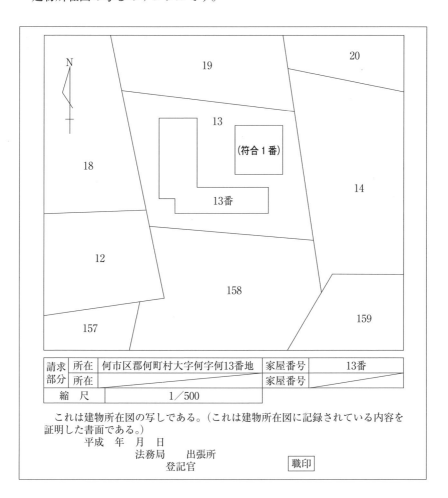

Q 22 建物図面とは何ですか

1　建物図面とは

建物図面は、建物の表題登記などを申請する場合に、申請書（申請情報）とあわせて提出される図面です。建物の位置や形状を明確にするとともに、建物所在図への書入れをするために必要となるものです。

不動産登記令別表

項	登記	申請情報	添付情報
建物の表示に関する登記			
12	建物の表題登記（13の項及び21の項の登記を除く）	（省略）	イ　建物図面 ロ　各階平面図 （以下省略）
13	合体による登記等（以下省略）	（省略）	イ　建物図面 ロ　各階平面図 （以下省略）

建物図面は、登記の申請人またはその代理人が作成する図面です。

2　建物図面の作成単位

不動産登記規則第81条　（建物図面及び各階平面図の作成単位）　建物図面及び各階平面図は、１個の建物（附属建物があるときは、主である建物と附属建物を合わせて１個の建物とする。）ごとに作成しなければならない。

建物図面は、1個の建物（ただし、附属建物があるときは、主である建物と附属建物をあわせて1個とします）ごとに作成しなければなりません。

建物の分割の登記、建物の区分の登記、建物の合併の登記を申請する場合に提供する建物図面は、分割後、区分後または合併後の建物ごとに作成します。

③ 建物図面の提出方法

> **不動産登記規則第73条**　（土地所在図、地積測量図、建物図面及び各階平面図の作成方式）　電子申請において送信する土地所在図、地積測量図、建物図面及び各階平面図は、法務大臣の定める方式に従い、作成しなければならない。書面申請においてこれらの図面を電磁的記録に記録して提出する場合についても、同様とする。

登記の申請には電子申請と書面申請があります。

建物図面を電磁的記録に記録する場合には、電子申請によることはもちろんのこと、書面申請の際に磁気ディスク等の電磁的記録媒体に記録して提出することも可能です。

以下は、主として書面により図面を作成する場合を前提とします。

④ 建物図面の作成方法

建物図面のつくり方は、法務省令などによって定められており、これらの規定に従わないでつくられた建物図面は、建物図面とは認められません。

> **不動産登記規則第74条**　（土地所在図、地積測量図、建物図面及び各階平面図の作成方式）
> 3　第1項の土地所在図、地積測量図、建物図面及び各階平面図は、別記第1号及び第2号の様式により、日本工業規格B列4番の丈夫な用紙を用いて作成しなければならない。

第2章　地図と図面の基礎を学ぼう

建物図面の用紙の様式や規格は統一されています。法務省令で定めた様式に従い、日本工業規格Ｂ列４番の用紙によらなければなりません。また、材質は強靭なものを用い、伸縮率の小さな紙質のものが望ましいとされています。
　また、各階平面図の余白を用いて、建物図面を作成することができる場合には、図面の標記に建物図面と追記して、便宜、建物図面を作成してもかまいません。
　建物図面が１枚の紙に収まらない場合には、建物図面の余白の適宜の箇所にその総枚数とその用紙が何枚目の用紙なのかを記載します。

> **不動産登記規則第74条　（土地所在図、地積測量図、建物図面及び各階平面図の作成方式）**　土地所在図、地積測量図、建物図面及び各階平面図（これらのものが書面である場合に限る。）は、0.2ミリメートル以下の細線により、図形を鮮明に表示しなければならない。

　建物図面は、墨を用いて、0.2ミリメートル以下の細線で、鮮明に作成しなければなりません。

> **不動産登記規則第74条　（土地所在図、地積測量図、建物図面及び各階平面図の作成方式）**
> 2　前項の土地所在図、地積測量図、建物図面及び各階平面図には、作成の年月日を記録し、申請人が記名するとともに、その作成者が署名し、又は記名押印しなければならない。

　申請人の記名と、地積測量図の作成者の署名または記名押印が必要となります。

5 建物図面の内容

> **不動産登記規則第82条　（建物図面の内容）**
> 3　建物図面は、500分の1の縮尺により作成しなければならない。ただし、建物の状況その他の事情により当該縮尺によることが適当でないときは、この限りでない。

　建物図面の縮尺は、500分の1によりますが、大きな建物の場合や、敷地が広大などの理由で、この縮尺によることが適当でない場合には適宜の縮尺によることができます。

> **不動産登記規則第82条　（建物図面の内容）**　建物図面は、建物の敷地並びにその1階（区分建物にあっては、その地上の最低階）の位置及び形状を明確にするものでなければならない。
> 2　建物図面には、方位、縮尺、敷地の地番及びその形状、隣接地の地番並びに附属建物があるときは主である建物又は附属建物の別及び附属建物の符号を記録しなければならない。

　建物図面は、建物の敷地および建物の1階（区分建物にあってはその地上の最低階）の位置および形状を明確にするものでなければなりません。
　建物図面の記録事項は、①方位、②縮尺、③敷地の地番およびその形状、④隣接地の地番、⑤附属建物があるときは主である建物または附属建物の別、⑥附属建物の符号を記録しなければなりません。
　また、以下の点にも注意してください。

> **不動産登記事務取扱準則第52条　（建物図面の作成方法）**　建物が地下のみの建物である場合における建物図面には、規則第82条第1項の規定にかかわらず、地下1階の形状を朱書するものとする。
> 2　建物が区分建物である場合には、次の例示のように点線をもってそ

の建物が属する一棟の建物の1階の形状も明確にするものとする。この場合において、その建物が1階以外の部分に存するときは、その存する階層を、例えば「建物の存する部分3階」、「建物の存する部分4階、5階」のように記録するものとする。

例示　　凡例　実線 ──── 　破線 ┄┄┄┄ 　一点鎖線 ─・─・─

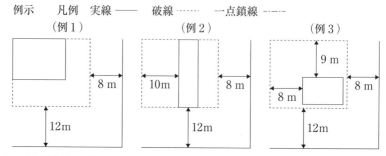

3　前項後段の場合において、その建物（その建物が2階以上である場合にあっては、その1階）の存する階層の形状が一棟の建物の1階の形状と異なるときは、次の例示のように一点鎖線をもってその階層の形状も明確にするものとする。

例示

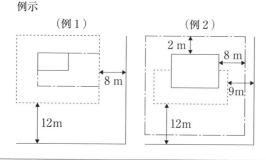

⑥　建物図面の保存と保存期間

　書面申請において提出された建物図面は、建物図面つづり込み帳につづり込むこととされています。もっとも、建物図面は、電磁的記録に記録して保存することもできるので、この場合には、書面で提出された建物図面は、申請書類つづり込み帳につづり込むものとされています。

　建物図面つづり込み帳は、永久保存です。閉鎖された建物図面は、閉鎖さ

れた時から30年間保存されます。

7 建物図面の公開方法

(1) 建物図面の写しの交付請求

　建物図面の写しは、手数料を納付して、だれでも請求することができます。

(2) 建物図面兼各階平面図（サンプル）

　102～105ページを参照してください。

非区分建物

各 階 平 面 図

各階平面図

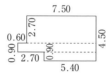

計算式
M　　M
7.50×2.70＝20.25㎡
8.10×0.90＝ 7.29
5.40×0.90＝ 4.86
計＝32.40㎡

作　成　者	何市何町234番地 何　　某　㊞ （平成何年何月何日作成）	縮　尺	1／250

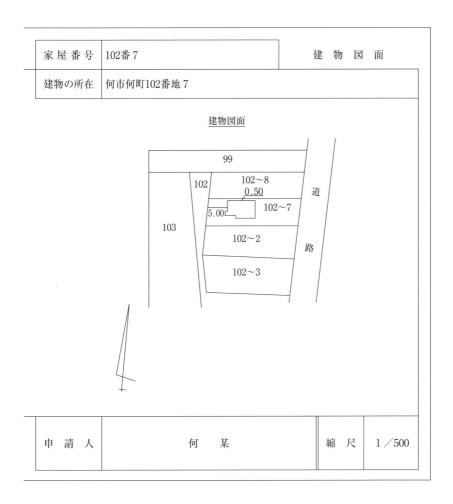

区分建物

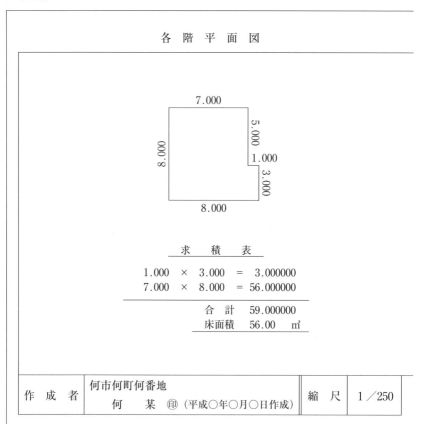

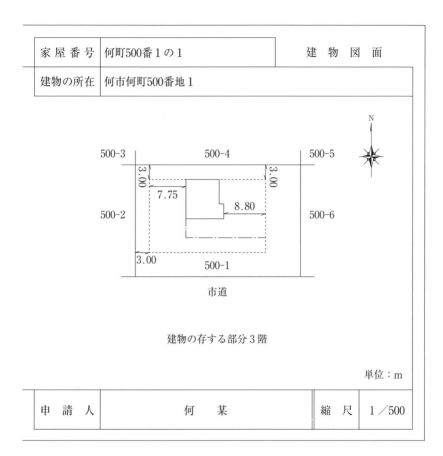

Q23 各階平面図とは何ですか

1　各階平面図とは

各階平面図は、建物の表題登記などを申請する場合に、申請情報とあわせて提供しなければならない図面です。建物の各階の形状および面積を明確にするために必要となるものです。

不動産登記令別表			
項	登記	申請情報	添付情報
建物の表示に関する登記			
12	建物の表題登記（13の項及び21の項の登記を除く。）	（省略）	イ　建物図面 ロ　各階平面図 （以下省略）
13	合体による登記等（以下省略）	（省略）	イ　建物図面 ロ　各階平面図 （以下省略）

各階平面図のつくり方は、法務省令などによって定められており、これらの規定に従わないでつくられた各階平面図は、各階平面図とは認められません。

各階平面図は、登記の申請人またはその代理人が作成する図面です。

2　各階平面図の作成単位

不動産登記規則第81条　（建物図面及び各階平面図の作成単位）　建物図面及び各階平面図は、1個の建物（附属建物があるときは、主である建

物と附属建物を合わせて1個の建物とする。）ごとに作成しなければならない。

　各階平面図は、1個の建物（ただし、附属建物があるときは、主である建物と附属建物をあわせて1個とします）ごとに作成しなければなりません。
　建物の分割の登記、建物の区分の登記、建物の合併の登記を申請する場合に提供する各階平面図は、分割後、区分後または合併後の建物ごとに作成します。

③　各階平面図の提出方法

> **不動産登記規則第73条**　（土地所在図、地積測量図、建物図面及び各階平面図の作成方式）　電子申請において送信する土地所在図、地積測量図、建物図面及び各階平面図は、法務大臣の定める方式に従い、作成しなければならない。書面申請においてこれらの図面を電磁的記録に記録して提出する場合についても、同様とする。

　登記の申請には電子申請と書面申請があります。
　各階平面図を電磁的記録に記録する場合には、電子申請によることはもちろんのこと、書面申請の際に磁気ディスク等の電磁的記録媒体に記録して提出することも可能です。
　以下は、主として書面により図面を作成する場合を前提とします。

④　各階平面図の作成方法

> **不動産登記規則第74条**　（土地所在図、地積測量図、建物図面及び各階平面図の作成方式）
> 3　第1項の土地所在図、地積測量図、建物図面及び各階平面図は、別記第1号及び第2号の様式により、日本工業規格B列4番の丈夫な

第2章　地図と図面の基礎を学ぼう　107

用紙を用いて作成しなければならない。

　各階平面図の用紙の様式や規格は統一されています。法務省令で定めた様式に従い、日本工業規格Ｂ列４番の用紙によらなければなりません。また、材質は強靭なものを用い、伸縮率の小さな紙質のものが望ましいとされています。

　また、各階平面図の余白を用いて、建物図面を作成することができる場合には、図面の標記に建物図面と追記して、便宜、建物図面を作成してもかまいません。

　１棟の建物の建物図面の用紙が数枚にわたるときは、当該各階平面図の余白の適宜の箇所にその総枚数とその用紙が何枚目の用紙なのかを記載します。

> **不動産登記規則第74条　（土地所在図、地積測量図、建物図面及び各階平面図の作成方式）**　土地所在図、地積測量図、建物図面及び各階平面図（これらのものが書面である場合に限る。）は、0.2ミリメートル以下の細線により、図形を鮮明に表示しなければならない。

　各階平面図は、墨を用いて、0.2ミリメートル以下の細線で、鮮明に作成しなければなりません。

⑤　各階平面図の内容

> **不動産登記規則第83条　（各階平面図の内容）**
> ２　各階平面図は、250分の１の縮尺により作成しなければならない。ただし、建物の状況その他の事情により当該縮尺によることが適当でないときは、この限りでない。

　各階平面図の縮尺は、250分の１によりますが、建物の各階の床面積が大きい場合等、この縮尺によることが適当でない場合には適宜の縮尺によるこ

とができます。

> **不動産登記規則第83条　（各階平面図の内容）**　各階平面図には、縮尺、各階の別、各階の平面の形状、1階の位置、各階ごとの建物の周囲の長さ、床面積及びその求積方法並びに附属建物があるときは主である建物又は附属建物の別及び附属建物の符号を記録しなければならない。

　建物図面の記録事項は、①各階の別、②各階の平面の形状、③1階の位置、④各階ごとの建物の周囲の長さ、⑤床面積およびその求積方法、⑥附属建物があるときは主である建物と附属建物の別、⑦附属建物の符号を記録しなければなりません。

> **不動産登記規則第74条　（土地所在図、地積測量図、建物図面及び各階平面図の作成方式）**　土地所在図、地積測量図、建物図面及び各階平面図（これらのものが書面である場合に限る。）は、0.2ミリメートル以下の細線により、図形を鮮明に表示しなければならない。
> 2　前項の土地所在図、地積測量図、建物図面及び各階平面図には、作成の年月日を記録し、申請人が記名するとともに、その作成者が署名し、又は記名押印しなければならない。

　申請人の記名と、地積測量図の作成者の署名または記名押印が必要となります。
　また、以下の点にも注意してください。

不動産登記事務取扱準則第53条 （**各階平面図の作成方法**） 規則第83条第1項の規定により各階平面図に各階の別、各階の平面の形状及び1階の位置、各階ごとの建物の周囲の長さを記録するには、次の例示のようにするものとする。この場合において、1階以外の階層を表示するときは、1階の位置を点線をもって表示するものとする。

例示

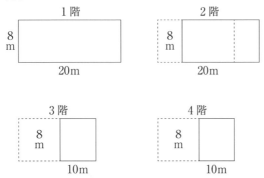

2 各階が同じ形状のものについて記録するには、次の例示のようにするものとする。

例示

不動産登記規則第115条 （**建物の床面積**） 建物の床面積は、各階ごとに壁その他の区画の中心線（区分建物にあっては、壁その他の区画の内側線）で囲まれた部分の水平投影面積により、平方メートルを単位として定め、1平方メートルの100分の1未満の端数は、切り捨てるものとする。

6 各階平面図の保存期間

　書面申請において提出された各階平面図は、建物図面つづり込み帳につづり込むこととされています。もっとも、各階平面図は、電磁的記録に記録して保存することもできるので、この場合には、書面で提出された各階平面図は、申請書類つづり込み帳につづり込むものとされています。

　建物図面つづり込み帳は、永久保存です。閉鎖された各階平面図は、閉鎖された時から30年間保存されます。

7 各階平面図の公開方法

(1) 各階平面図の写しの交付請求

　各階平面図の写しは、手数料を納付して、だれでも請求することができます（不動産登記法121条1項、不動産登記令21条）。

(2) 各階平面図の写し

　各階平面図のサンプルは、Q22を参照してください。

第3章

土地の登記事項の基礎を学ぼう

ここでは、土地の表題部の登記事項について説明します。登記所の窓口で、登記事項証明書を取得しても、その意味がわからなければ何にもなりません。
　しかし、実際にはそういう方は大勢います。登記事項証明書に記録されている事項を理解するには、民法や不動産登記法の知識を必要とするからです。
　ここに、土地の表題部の登記記録のサンプルがありますので、これをみながら、説明していきましょう。

土地の表題部の登記記録（サンプル）

表題部（土地の表示）	調　製	余白	不動産番号	1234567890123
地図番号	余白	筆界特定	余白	
所　在	甲市乙町二丁目		余白	
①地番	②地目	③地積　　㎡	原因及びその日付〔登記の日付〕	
33番	畑	1000	不詳〔平成何年何月何日〕	
所有者	甲市乙町二丁目3番3号　持分3分の2　　甲某 甲市乙町二丁目3番3号　持分3分の1　　乙某			

（注）　登記記録の登記事項を編集して証明書の形式にしたものが登記事項証明書になります。

土地の表示に関する登記事項には、何がありますか

1 土地の表示に関する登記事項

　土地の表示に関する登記事項は、不動産登記法27条と34条に定められています。

> **不動産登記法第27条**　（表示に関する登記の登記事項）　土地及び建物の表示に関する登記の登記事項は、次のとおりとする。
> 　一　登記原因及びその日付
> 　二　登記の年月日
> 　三　所有権の登記がない不動産（共用部分（区分所有法第4条第2項に規定する共用部分をいう。以下同じ。）である旨の登記又は団地共用部分（区分所有法第67条第1項に規定する団地共用部分をいう。以下同じ。）である旨の登記がある建物を除く。）については、所有者の氏名又は名称及び住所並びに所有者が2人以上であるときはその所有者ごとの持分
> 　四　前3号に掲げるもののほか、不動産を識別するために必要な事項として法務省令で定めるもの

> **不動産登記法第34条**　（土地の表示に関する登記の登記事項）　土地の表示に関する登記の登記事項は、第27条各号に掲げるもののほか、次のとおりとする。
> 　一　土地の所在する市、区、郡、町、村及び字
> 　二　地番
> 　三　地目

第3章　土地の登記事項の基礎を学ぼう

> 四　地積
> 2　前項第3号の地目及び同項第4号の地積に関し必要な事項は、法務省令で定める。

わかりにくいので、まとめてみました。

> 1　土地の所在（する市、区、郡、町、村、字）
> 2　地番
> 3　地目
> 4　地積
> 5　登記原因およびその日付
> 6　登記の年月日
> 7　不動産番号
> 8　所有者

1～8の登記事項の詳細については、Q25以下で説明しますが、土地の登記事項について学ぶには、まず、その登記事項を記録する表題部の構造から理解しなければなりません。

❷　土地の登記記録の表題部の構造

> ○土地の登記記録 ─→ ・表題部
> 　　　　　　　　　　・甲区
> 　　　　　　　　　　・乙区

　土地の表示に関する登記は、土地の登記記録の表題部にされます。そして、土地の登記記録の表題部は、「地図番号欄」「土地の表示欄」「所有者欄」に分かれています。これから説明する土地の登記記録の編成の内容は、不動産登記規則4条と別表1に定められています。

土地の表題部	
	地図番号欄
	土地の表示欄
	所有者欄

③ 地図番号欄

地図番号欄	地図の番号又は図郭の番号並びに筆界特定の年月日及び手続番号

「地図番号欄」には、地図の番号（図郭の番号）と、筆界特定の年月日および手続番号が記録されます。

専門知識3－1　筆界特定とは

　筆界特定制度とは、土地の所有者として登記されている人などの申請に基づいて、筆界特定登記官が、外部専門家である筆界調査委員の意見をふまえて、現地における土地の筆界の位置を特定する不動産登記法上の制度である。

　筆界特定は、新たに筆界を決めることではなく、実地調査や測量を含むさまざまな調査を行ったうえ、もともとあった筆界を筆界特定登記官が明らかにするものであり、同制度を活用することによって、公的な判断として筆界を明らかにできるため、隣人同士で裁判をしなくても、筆界をめぐる問題の解決を図ることができる。

　筆界特定制度は、土地の所有権の範囲を特定することを目的とするものではなく、筆界特定の結果に納得することができないときは、後から裁判で争うことができる。

4　土地の表示欄

土地の表示欄		
	不動産番号欄	不動産番号（Q30へ）
	所在欄	所在（Q25へ）
	地番欄	地番（Q26へ）
	地目欄	地目（Q27へ）
	地積欄	地積（Q28へ）
	原因及びその日付欄	登記原因及びその日付（Q31へ）
		河川区域内又は高規格堤防特別区域内、樹林帯区域内、特定樹林帯区域内若しくは河川立体区域内の土地である旨（注） （注）　河川区域内の土地の表示に関する登記事項（不動産登記法43条参照）
	登記の日付欄	登記の年月日（Q32へ）
		閉鎖の年月日

「土地の表示欄」は、「不動産番号欄」「所在欄」「地番欄」「地目欄」「地積欄」「原因及びその日付欄」「登記の日付欄」に分かれています。

5　所有者欄

所有者欄	所有者氏名・住所・持分（Q29へ）

「所有者欄」には、所有者の氏名、住所と持分が記録されます。

土地の所在とは何ですか

まず、不動産登記法の規定を確認しましょう。

> **不動産登記法第34条（土地の表示に関する登記の登記事項）** 土地の表示に関する登記の登記事項は、第27条各号に掲げるもののほか、次のとおりとする。
> 一 土地の所在する市、区、郡、町、村及び字

土地の所在とは、土地の所在する市、区、郡、町、村および字のことです。

土地の登記記録の表題部には、「土地の表示欄」があり、そこに「所在欄」があります。ここに、土地の所在する市、区、郡、町、村、字が記録されます。

所在	甲市乙町二丁目	余白

「所在」は、「地番」とともに、その土地がどこにあるのかを特定するための重要な情報と考えられています。

「市」「町」「村」とは、普通地方公共団体としての市町村のことです。

「区」とは、東京都の特別区と政令指定都市の区のことです。

なぜ、都道府県名が登記事項とされていないのかと疑問に思う方もいると思います。たしかに、都道府県名そのものは、登記事項ではありませんが、登記事項証明書の末尾には、管轄する登記所名が書いてあります。そして、それをみれば、登記所が管轄している都道府県は明らかになるので、登記事項とされていなくても不都合はありません。

「郡」は、都道府県の下にあって、市の区域以外の区域について認められ

第3章 土地の登記事項の基礎を学ぼう 119

る地理的名称です。

「市」「区」「郡」「町」「村」は、行政区画であり、これだけで土地を特定するのは、大まかすぎます。そこで、「字」も表示することとされたのです。「字」は、市町村内に存在し、市町村をさらに細分した一定範囲の地域の名称のことであり、「大字」とこれをさらに細分化した「小字」に分かれます。

たとえば、「東京都千代田区霞が関一丁目1番1」という土地の場合、所在は、「千代田区霞が関一丁目」ということになります。「千代田区」は、行政区画としての特別区に該当し、「霞が関一丁目」は、行政区画内の区域である字に該当します。

専門知識3-2 「行政区画」と「最小行政区画」

行政区画とは、法的には行政機関（国の地方行政官庁および地方公共団体の行政機関）の権限が地域的に限界づけられている場合のその地域をいう。地方公共団体の区域とは異なる概念であり、実際上、必ずしも一致しないが、不動産登記法では、もっぱら地方公共団体の権限が及ぶ区域を意味している。

ちょっと待った！

地番を付すべき区域を「地番区域」という。地番区域は、「市、区、郡、町、村、字又はこれに準ずる地域をもって定める」（不動産登記規則第97条）とされており、「土地の所在」と「地番区域」とは、通常合致することが多いが、地番区域である大字のなかに、地番区域でない小字が含まれていることがある。この場合には、土地の所在としては小字までを記録することとなっている。

専門知識3-3 行政区画またはその名称の変更

土地の所在である行政区画またはその名称の変更があった場合には、登記記録に記録した行政区画またはその名称について変更があったものとみなされている（不動産登記規則第92条）。これらの変更は、法令や告示等によって公にされており、登記官はこれを直ちに知りうることができるので、そのつど、変更登記をしなくても、法律上、当然に変更されたものとみなすというものである。なお、登記官は、この場合、すみやかに表題部に記録した行政区画もしくはこれらの名称を変更しなければならない。

土地の地番とは何ですか

まず、不動産登記法の規定を確認しましょう。

> **不動産登記法第2条（定義）** この法律において、次の各号に掲げる用語の意義は、それぞれ当該各号に定めるところによる。
> 十七　地番　第35条の規定により1筆の土地ごとに付す番号をいう。
> **第34条（土地の表示に関する登記の登記事項）** 土地の表示に関する登記の登記事項は、第27条各号に掲げるもののほか、次のとおりとする。
> 二　地番

地番とは、土地1筆ごとに登記所（官）が定めた番号のことで、「所在」とともに土地の位置を示し、特定するためのものです。

地番は、土地の登記記録の表題部中の「土地の表示欄」の「地番欄」に記録されます。

①地番	②地目	③地積　㎡	原因及びその日付〔登記の日付〕
33番	畑	1000	不詳〔平成何年何月何日〕

> **不動産登記法第35条（地番）** 登記所は、法務省令で定めるところにより、地番を付すべき区域（第39条第2項及び第41条第2号において「地番区域」という。）を定め、1筆の土地ごとに地番を付さなければならない。

第3章　土地の登記事項の基礎を学ぼう

登記所では、「地番区域」を定め、その地番区域ごとに地番を定めます。この地番は、土地の位置がわかりやすいように、1筆の土地ごとに、整然と定めなければなりません。

> **不動産登記規則第97条　（地番区域）**　地番区域は、市、区、町、村、字又はこれに準ずる地域をもって定めるものとする。
> **第98条　（地番）**　地番は、地番区域ごとに起番して定めるものとする。
> 2　地番は、土地の位置が分かりやすいものとなるように定めるものとする。

ちょっと待った！

　地番と間違いやすいものに、住居表示番号がある。
　住居表示番号は、住所の表示をわかりやすくするために、住居表示の実施に関する法律によって定められたものである。
　行政区画内の町または字の区域を街区ごとに細分化し、その街区内の住居（建物）に、街区番号と住居番号を付したものである。
　住居表示番号は、建物に付された番号なので、土地にはそもそも付番されないし、敷地の筆界と建物の配列は一致せず、地番との関連性がないので、土地を特定する機能はない。
　わが国では、もともと、住所の表示には地番が用いられており、現在でも、住居表示を実施しないで、地番をそのまま住所としている地域は多数ある。
　一般的に、「住所はわかるが、地番がわからない」という場合、その地域が住居表示の実施区域かどうかを確認し、住居表示の実施区域であれば、住所と地番は関連性がないこととなり、住居表示の実施区域でなければ、住所と地番は関連性があることになる。

土地の地目とは何ですか

まず、不動産登記法の規定を確認しましょう。

> **不動産登記法第2条** （定義） この法律において、次の各号に掲げる用語の意義は、それぞれ当該各号に定めるところによる。
>   十八　地目　土地の用途による分類であって、第34条第2項の法務省令で定めるものをいう。
> **第34条** （土地の表示に関する登記の登記事項） 土地の表示に関する登記の登記事項は、第27条各号に掲げるもののほか、次のとおりとする。
>   三　地目
> 2　前項第3号の地目及び同項第4号の地積に関し必要な事項は、法務省令で定める。

　地目は、土地の利用状況を表すもので、土地を特定するための要素の1つとして、その土地の主たる用途によって23種類が定められています。地目は、土地の登記記録の表題部中の「土地の表示欄」の「地目欄」に記録されます。

①地番	②地目	③地積	㎡	原因及びその日付〔登記の日付〕
33番	畑	1000		不詳〔平成何年何月何日〕

　地目は、土地の現況や利用目的に重点を置き、部分的にわずかな差異があったとしても、土地全体の状況を観察して定められます。地目は、土地の所有者が定めるのではなく、登記官が認定するものです。

第3章　土地の登記事項の基礎を学ぼう　123

土地の利用形態が複雑化・高度化している今日、登記官による地目の認定は、現実問題としてきわめて大きな困難を伴います。

23種類の地目は、法務省令で定められています。

> **不動産登記規則第99条　（地目）**　地目は、土地の主な用途により、田、畑、宅地、学校用地、鉄道用地、塩田、鉱泉地、池沼、山林、牧場、原野、墓地、境内地、運河用地、水道用地、用悪水路、ため池、堤、井溝、保安林、公衆用道路、公園及び雑種地に区分して定めるものとする。

雑種地は、他のどの地目にも当てはまらないものをいうので、すべての土地は、この23種類のどれかに当てはまることになるのです。

ちょっと待った！

「中間地目」と「雑種地」との関係について

　田や畑の形質が変更され、現状のままでは耕作することができず、将来も耕作することがほとんど不可能であると認められた場合、その土地が「田や畑ではない」ということはいえても、他の地目に変更されたとまではいえない場合がある。「田や畑ではない」という地目があるわけではないからである。この場合、田や畑以外への地目の変更の登記が認められるためには、田や畑以外の特定の地目であるとの積極的な認定が行われなければならない。利用目的が判然としない土地は「中間地目」と呼ばれ、このような土地は地目変更があったものとは解されず、依然として地目は田や畑から変更されていないこととなる。

　一方、田や畑以外の特定の地目であるとの積極的な認定が行われた場合には、その利用目的に応じ、上記の23種類のいずれかに地目が変更されたことになる。田や畑から駐車場に変わった場合には、「駐車場」という地目は存在しないので、その他の地目として「雑種地」に地目変更がされたものと認定される。

　重要なことは、田を宅地などに造成する過程で、田でも宅地でもない中間的な状況にある土地が、一時的に「雑種地」として認定されることはないということである。

具体的な地目の定義は、不動産登記事務取扱手続準則（法務省民事局長通達）にて定められていますので、順に説明しましょう。
① 田と畑

> **不動産登記事務取扱手続準則第68条** （地目） 次の各号に掲げる地目は、当該各号に定める土地について定めるものとする。この場合には、土地の現況及び利用目的に重点を置き、部分的にわずかな差異の存するときでも、土地全体としての状況を観察して定めるものとする。
> 一 田　農耕地で用水を利用して耕作する土地
> 二 畑　農耕地で用水を利用しないで耕作する土地
> **第69条** （地目の認定）　土地の地目は、次に掲げるところによって定めるものとする。
> 一 牧草栽培地は、畑とする。

　田と畑は、農地と呼ばれ、農地を農地以外のものに転用（地目の変更）するには、都道府県知事等の許可が必要となります。

　田は、農耕地のうち用水を利用して耕作する土地をいいます。水稲に限らず、わさび等を栽培する土地も含まれます。畑との違いは、用水を利用して耕作するかどうかということになります。

　畑は、農耕地のうち用水を利用しないで耕作する土地をいいます。穀類、野菜、栽培管理を目的とする梅林、竹林や芝生などを成育させる土地などが含まれます。牧場地域内にある牧草栽培地は牧場とされるが、それ以外は畑とされます。

② 宅　地

> **不動産登記事務取扱手続準則第68条** （地目） 次の各号に掲げる地目は、当該各号に定める土地について定めるものとする。この場合には、土地の現況及び利用目的に重点を置き、部分的にわずかな差異の存するときでも、土地全体としての状況を観察して定めるものとす

三　宅地　建物の敷地及びその維持若しくは効用を果すために必要な土地

第69条　（**地目の認定**）　土地の地目は、次に掲げるところによって定めるものとする。

　　二　海産物を乾燥する場所の区域内に永久的設備と認められる建物がある場合には、その敷地の区域に属する部分だけを宅地とする。

　　三　耕作地の区域内にある農具小屋等の敷地は、その建物が永久的設備と認められるものに限り、宅地とする。

　　六　遊園地、運動場、ゴルフ場又は飛行場において、建物の利用を主とする建物敷地以外の部分が建物に附随する庭園に過ぎないと認められる場合には、その全部を一団として宅地とする。

　　七　遊園地、運動場、ゴルフ場又は飛行場において、一部に建物がある場合でも、建物敷地以外の土地の利用を主とし、建物はその附随的なものに過ぎないと認められるときは、その全部を一団として雑種地とする。ただし、道路、溝、堀その他により建物敷地として判然区分することができる状況にあるものは、これを区分して宅地としても差し支えない。

　　九　テニスコート又はプールについては、宅地に接続するものは宅地とし、その他は雑種地とする。

　　十　ガスタンク敷地又は石油タンク敷地は、宅地とする。

　　十一　工場又は営業場に接続する物干場又はさらし場は、宅地とする。

　　十二　火葬場については、その構内に建物の設備があるときは構内全部を宅地とし、建物の設備のないときは雑種地とする。

　宅地は、建物の敷地およびその維持もしくは効用を果たすために必要な土地をいいます。また、宅地には建物が現存しない土地も含まれます。近い将来、建物の敷地として利用されることが明らかな土地であれば、宅地と認定することが認められます。具体的には、①すでに整地が行われ、建物の基礎

工事が着手されている土地、②水道またはガス管が敷設され、直ちに建物を建築することができる状況にある土地、③周囲が住宅地または商店等で囲障を施す等敷地として利用されることが客観的に明らかな土地等があげられます。

③　学校用地

> **不動産登記事務取扱手続準則第68条　（地目）**
> 　四　学校用地　校舎、附属施設の敷地及び運動場

学校用地は、校舎、その附属施設の敷地および運動場をいいます。

④　鉄道用地

> **不動産登記事務取扱手続準則第68条　（地目）**
> 　五　鉄道用地　鉄道の駅舎、附属施設及び路線の敷地

鉄道用地は、鉄道の駅舎、その附属施設および線路の敷地をいいます。

⑤　塩　　田

> **不動産登記事務取扱手続準則第68条　（地目）**
> 　六　塩田　海水を引き入れて塩を採取する土地

塩田は、海水を引き入れて塩を採取する土地をいいます。

⑥　鉱泉地

> **不動産登記事務取扱手続準則第68条　（地目）**
> 　七　鉱泉地　鉱泉（温泉を含む。）の湧出口及びその維持に必要な土地

鉱泉地は、鉱泉（温泉を含む）の湧出口およびその維持に必要な土地をいいます。

⑦ 池　　沼

> **不動産登記事務取扱手続準則第68条　（地目）**
> 　八　池沼　かんがい用水でない水の貯留池

池沼は、かんがい用水でない水の貯留池をいいます。

⑧ 山　　林

> **不動産登記事務取扱手続準則第68条　（地目）**
> 　九　山林　耕作の方法によらないで竹木の生育する土地

山林は、耕作の方法によらないで、竹林の生育する土地をいいます。苗木を植えただけでは足りず、竹林が肥培管理をすることなく成長している状態になっている必要があります。

⑨ 牧　　場

> **不動産登記事務取扱手続準則第68条　（地目）**
> 　十　牧場　家畜を放牧する土地
> **第69条　（地目の認定）**
> 　四　牧畜のために使用する建物の敷地、牧草栽培地及び林地等で牧場
> 　　　地域内にあるものは、すべて牧場とする。

牧場は、家畜を放牧する土地をいいます。牧畜のために使用する建物の敷地や、牧場地域内にある牧草栽培地や林等も牧場に含まれます。

⑩ 原　　野

> **不動産登記事務取扱手続準則第68条　（地目）**
> 　十一　原野　耕作の方法によらないで雑草、かん木類の生育する土地

原野は、耕作の方法によらないで、雑草やかん木類の生育する土地をいい

ます。牧場内にある原野は、牧場に含まれます。

⑪　墓　　地

> **不動産登記事務取扱手続準則第68条　（地目）**
> 　十二　墓地　人の遺体又は遺骨を埋葬する土地

墓地は、人の遺体や遺骨を埋葬する土地をいいます。

⑫　境　内　地

> **不動産登記事務取扱手続準則第68条　（地目）**
> 　十三　境内地　境内に属する土地であって、宗教法人法（昭和26年法律第126号）第3条第2号及び第3号に掲げる土地（宗教法人の所有に属しないものを含む。）

境内地は、境内に属する土地で、本殿、拝殿、本堂、会堂、僧堂、僧院、信者修行所、社務所、庫裏、教職舎、宗務庁、教務院、教団事務所その他宗教法人が宗教の教義を広め、儀式行事を行い、および信者を教化育成する目的のために供される建物および工作物が存する1区画の土地と、参道として用いられる土地をいいます。

⑬　運河用地

> **不動産登記事務取扱手続準則第68条　（地目）**
> 　十四　運河用地　運河法（大正2年法律第16号）第12条第1項第1号又は第2号に掲げる土地

運河用地は、運河法で定められている水路用地、運河に属する道路、橋梁、堤防、護岸、物揚場、係船場の築設に要する土地ならびに運河用通信、信号に要する土地をいいます。

⑭　水道用地

> **不動産登記事務取扱手続準則第68条　（地目）**
> 　十五　水道用地　専ら給水の目的で敷設する水道の水源地、貯水池、
> 　　ろ水場又は水道線路に要する土地

　水道用地は、もっぱら給水の目的で敷設する水道の水源地、貯水池、ろ水場、水道線路に要する土地をいいます。

⑮　用悪水路

> **不動産登記事務取扱手続準則第68条　（地目）**
> 　十六　用悪水路　かんがい用又は悪水はいせつ用の水路

　用悪水路は、かんがい用または悪水はいせつ用の水路をいいます。

⑯　た　め　池

> **不動産登記事務取扱手続準則第68条　（地目）**
> 　十七　ため池　耕地かんがい用の用水貯留池

　ため池は、耕地かんがい用の用水貯留池をいいます。

⑰　堤

> **不動産登記事務取扱手続準則第68条　（地目）**
> 　十八　堤　防水のために築造した堤防

　堤は、防水のために築造した堤防をいいます。

⑱　井　溝

> **不動産登記事務取扱手続準則第68条　（地目）**
> 　十九　井溝　田畝又は村落の間にある通水路

井溝は、田畝または村落の間にある通水路をいいます。

⑲　保　安　林

> **不動産登記事務取扱手続準則第68条　（地目）**
> 　二十　保安林　森林法（昭和26年法律第249号）に基づき農林水産大臣が保安林として指定した土地

保安林は、森林法に基づいて農林水産大臣が保安林として指定した土地をいいます。保安林は、他の地目と異なり、土地の主たる用途ではなく、行政による指定や解除によって定められる地目です。保安林として登記されると、保安林の指定が解除されない限り、他の地目に変更することはできません。

⑳　公衆用道路

> **不動産登記事務取扱手続準則第68条　（地目）**
> 　二十一　公衆用道路　一般交通の用に供する道路（道路法（昭和27年法律第180号）による道路であるかどうかを問わない。）

公衆用道路は、一般交通の用に供する道路をいいます。道路法による道路でない道路も含まれます。私道、公道のいずれも含まれます。舗装されていない道路も含まれます。

ただし、特定の者のみの用に供することを目的とした通路は私有地・公有地の別なく除外されます。また、袋小路であっても客観的に公衆用道路と認められる場合には、公衆用道路として取り扱われます。

㉑ 公　　園

> **不動産登記事務取扱手続準則第68条　（地目）**
> 　二十二　公園　公衆の遊楽のために供する土地

公園は、公衆の遊楽のために供する土地をいいます。

㉒　雑　種　地

> **不動産登記事務取扱手続準則第68条　（地目）**
> 　二十三　雑種地　以上のいずれにも該当しない土地
> **第69条　（地目の認定）**
> 　五　水力発電のための水路又は排水路は、雑種地とする。
> 　七　遊園地、運動場、ゴルフ場又は飛行場において、一部に建物がある場合でも、建物敷地以外の土地の利用を主とし、建物はその附随的なものに過ぎないと認められるときは、その全部を一団として雑種地とする。ただし、道路、溝、堀その他により建物敷地として判然区分することができる状況にあるものは、これを区分して宅地としても差し支えない。
> 　八　競馬場内の土地については、事務所、観覧席及びきゅう舎等永久的設備と認められる建物の敷地及びその附属する土地は宅地とし、馬場は雑種地とし、その他の土地は現況に応じてその地目を定める。
> 　九　テニスコート又はプールについては、宅地に接続するものは宅地とし、その他は雑種地とする。
> 　十二　火葬場については、その構内に建物の設備があるときは構内全部を宅地とし、建物の設備のないときは雑種地とする。
> 　十三　高圧線の下の土地で他の目的に使用することができない区域は、雑種地とする。
> 　十四　鉄塔敷地又は変電所敷地は、雑種地とする。
> 　十五　坑口又はやぐら敷地は、雑種地とする。
> 　十六　製錬所の煙道敷地は、雑種地とする。

> 十七　陶器かまどの設けられた土地については、永久的設備と認められる雨覆いがあるときは宅地とし、その設備がないときは雑種地とする。
>
> 十八　木場（木ほり）の区域内の土地は、建物がない限り、雑種地とする。

　雑種地は、上記22種類のいずれの地目にも該当しない土地をいいます。上記22種類以外にも特定の利用目的によって定義づけられる地目は、多数存在するものと思われるのですが、その一つひとつを取り上げて特定の名称をつけることはせず、これらをまとめて「雑種地」と呼ぶことにしたものです。

　つまり、雑種地とされる土地のなかには、「駐車場」もあれば、「資材置き場」もある。「プール」もあれば、「鉄塔敷地」もあるということです。

土地の地積とは何ですか

まず、不動産登記法の規定を確認しましょう。

> **不動産登記法第2条 （定義）** この法律において、次の各号に掲げる用語の意義は、それぞれ当該各号に定めるところによる。
> 十九　地積　1筆の土地の面積であって、第34条第2項の法務省令で定めるものをいう。
> **第34条 （土地の表示に関する登記の登記事項）** 土地の表示に関する登記の登記事項は、第27条各号に掲げるもののほか、次のとおりとする。
> 四　地積
> 2　前項第3号の地目及び同項第4号の地積に関し必要な事項は、法務省令で定める。

地積は、1筆の土地の面積のことで、当該土地を特定するための大事な要素です。

地積は、土地の登記記録の表題部中の「土地の表示欄」の「地積欄」に記録されます。

①地番	②地目	③地積　㎡	原因及びその日付〔登記の日付〕
33番	畑	1000	不詳〔平成何年何月何日〕

土地はすべて平らではなく、傾斜地や山のように円錐状の土地もあります。そこで、これらの土地の面積をどのように測るべきかが問題となります。

> **不動産登記規則第100条　（地積）**　地積は、水平投影面積により、平方メートルを単位として定め、1平方メートルの100分の1（宅地及び鉱泉地以外の土地で10平方メートルを超えるものについては、1平方メートル）未満の端数は、切り捨てる。

たとえば、土地の斜面（表面積）を測って、その面積を算定することも考えられるのですが、登記される地積は、表面積ではなく、その土地の境界線を一定の水平面に投影したときの投影図の面積（水平投影面積）によって、平方メートルを単位として定められることになります。

地積の表示方法（例）
○10平方メートルに満たない土地（地目を問わず）……9.09平方メートル
○10平方メートルを超える土地〈宅地・鉱泉地……10.99平方メートル
　　　　　　　　　　　　　　　それ以外の地目……10平方メートル

10平方メートルに満たない土地の地積は、平方メートルの100分の1未満の端数を切り捨てることになります。たとえば、実測面積が9.099平方メートルの土地であれば、その土地の地目とは関係なく、9.09平方メートルと登記されるのです。

10平方メートルを超える土地については、その土地の地目によって端数の切捨てが変わります。

まず、宅地と鉱泉地については、平方メートルの100分の1未満の端数を切り捨てることになります。たとえば、実測面積が10.999平方メートルの宅地や鉱泉地であれば、10.99平方メートルと登記されるのです。

宅地と鉱泉地以外の地目の土地については、平方メートル未満の端数を切り捨てることになります。たとえば、実測面積が10.999平方メートルの畑や雑種地であれば、10平方メートルと登記されるのです。

> **ちょっと待った！**
>
> 　登記は、昭和41年3月31日まで尺貫法による計量単位が用いられていた。
> 　宅地および鉱泉地については、6尺四方を「坪」、坪の10分の1を「合」、合の10分の1を「勺」として定め、勺未満の端数は切り捨てられていた。
> 　宅地および鉱泉地以外の土地については、6尺四方を「歩」、30歩を「畝」、10畝を「段（反）」、10段（反）を「町」と定め、歩未満の端数は切り捨てられていた（平成16年政令第379号による改正前の不動産登記法施行令附則3項）。
> 　以後、平方メートルに換算して表示されることとなり（昭41・3・1民甲第279号民事局長通達）、昭和47年度までにはほぼすべての登記記録上の地積が平方メートル表示に改められた。
>
> **尺貫法とメートル法との対比**
>
> | 長　さ | | 面　積 | |
> |---|---|---|---|
> | 尺 | メートル | 坪 | 平方メートル |
> | 1 | 0.30303 | 1 | 3.30578 |
> | 6 | 1.81818 | 0.3025 | 1 |
> | 3.3 | 1 | | |
>
> （注1）　換算の便宜上の数値であり、小数点以下の数字の取り方で多少異なる。
> （注2）　尺→メートル……3倍して10で割る
> 　　　　坪→平方メートル……1割加えて3倍する
> 　　　　メートル→尺……1割加えて3倍する
> 　　　　平方メートル→坪……1割引いて3で割る
> 　　　　（計算結果は、おおよその値である）

専門知識3－4　「縄のび」と「縄縮み」

　登記記録の地積欄に記載されている土地の面積（公簿面積）と、実際に測量した面積（実測面積）とを比べて、実測面積が公簿面積よりも大きいことを「縄伸び」と、実測面積が公簿面積よりも小さいことを「縄縮み」ということがある。

　縄伸びは、かつて検地の際に、年貢の負担を軽減するために、実際よりも長めに目盛りをうった縄を用いて、地積を小さめに測量したことに由来するもので、明治初期の地租改正時にも税金の負担を軽くするために実測面積よりも少なく申告することが行われたといわれている。

　縄縮みは、その逆で、売買代金を高くするなどの目的で、地主が故意に土地の公簿面積を大きく申告することが行われていたようである。

専門知識3－5　誤差と許容誤差

　国土調査法施行令の精度区分は、甲1～3、乙1～3とされているが、これを、地図を作成するための1筆地測量および地積測定における誤差の限度、すなわち地図の精度基準（不動産登記規則10条4項）としたものである。また、土地所在図（不動産登記規則76条3項）および地積測量図（不動産登記規則77条5項）の精度基準も明確化されている。

　ここでいう誤差の限度とは、最大許容誤差という意味であり、いわば、この限度を超えるものは、もはや地図、土地所在図および地積測量図としての機能を果たしえないといえる限度を示している。

　このほかに、「筆界点の位置誤差」と「筆界点間の距離誤差」いう概念がある。前者は、1筆地測量の段階において、その筆界点の位置を測定するために使用した基準点に対する相対的誤差で表され、後者は、①図上法による場合、図上で測定した距離と現地で直接測定した距離の差異および、②数値法による場合、筆界点の座標値に基づいて計算によって求めた距離と現地で直接測定した距離の差異のそれぞれの許容限界を示す算式である。

　登記官は、提供された地積測量図に記載された筆界点間の辺長距離および地積が、誤差の限度内にあるかを審査することになるが、これは、国土調査法施行令別表4（1筆地測量および地積測定の誤差の限度）の算式に当てはめるか、公差早見表などを利用して行われる。また、地図、土地所在図、地積測量図等の図上距離あるいは計算距離を求め、これに対応する現地での筆界点間の実測距離との差異が、許容誤差の限度内であるかどうかを確認して、1筆地の辺長測定の良否を判断している。

専門知識3－6　誤差の限度

国土調査法施行令別表4（規則10条4項、76条3項、77条5項）

精度区分		筆界点の位置誤差		筆界点間の図上距離と直接測定による距離との差の公差	地積測定の公差
		平均2乗誤差	公差		
市街地地域	甲1	2cm	6cm	$0.020m + 0.003m\sqrt{S} + \alpha$ mm	$(0.025 + 0.003\sqrt[4]{F})\sqrt{F}$ m²
	甲2	7	20	$0.04m + 0.01m\sqrt{S} + \alpha$ mm	$(0.05 + 0.01\sqrt[4]{F})\sqrt{F}$ m²
村落・農耕地域	甲3	15	45	$0.08m + 0.02m\sqrt{S} + \alpha$ mm	$(0.10 + 0.02\sqrt[4]{F})\sqrt{F}$ m²

	乙1	25	75	$0.13m + 0.04m\sqrt{s}$ $+ \alpha$ mm	$(0.10 + 0.04\sqrt[4]{F})$ $\sqrt{F}$ m²
山林・原野地域	乙2	50	150	$0.25m + 0.07m\sqrt{s}$ $+ \alpha$ mm	$(0.25 + 0.07\sqrt[4]{F})$ $\sqrt{F}$ m²
	乙3	100	300	$0.50m + 0.14m\sqrt{s}$ $+ \alpha$ mm	$(0.50 + 0.14\sqrt[4]{F})$ $\sqrt{F}$ m²

(備考)
1 精度区分とは、誤差の限度の区分をいい、その適用の基準は、国土交通大臣が定める。
2 筆界点の位置誤差とは、当該筆界点のこれを決定した与点に対する位置誤差をいう。
3 sは、筆界点間の距離をメートル単位で示した数とする。
4 αは、図解法を用いる場合において、図解作業の級が、A級であるときは0.2に、その他であるときは0.3に当該地籍図の縮尺の分母の数を乗じて得た数とする。図解作業のA級とは、図解法による与点のプロットの誤差が0.1ミリメール以内である級をいう。
5 Fは、一筆地の地積を平方メートル単位で示した数とする。
6 mはメートル、cmはセンチメートル、mmはミリメートル、m²は平方メートルの略字とする。

1 精度区分
　国土調査法施行令の精度区分は、以下の地域に適用されている。

甲1	大都市の市街地地域
甲2	中都市の市街地地域
甲3	その他の市街地及び村落並びに整形された農用地地域
乙1	農用地及びその周辺地域
乙2	山林及びその周辺地域
乙3	山林及び原野地域

2　筆界点の位置誤差
　一筆地測量において、その筆界点の位置を測定するために使用した基準点に対する相対的誤差で表される。
(1) 平均二乗誤差（標準偏差）
　いくつかの筆界点がもっている誤差（公差以下）の平均二乗誤差（σ）の上限値を定めたものである。
(2) 公　　差
　ある1つの与点に基づいて測定したいくつかの筆界点の各々について、これ以上の誤差をもってはいけないという限界値。平均二乗誤差の3倍、すなわち、±3σの測定値棄却限界である。精度区分甲1の場合、公差6cmとは、測量した筆界点の位置が真の位置に対して、最大限6cmの範囲内であれば、許されることになる。
3　筆界点間の距離誤差と公差
① 図上法による場合、図上で測定した距離と現地で直接測定した距離の差

異および、
② 数値法による場合、筆界点の座標値に基づいて計算によって求めた距離と現地で直接測定した距離の差異のそれぞれの許容限界を示すものである。
　①の場合、ds＝c＋$\beta\sqrt{s}$＋α
　②の場合、ds＝c＋$\beta\sqrt{s}$
ただし、
　ds：公差
　c：何段階かの測量を経てきた与点のもつ避けられない一定量の誤差で、甲1は平均二乗誤差の値、甲2以下乙3までは平均二乗誤差の1／2を採用している。
　β：辺長測定における不定誤差で、平均二乗誤差に$\sqrt{2}$／10＝0.14を乗じた値を採用している。
　α：最終結果が地図であることの避けられないプロット誤差であって、与点のプロット誤差を0.1mmと規定しているA級図解に対しては0.2mm、B級およびC級図解に対しては0.3mmに、地図の縮尺の分母数を乗じた値

登記実務では、以下のような筆界点間距離の公差早見表を用い、地図、土地所在図、地積測量図等の図上距離または計算距離を求め、これに対応する現地での筆界点の実測距離との差異が、許容誤差の限度内であるかどうかを確認し、一筆地の辺長測定の良否を判定している。

精度区分	甲1			甲2				甲3			
点間距離 (m)	数値 mm	1/100 mm	1/250 mm	数値 cm	1/100 cm	1/250 cm	1/500 cm	数値 cm	1/250 cm	1/500 cm	1/1,000 cm
1	23	53	73	5	8	13	15	10	18	25	30
2	24	54	74	5	8	13	15	11	18	26	31
3	25	55	75	6	9	13	16	11	19	26	31
4	26	56	76	6	9	14	16	12	20	27	32
5	26	56	76	6	9	14	16	12	20	27	32
6	27	57	77	6	9	14	16	13	20	28	33
7	27	57	77	7	10	14	17	13	21	28	33
8	28	58	78	7	10	14	17	14	21	29	34
9	29	59	79	7	10	15	17	14	22	29	34
10	29	59	79	7	10	15	17	14	22	29	34

乙1				乙2				乙3			
1/250 cm	1/500 cm	1/1,000 cm	1/2,500 cm	1/500 cm	1/1,000 cm	1/2,500 cm	1/5,000 cm	1/500 cm	1/1,000 cm	1/2,500 cm	1/5,000 cm
25	32	47	67	47	62	107	132	79	94	139	214
26	34	49	69	50	65	110	135	85	100	145	220
27	35	50	70	52	67	112	137	89	104	149	224
29	36	51	71	54	69	114	139	93	108	153	228

29	37	52	72	56	71	116	141	96	111	156	231
30	38	53	73	57	72	117	142	99	114	159	234
31	39	54	74	59	74	119	144	102	117	162	237
32	39	54	74	60	75	120	145	105	120	165	240
33	40	55	75	61	76	121	146	107	122	167	242
33	41	56	76	62	77	122	147	109	124	169	244

4　地積測定の公差

地積測定の公差は、一般に次式で示される。

$$dF = (\alpha + \beta \sqrt[4]{F})\sqrt{F}$$

ただし、

　dF：公差

　F：一筆地の地積

　α：地図の縮尺による定める定数αは、地積の目標精度を図面の縮尺に比例するものと仮定して、プロットの描画位置誤差0.1mmを地上距離で表した値

　　　α＝0.1mm×（縮尺の分母数）

　β：「筆界点間の図上距離又は計算距離と直接測定距離との差異の公差（上記3）」のβをそのまま採用している。

登記実務では、以下のような地積測定の公差早見表を用い、判定している。

精度区分　地積(㎡)	甲1　㎡	甲2　㎡	甲3　㎡	乙1　㎡	乙2　㎡	乙3　㎡
1	0.03	0.06	0.12	0.14	0.32	0.64
2	0.04	0.09	0.18	0.21	0.47	0.94
3	0.05	0.11	0.22	0.26	0.59	1.19
4	0.06	0.13	0.26	0.31	0.70	1.40
5	0.07	0.15	0.29	0.36	0.79	1.59
6	0.07	0.16	0.32	0.40	0.88	1.76
7	0.08	0.18	0.35	0.44	0.96	1.93
8	0.08	0.19	0.38	0.47	1.04	2.08
9	0.09	0.20	0.40	0.51	1.11	2.23
10	0.10	0.21	0.43	0.54	1.18	2.37
精度区分　地積(㎡)	甲1　㎡	甲2　㎡	甲3　㎡	乙1　㎡	乙2　㎡	乙3　㎡
52	0.24	0.55	1.11	1.50	3.16	6.32
54	0.24	0.57	1.13	1.53	3.23	6.46

56	0.25	0.58	1.16	1.57	3.30	6.61
58	0.25	0.59	1.18	1.60	3.38	6.75
60	0.26	0.60	1.21	1.64	3.45	6.89
62	0.26	0.61	1.23	1.67	3.52	7.03
64	0.27	0.63	1.25	1.71	3.58	7.17
66	0.27	0.64	1.28	1.74	3.65	7.30
68	0.28	0.65	1.30	1.77	3.72	7.44
70	0.28	0.66	1.32	1.80	3.79	7.57

表題部の所有者とは何ですか

まず、不動産登記法の規定を確認しましょう。

> **不動産登記法第2条 （定義）** この法律において、次の各号に掲げる用語の意義は、それぞれ当該各号に定めるところによる。
> 十 表題部所有者 所有権の登記がない不動産の登記記録の表題部に、所有者として記録されている者をいう。
>
> **第27条 （表示に関する登記の登記事項）** 土地及び建物の表示に関する登記の登記事項は、次のとおりとする。
> 三 所有権の登記がない不動産（共用部分（区分所有法第4条第2項に規定する共用部分をいう。以下同じ。）である旨の登記又は団地共用部分（区分所有法第67条第1項に規定する団地共用部分をいう。以下同じ。）である旨の登記がある建物を除く。）については、所有者の氏名又は名称及び住所並びに所有者が2人以上であるときはその所有者ごとの持分

所有者の氏名、住所、持分は、土地の登記記録の表題部中の所有者欄に記録されます。

所有者	甲市乙町二丁目3番3号　持分3分の2　甲　某
	甲市乙町二丁目3番3号　持分3分の2　乙　某

「表題部の所有者」と「権利部の所有権者」の違いについて説明しましょう。

> ○表題部の所有者　　　　　　　……表題登記
> ○権利部の所有権者（登記名義人）……権利登記

　「表題部の所有者」は、所有権の登記がない不動産の登記記録の表題部欄に記録されます。
　「所有権の登記」は、登記記録の権利部に記録されます。そこに記録された所有者は、「権利部の所有権者」または「登記名義人」と呼ばれ、「表題部の所有者」とは区別されているのです。
　表題登記がされた後、所有権の保存の登記がされると、登記官は、表題部の所有者に関する登記事項を抹消します。表題部の所有者は、表題登記がされてから所有権の保存の登記がされるまでの間だけ意味をもっているといえます。
　では、なぜ、表題部の所有者が登記されているのでしょうか。
　地目の変更や土地の滅失等があった場合、変更の登記や滅失の登記の申請をしなければなりません。これは、表示登記制度の目的から生じるもので、その登記の必要性は、所有権の登記がされている土地だけに限るわけではありません。
　つまり、所有権の登記がない土地についても、その登記申請の義務を負う者を明らかにしなければなりません。また、所有権の登記がない土地も分筆登記や合筆登記をすることができるのですが、その登記申請の権限を有する者を決めなければなりません。
　また、後日、所有権の保存の登記を申請するときには、所有権の保存登記を申請する資格を有している者を決めておかなければなりません。
　表題部の所有者の役割がおわかりいただけましたか。表題部の所有者の登記は、権利の登記ではないので、民法177条の対抗要件としての効力を有するものではありません。

不動産番号とは何ですか

　不動産番号は、不動産を識別するために、1筆の土地または1個の建物ごとに表題部に記録される番号のことです。

> **不動産登記法第27条　（表示に関する登記の登記事項）**　土地及び建物の表示に関する登記の登記事項は、次のとおりとする。
> 　四　前3号に掲げるもののほか、不動産を識別するために必要な事項として法務省令で定めるもの
>
> **不動産登記規則第90条　（不動産番号）**　登記官は、法第27条第4号の不動産を識別するために必要な事項として、1筆の土地又は1個の建物ごとに番号、記号その他の符号を記録することができる。

　不動産番号は、土地の登記記録の表題部の「土地の表示欄」のうち「不動産番号欄」に記録される1不動産ごとに一意に付される13桁の数字です。

| 表題部（土地の表示） | 調製 | 余白 | 不動産番号 | 1234567890123 |

　一般に、不動産を特定しようとすると、不動産の所在する市、区、郡、町、村、字、地番（不動産所在事項）で表記することになるのですが、これを表記するには手間がかかります。不動産番号は、電子申請などをする際の利便性を考慮して、不動産の特定を簡易に、迅速に行うためのものです。
　登記の申請をする際には、不動産番号を記録すれば対象不動産を特定することができるので、不動産所在事項を表記する必要がないのです。つまり、所在事項を表記する手間を省くことができるとても便利な番号なのです。

Q31 登記原因およびその日付とは何ですか

　登記原因およびその年月日が表示に関する登記の登記事項であることは、不動産登記法に規定されています。

> **不動産登記法第27条　（表示に関する登記の登記事項）**　土地及び建物の表示に関する登記の登記事項は、次のとおりとする。
> 　一　登記の原因及びその年月日

　登記原因およびその日付とは、土地の表示に関する登記事項の変動の原因である法律事実の生じた日をいいます。
　登記の原因およびその日付は、土地の登記記録の表題部の「土地の表示欄」のうち「原因及びその日付欄」に記録されます。

①地番	②地目	③地積	㎡	原因及びその日付〔登記の日付〕
33番	畑	1000		不詳〔平成何年何月何日〕

（注）　これは、登記原因およびその日付が不詳の事例です。

第3章　土地の登記事項の基礎を学ぼう

登記の年月日とは何ですか

登記の年月日が表示に関する登記の登記事項であることは、不動産登記法に規定されています。

> **不動産登記法第27条　（表示に関する登記の登記事項）**　土地及び建物の表示に関する登記の登記事項は、次のとおりとする。
> 二　登記の年月日

登記の年月日とは、登記官が現実に登記を完了した日をいいます。

登記の年月日は、土地の登記記録の表題部の「土地の表示欄」のうち「登記の日付欄」に記録されます。

①地番	②地目	③地積　㎡	原因及びその日付〔登記の日付〕
33番	畑	1000	不詳〔平成何年何月何日〕

第 4 章

建物の登記事項の基礎を学ぼう

ここでは、建物の表題部の登記事項について説明します。建物の登記事項は、土地と比べて複雑です。建物には、「主である建物」と「附属建物」という考え方があり、また、「区分建物」という特別な建物の概念もあります。

建物の登記事項の基礎を学ぶことが目的ですので、「区分建物」については、第6章で説明することとし、一般的な建物について、建物の表題部の登記記録のサンプルをみながら、説明します。

なお、「一般的な建物」という表現をしましたが、これは、「区分建物でない建物」という意味です。本書では、「非区分建物」とか、「1棟の建物」という表現がされている箇所がありますが、これらも、「区分建物でない建物」の意味で用いています。

建物（非区分建物）の登記記録（サンプル）

表題部（主である建物の表示）		調製	余白	不動産番号	1234567890123
所在図番号	余白				
所　　在	甲市乙町24番地			余白	
家屋番号	24番2の1			余白	
①　種　類	②　構　造		③床面積　㎡	原因及びその日付〔登記の日付〕	
居宅	木造亜鉛メッキ鋼板・かわらぶき2階建		1階 115：70 2階 99：17	平成何年何月何日新築 〔平成何年何月何日〕	
表題部（附属建物の表示）					
符号	①種類	②構造	③床面積　㎡	原因及びその日付〔登記の日付〕	
1	物置	木造亜鉛メッキ鋼板ぶき平家建	13：22	〔平成何年何月何日〕	
2	車庫	木造亜鉛メッキ鋼板ぶき平家建	12：00	〔平成何年何月何日〕	
3	物置	木造ビニール板ぶき平家建	10：00	〔平成何年何月何日〕	
所有者	甲市乙町二丁目1番5号　甲某				

（注）登記記録の登記事項を編集して証明書の形式にしたものが登記事項証明書になります。

建物の表示に関する登記事項には、何がありますか

建物の表示に関する登記には、どのような登記事項があるのか、不動産登記法をみていきましょう。

1 建物の表示に関する登記事項

> **不動産登記法第27条** （表示に関する登記の登記事項） 土地及び建物の表示に関する登記の登記事項は、次のとおりとする。
> 一 登記原因及びその日付
> 二 登記の年月日
> 三 所有権の登記がない不動産（共用部分（区分所有法第4条第2項に規定する共用部分をいう。以下同じ。）である旨の登記又は団地共用部分（区分所有法第67条第1項に規定する団地共用部分をいう。以下同じ。）である旨の登記がある建物を除く。）については、所有者の氏名又は名称及び住所並びに所有者が2人以上であるときはその所有者ごとの持分
> 四 前3号に掲げるもののほか、不動産を識別するために必要な事項として法務省令で定めるもの

> **不動産登記法第44条** （建物の表示に関する登記の登記事項） 建物の表示に関する登記の登記事項は、第27条各号に掲げるもののほか、次のとおりとする。
> 一 建物の所在する市、区、郡、町、村、字及び土地の地番（区分建物である建物にあっては、当該建物が属する1棟の建物の所在する市、区、郡、町、村、字及び土地の地番）

第4章 建物の登記事項の基礎を学ぼう

二　家屋番号
　　三　建物の種類、構造及び床面積
　　四　建物の名称があるときは、その名称
　　五　附属建物があるときは、その所在する市、区、郡、町、村、字及び土地の地番（区分建物である附属建物にあっては、当該附属建物が属する1棟の建物の所在する市、区、郡、町、村、字及び土地の地番）並びに種類、構造及び床面積
　　六　建物が共用部分又は団地共用部分であるときは、その旨
　　七　建物又は附属建物が区分建物であるときは、当該建物又は附属建物が属する1棟の建物の構造及び床面積
　　八　建物又は附属建物が区分建物である場合であって、当該建物又は附属建物が属する1棟の建物の名称があるときは、その名称
　　九　建物又は附属建物が区分建物である場合において、当該区分建物について区分所有法第2条第6項に規定する敷地利用権（登記されたものに限る。）であって、区分所有法第22条第1項本文（同条第3項において準用する場合を含む。）の規定により区分所有者の有する専有部分と分離して処分することができないもの（以下「敷地権」という。）があるときは、その敷地権
　2　前項第3号、第5号及び第7号の建物の種類、構造及び床面積に関し必要な事項は、法務省令で定める。

わかりにくいので、まとめてみました。

1	建物所在の市、区、郡、町、村、字、地番
2	家屋番号
3	種類
4	構造
5	床面積
6	建物の名称
7	附属建物

> 8　所有者の表示および持分
> 9　登記原因およびその日付
> 10　登記の年月日
> 11　不動産番号

　1〜11の登記事項の詳細については、Q34以下で説明しますが、建物の登記事項について学ぶには、まず、その登記事項を記録する表題部の構造から理解しなければなりません。

❷　建物の登記記録の表題部の構造

　建物の表示に関する登記は、建物の登記記録の表題部にされます。これから説明する登記記録の編成の内容は、不動産登記規則4条と別表2に定められています。

区分建物でない建物の登記記録	
	所在図番号欄
	主である建物の表示欄
	附属建物の表示欄
	所有者欄

　建物の登記記録の表題部は、所在図番号欄、主である建物の表示欄、附属建物の表示欄、所有者欄に細分されます。

❸　所在図番号欄

所在図番号欄	建物所在図の番号

　所在図番号欄には、建物所在図の番号が記録されます。

第4章　建物の登記事項の基礎を学ぼう　151

4　主である建物の表示欄

主である建物の表示欄		
	不動産番号欄	不動産番号
	所在欄	所在（附属建物の所在を含む。）(Q34)
		建物の名称があるときは、その名称(Q36)
	家屋番号欄	家屋番号（Q35）
	種類欄	種類（Q38）
	構造欄	構造（Q39）
	床面積欄	床面積（Q37）
	原因及びその日付欄	登記原因及びその日付
		建物を新築する場合の不動産工事の先取特権の保存の登記における建物の種類、構造及び床面積が設計書による旨（注） （注）　不動産登記令別表43項参照
		閉鎖の事由
	登記の日付欄	登記の年月日
		閉鎖の年月日

　主である建物の表示欄は、さらに不動産番号欄、所在欄、家屋番号欄、種類欄、構造欄、床面積欄、原因及びその日付欄、登記の日付欄に細分されます。

5　附属建物の表示欄

附属建物の表示欄		
	符号欄	附属建物の符号
	種類欄	附属建物の種類

構造欄	附属建物の構造
	附属建物が区分建物である場合における当該附属建物が属する1棟の建物の所在、構造、床面積及び名称
床面積欄	附属建物の床面積
原因及びその日付欄	附属建物に係る登記の登記原因及びその日付
	附属建物を新築する場合の不動産工事の先取特権の保存の登記における建物の種類、構造及び床面積が設計書による旨
登記の日付欄	附属建物に係る登記の年月日

　附属建物の表示欄は、さらに符号欄、種類欄、構造欄、床面積欄、原因及びその日付欄、登記の日付欄に細分されます。

⑥　所有者欄

所有者欄	所有者及びその持分

　所有者欄には、所有者の氏名・住所およびその持分が記録されます。

Q34 建物の所在地番とは何ですか

建物の所在地番は、登記事項です。不動産登記法で確認しましょう。

> **不動産登記法第44条　（建物の表示に関する登記の登記事項）**　建物の表示に関する登記の登記事項は、第27条各号に掲げるもののほか、次のとおりとする。
> 一　建物の所在する市、区、郡、町、村、字及び土地の地番（区分建物である建物にあっては、当該建物が属する1棟の建物の所在する市、区、郡、町、村、字及び土地の地番）

建物の所在地番は、「主である建物の表示欄」の「所在欄」に記録されます。

| 所　在 | 甲市乙町24番地 | 余白 |

建物の所在地番とは、その建物が立っている土地の行政区画と字の名称とその地番をいいます。建物の所在地番は、建物1個ごとに登記事項となっています。所在については、土地のところでも説明しましたので、その箇所をもう一度、確認してください（Q25を参照してください）。

ちょっと待った！

土地の所在を登記する場合には、都道府県名が冠記されることはないが、建物の登記記録の表題部に不動産所在事項を記録する場合において、当該建物が他の都道府県にまたがって存在するときは、不動産所在事項に当該他の都道府県名が冠記される（不動産登記事務取扱手続準則88条1項）。

建物の所在地番は、その建物の登記を管轄する登記所を決定するためにも必要となります。たとえば、どこの行政区画に属するのかが不明な埋立地に建物が建てられたとしても、所属未定のままであれば、管轄する登記所が決まらないので、建物の登記をすることができないのです。

> **不動産登記事務取扱手続準則第88条　（建物の所在の記録方法）**
> 2　建物の登記記録の表題部に2筆以上の土地にまたがる建物の不動産所在事項を記録する場合には、床面積の多い部分又は主である建物の所在する土地の地番を先に記録し、他の土地の地番は後に記録するものとする。
> 3　前項の場合において、建物の所在する土地の地番を記録するには、「6番地、4番地、8番地」のように記録するものとし、「6、4、8番地」のように略記してはならない。ただし、建物の所在する土地の地番のうちに連続する地番（ただし、支号のあるものを除く。）がある場合には、その連続する地番を、例えば、「5番地ないし7番地」のように略記して差し支えない。

建物が2筆以上の土地にまたがっている場合には、そのすべての敷地の地番が記録されます。この場合には、「6番地、4番地、8番地」のように記録されます。

建物に附属建物がある場合には、その附属建物が立っている敷地の所在地番も記録されます。

附属建物がない場合には、床面積の多い部分の土地から順に記録され、附属建物がある場合には、主である建物の敷地地番、附属建物の敷地地番の順に記録されます。

> **不動産登記事務取扱手続準則第88条　（建物の所在の記録方法）**
> 4　建物が永久的な施設としてのさん橋の上に存する場合又は固定した浮船を利用したものである場合については、その建物から最も近い土

| 地の地番を用い、「何番地先」のように記録するものとする。

　敷地に地番が付されていない土地がある場合には、その建物から最も近い土地の地番を使って、「何番地先」と記録されます。

建物の家屋番号とは何ですか

建物の家屋番号は、登記事項です。不動産登記法で確認しましょう。

> **不動産登記法第44条（建物の表示に関する登記の登記事項）** 建物の表示に関する登記の登記事項は、第27条各号に掲げるもののほか、次のとおりとする。
> 二　家屋番号

家屋番号は、登記した建物を特定するために、登記官が定めた建物の番号のことです。所有者や申請人が自由に付ける番号ではありません。

家屋番号は、「主である建物の表示欄」の「家屋番号欄」に記録されます。

家屋番号	24番2の1	余白

家屋番号の付番方法は、法務省令にて定められています。

> **不動産登記規則第112条（家屋番号）** 家屋番号は、地番区域ごとに建物の敷地の地番と同一の番号をもって定めるものとする。ただし、2個以上の建物が1筆の土地の上に存するとき、1個の建物が2筆以上の土地の上に存するとき、その他特別の事情があるときは、敷地の地番と同一の番号に支号を付す方法その他の方法により、これを定めるものとする。

家屋番号は、登記所において、登記官が登記した建物1個ごとに付番されます。番号の振り方は、原則として地番区域ごとに、建物の敷地の番号（地

番)と同一の番号が付されます。

　建物と敷地とが関連づけされているので、ある土地の上にどのような建物が存在するかが登記記録上で明らかになります。また、建物の家屋番号は、その敷地から容易に知ることができるので、建物の登記記録の検索が簡単にできるのです。

> **不動産登記事務取扱手続準則第79条　（家屋番号の定め方）**　家屋番号は、規則第112条に定めるところによるほか、次に掲げるところにより定めるものとする。
> 　一　1筆の土地の上に1個の建物が存する場合には、敷地の地番と同一の番号をもって定める（敷地の地番が支号の付されたものである場合には、その支号の付された地番と同一の番号をもって定める。）。

　その建物の敷地の地番が「100番」であれば、その建物の家屋番号も「100番」になり、「100番1」であれば、その建物の家屋番号も「100番1」ということです。

> **不動産登記事務取扱手続準則第79条　（家屋番号の定め方）**　家屋番号は、規則第112条に定めるところによるほか、次に掲げるところにより定めるものとする。
> 　二　1筆の土地の上に2個以上の建物が存する場合には、敷地の地番と同一の番号に、1、2、3の支号を付して、例えば、地番が「5番」であるときは「5番の1」、「5番の2」等と、地番が「6番1」であるときは「6番1の1」、「6番1の2」等の例により定める。
> 　七　家屋番号が敷地の地番と同一である建物の敷地上に存する他の建物を登記する場合には、敷地の地番に2、3の支号を付した番号をもって定める。この場合には、最初に登記された建物の家屋番号を必ずしも変更することを要しない。

また、2個以上の建物が1筆の土地の上に立っていた場合には、敷地の地番と同一の番号に「1」「2」「3」などの支号が付されます。

　その敷地の地番が「5」であれば、その建物の家屋番号は「5番の1」「5番の2」「5番の3」になり、その敷地の地番が「5番1」であれば、その建物の家屋番号は、「5番1の1」「5番1の2」となります。

　また、「5番」の土地の上に、家屋番号「5番」の建物がすでに登記されていて、その敷地上に新しい建物を建てて、登記をする場合には、敷地の地番に「2」「3」の符号を付すこととなっています。

　つまり、新しい建物の家屋番号は、「5番の2」「5番の3」ということです。この場合に既存の建物の家屋番号は、「5番」のままでも、「5番の1」に変更しても、どちらでもかまいません。

不動産登記事務取扱手続準則第79条　（家屋番号の定め方）　家屋番号は、規則第112条に定めるところによるほか、次に掲げるところにより定めるものとする。

三　2筆以上の土地にまたがって1個の建物が存する場合には、主である建物（附属建物の存する場合）又は床面積の多い部分（附属建物の存しない場合）の存する敷地の地番と同一の番号をもって、主である建物が2筆以上の土地にまたがる場合には、床面積の多い部分の存する敷地の地番と同一の番号をもって定める。なお、建物が管轄登記所を異にする土地にまたがって存する場合には、管轄指定を受けた登記所の管轄する土地の地番により定める。

四　2筆以上の土地にまたがって2個以上の建物が存する場合には、第2号及び前号の方法によって定める。例えば、5番及び6番の土地にまたがる2個の建物が存し、いずれも床面積の多い部分の存する土地が5番であるときは、「5番の1」及び「5番の2」のように定める。

　数筆の土地にまたがって1個の建物が立っている場合は、床面積の多い部分の敷地の地番と同じ番号で定められます。「5番」と「6番」にまたがっ

ている建物の場合には、床面積の多い部分が存する土地が「5番」であれば、その建物の家屋番号は「5番」ということになります。
　家屋番号は、単なる数字であり、地番区域名を冠記しなければ、どこの地域に属する何番であるかは不明です。ただし、表題部に記録される場合、所在欄に建物の存在する地番区域名が記録されるだけでなく、家屋番号は敷地地番と関連して定められるので、地番区域を冠記する必要はないのです。

Q36 建物の名称とは何ですか

建物の名称は、登記事項です。不動産登記法で確認しましょう。

> **不動産登記法第44条　（建物の表示に関する登記の登記事項）**　建物の表示に関する登記の登記事項は、第27条各号に掲げるもののほか、次のとおりとする。
> 　四　建物の名称があるときは、その名称

　建物の名称とは、建物の所有者が利用上、管理上の便宜等を考慮して建物を特定するためにつけた建物の名前です。Q35で説明した家屋番号とは性質が異なります。

　非区分建物の名称は、「主である建物の表示欄」の「所在欄」に記録されます。

| 所　在 | 甲市乙町24番地　建物の名称　くじらハウス | 余白 |

　建物の所有者は、自分の建物に自分の好きな名前をつけることができます。そして、所有者は、この建物の名称を登記することができます。

　家屋番号（Q35を参照してください）は、登記官によって登記されたすべての建物に必ずつけられるのですが、建物の名称をつけるかどうかは所有者の自由ですし、どんな名称にするか、それを登記するかしないかも、所有者の自由な意思に委ねられています。

　区分建物の属する1棟の建物にも名称をつけることができます。

　「RA2号」「ひばりが丘1号館」といった符号を含むこともできるし、「霞が関マンション」といったマンション名を名称にすることもできます。

第4章　建物の登記事項の基礎を学ぼう

Q37 建物の床面積とは何ですか

建物の床面積は、登記事項です。不動産登記法で確認しましょう。

> **不動産登記法第44条 （建物の表示に関する登記の登記事項）** 建物の表示に関する登記の登記事項は、第27条各号に掲げるもののほか、次のとおりとする。
> 三　建物の種類、構造及び床面積

床面積とは、建物の面積のことです。

1棟の建物をその広さによって特定するものです。

非区分建物の床面積は、登記記録中の表題部中の、「主である建物の表示欄」および「附属建物の表示欄」の各「床面積欄」に記録されます。

①種類	②構造	③床面積　㎡	原因及びその日付〔登記の日付〕
居宅	木造亜鉛メッキ鋼板・かわらぶき2階建	1階　115：70 2階　 99：17	平成何年何月何日新築〔平成何年何月何日〕

平屋建以外の建物の床面積は、各階ごとに記録されます。2階建の建物の場合、床面積は1階と2階が算出されます。地階の床面積は、地上階の床面積の記録の次に記録されます。

建物の床面積の求積の方法は、法務省令に定められています。

> **不動産登記規則第115条 （建物の床面積）** 建物の床面積は、各階ごとに壁その他の区画の中心線（区分建物にあっては、壁その他の区画の内

側線）で囲まれた部分の水平投影面積により、平方メートルを単位として定め、1平方メートルの100分の1未満の端数は、切り捨てるものとする。

　算出の方法は、建物を区画している壁などの中心線で囲まれた部分の水平投影面積により、単位は平方メートルで定め、1平方メートルの100分の1未満の端数は、切り捨てられます。床面積は、平方メートル未満の端数がないときでも、平方メートル未満の表示として、「00」と記録されます。

　床面積を算出する際の基準となる「区画の中心線」は、すべての建物について一様ではありません。床面積に算入される部分とそうでない部分の限界について、昭和46年1月16日法務省民甲第1527号民事局長回答によって取扱基準が示されていますので少し詳しくなりますが、建物の構造や材質ごとに、具体的にみていきましょう。

［木造の場合］
　木造の建物の場合、一般に柱の間にある壁は、直線になっているので、床面積は、壁の厚さや形状にかかわらず、柱の中心線で囲まれた部分の水平投影面積によって算出される。
（昭46・4・16法務省民甲第1527号民事局長回答要旨）

［鉄骨造の場合］
○柱の外側が被覆されている場合
　柱の外側が被覆されている場合には、柱の外面を結ぶ線で囲まれた部分の各水平投影面積により算出される。
○柱の両側が被覆されている場合
　柱の両側が被覆されている場合には、柱の中心線で囲まれた部分の各水平投影面積により算出される。
○柱の外側に壁がある場合
　柱の外側に壁がある場合には、壁の中心線で囲まれた部分の各水平投

影面積により算出される。
○壁がない場合
　壁がない場合には、柱に中心線で囲まれた部分の各水平投影面積により算出される。

　　　　　　　　（昭46・4・16法務省民甲第1527号民事局長回答要旨）

[鉄筋コンクリート造（鉄骨コンクリートおよびコンクリートブロック造りの場合を含む）の場合]
○壁構造の場合
　壁構造の場合には壁やサッシの中心線で囲まれた部分の各水平投影面積により算出される。
○壁がない場合
　壁がない場合には柱の中心線で囲まれた部分の各水平投影面積により算出される。
○壁構造で各階の壁の厚さが異なる場合
　壁構造で各階の壁の厚さが異なる場合には各階ごとの壁の中心線で囲まれた部分の各水平投影面積により算出される。
[建物の一部に凹凸がある場合]
　車寄せ、ポーチ、ベランダ、テラス等は床面積に算入されない。
　庇、側壁を有しない下屋部分は、床面積に算入されない。

　　　　　　　　（昭46・4・16法務省民甲第1527号民事局長回答要旨）

　また、床面積の算入の方法については次のような決まりがあります。

不動産登記事務取扱手続準則第82条　（建物の床面積の定め方）　建物の床面積は、規則第115条に定めるところによるほか、次に掲げるところにより定めるものとする。
　一　天井の高さ1.5メートル未満の地階及び屋階（特殊階）は、床面積に算入しない。ただし、1室の一部が天井の高さ1.5メートル未

> 満であっても、その部分は、当該１室の面積に算入する。

　天井の高さが1.5メートル未満の地階や屋根（特殊階）は床面積に算入されませんが、１室の一部の天井の高さが1.5メートル未満であっても、その部分は１室の床面積に算入されます。

> **不動産登記事務取扱手続準則第82条　（建物の床面積の定め方）**　建物の床面積は、規則第115条に定めるところによるほか、次に掲げるところにより定めるものとする。
> 　二　停車場の上屋を有する乗降場及び荷物積卸場の床面積は、その上屋の占める部分の乗降場及び荷物積卸場の面積により計算する。
> 　三　野球場、競馬場又はこれらに類する施設の観覧席は、屋根の設備のある部分の面積を床面積として計算する。
> 　四　地下停車場、地下駐車場及び地下街の建物の床面積は、壁又は柱等により区画された部分の面積により定める。ただし、常時一般に開放されている通路及び階段の部分を除く。
> 　五　停車場の地下道設備（地下停車場のものを含む。）は、床面積に算入しない。

　野球場、競馬場などの観覧席は、屋根の設備のある部分の面積が床面積になります。地下駐車場、地下停車場、地下街の建物の床面積は、壁または柱によって区画された部分の面積によって定められます。ただ、これらのなかに、常時、一般に開放されている通路や階段がある場合には、その部分は床面積には算入されません。

> **不動産登記事務取扱手続準則第82条　（建物の床面積の定め方）**　建物の床面積は、規則第115条に定めるところによるほか、次に掲げるところにより定めるものとする。
> 　六　階段室、エレベーター室またはこれに準ずるものは、床を有するものとみなして各階の床面積に算入する。

> 七　建物に附属する屋外の階段は、床面積に算入しない。

　階段室、エレベーター室などは、床を有するものとみなされ、各階の床面積に算入されます。建物の附属する屋外の階段は、床面積に算入されません。

> **不動産登記事務取扱手続準則第82条**　（建物の床面積の定め方）　建物の床面積は、規則第115条に定めるところによるほか、次に掲げるところにより定めるものとする。
> 　八　建物の一部が上階まで吹抜になっている場合には、その吹抜の部分は、上階の床面積に算入しない。

　建物の一部が上階まで吹抜けになっている場合には、その吹抜けの部分は、上階の床面積には算入されません。

> **不動産登記事務取扱手続準則第82条**　（建物の床面積の定め方）　建物の床面積は、規則第115条に定めるところによるほか、次に掲げるところにより定めるものとする。
> 　九　柱又は壁が傾斜している場合の床面積は、各階の床面の接着する壁その他の区画の中心線で囲まれた部分による。

　柱や壁が傾斜している場合には、各階の床面の接する壁その他の区画の中心線で囲まれた部分の面積によります。

> **不動産登記事務取扱手続準則第82条**　（建物の床面積の定め方）　建物の床面積は、規則第115条に定めるところによるほか、次に掲げるところにより定めるものとする。
> 　十　建物の内部に煙突又はダストシュートがある場合（その一部が外側に及んでいるものを含む。）には、その部分は各階の床面積に算入

し、外側にあるときは算入しない。

　建物の内部に、煙突、ダストシュートがある場合や、これらの一部が外側にあるときは、その部分は各階の床面積に算入されますが、煙突、ダストシュートが建物の外側にあるときは床面積に算入されません。

不動産登記事務取扱手続準則第82条　（建物の床面積の定め方）　建物の床面積は、規則第115条に定めるところによるほか、次に掲げるところにより定めるものとする。
　十一　出窓は、その高さ1.5メートル以上のものでその下部が床面と同一の高さにあるものに限り、床面積に算入する。

　出窓は、高さが1.5メートル以上のもので、下部が床面と同一の高さにあるものに限り、床面積に算入されます。
　なお、具体的な床面積の認定は、それぞれの建物につき、登記官が個別に行うことになります。床面積の算入の可否に疑問を生じるような建物については、自己判断しないで、事前に図面や写真を登記官に示すなどして、相談することをおすすめします。

建物の種類とは何ですか

建物の種類は、登記事項です。不動産登記法で確認しましょう。

> **不動産登記法第44条　（建物の表示に関する登記の登記事項）**　建物の表示に関する登記の登記事項は、第27条各号に掲げるもののほか、次のとおりとする。
> 三　建物の種類、構造及び床面積

建物の種類とは、建物の利用形態（主たる用途）のことであり、建物を特定するための要素の1つとして、登記事項とされています。

建物の種類は、非区分建物にあっては、その登記記録の表題部中、「主である建物の表示欄」および「附属建物の表示欄」の各「種類欄」に記録されます。

①種類	②構造	③床面積　㎡	原因及びその日付〔登記の日付〕
居宅	木造亜鉛メッキ鋼板・かわらぶき2階建	1階　115：70 2階　99：17	平成何年何月何日新築〔平成何年何月何日〕

建物の種類の定め方は、法務省令に定められています。

> **不動産登記規則第113条　（建物の種類）**　建物の種類は、建物の主な用途により、居宅、店舗、寄宿舎、共同住宅、事務所、旅館、料理店、工場、倉庫、車庫、発電所及び変電所に区分して定め、これらの区分に該当しない建物については、これに準じて定めるものとする。

2　建物の主な用途が二以上の場合には、当該二以上の用途により建物の種類を定めるものとする。

　建物の種類は、建物の主たる用途によって、居宅、店舗、寄宿舎、共同住宅、事務所、旅館、料理店、工場、倉庫、車庫、発電所、変電所に区分して定めることとされています。これらに該当しない建物については、土地の地目の「雑種地」のような概念がありませんので、登記官がこれらに準じて定めることとしています。

不動産登記事務取扱手続準則第80条　（家屋番号の定め方）　規則第113条第1項に規定する建物の種類の区分に該当しない建物の種類は、その用途により、次のように区分して定めるものとし、なお、これにより難い場合には、建物の用途により適当に定めるものとする。
　校舎、講堂、研究所、病院、診療所、集会所、公会堂、停車場、劇場、映画館、遊技場、競技場、野球場、競馬場、公衆浴場、火葬場、守衛所、茶室、温室、蚕室、物置、便所、鶏舎、酪農舎、給油所
2　建物の主たる用途が二以上の場合には、その種類を例えば「居宅・店舗」と表示するものとする。

　その定め方の一例として、校舎、講堂、研究所、病院、診療所、集会所、公会堂、停車場、劇場、映画館、遊技場、競技場、野球場、競馬場、公衆浴場、火葬場、守衛所、茶室、温室、蚕室、物置、便所、鶏舎、酪農舎、給油所などがあり、これらを参考に適当な種類が定められます。
　建物の種類は、その用途によって適当とされるものを定めることになりますが、それらはあくまでも建物を特定するための登記事項なので、一般社会において通用する用語により、的確かつ合理的に定められなければなりません。
　では、具体的にみていきましょう。

1　居宅、共同住宅、寄宿舎

　住居の用に供される建物は、「居宅」です。アパートのように、1棟の建物のなかに独立した居住単位があって、それぞれが独立して生活できる建物は「共同住宅」です。学生寮、社員寮など、多数の者が居住し、食堂、浴室、洗面所、便所等の全部または一部を共用している建物は、「寄宿舎」です。

2　店　　舗

　販売のために利用する建物は、「店舗」です。商品が陳列されていない食堂、喫茶店、バー、床屋、美容院なども含まれます。デパートは、「百貨店」としてさしつかえありません。「旅館」「料理店」「劇場」「映画館」「遊技場」などは、具体的な種類を表示すべきで、「店舗」とは表示されません。
　ホテルの建物は「ホテル」と、ガソリンスタンドの建物は「給油所」と定められます。

3　工場、作業所

　多数の者が分業形態で物品の製造や加工を行う建物は、「工場」と定められますが、もっぱら労力作業を行う単なる仕事場は、「作業場」とされ、「工場」とは区別されます。

4　車庫、駐車場

　自動車、電車等の車両を格納する建物は「車庫」、不特定多数の者が一時自動車を駐車しておくための建物は「駐車場」とされます。

5　病院、診療所

　20人以上の患者を入院させるための施設を有するものは「病院」、患者の収容施設を有しないものまたは19人以下の患者を入院させるための施設を有するものは「診療所」と区別されています。

⑥ 居宅・店舗

　建物の種類は、建物の主たる用途により定めることになりますが、ある建物の一部が主たる用途に使用されていない場合には、その部分についても別の種類を定めて登記する必要はありません。もっとも、主たる用途が2つ以上ある建物については、「店舗兼共同住宅」のように定めます。

建物の構造とは何ですか

建物の構造は、登記事項です。不動産登記法で確認しましょう。

> **不動産登記法第44条　（建物の表示に関する登記の登記事項）**　建物の表示に関する登記の登記事項は、第27条各号に掲げるもののほか、次のとおりとする。
> 　三　建物の種類、構造及び床面積

建物の構造とは、建物の物理的形態をいいます。

非区分建物にあっては、その登記記録の表題部中の主である建物の表示欄および附属建物の表示欄の各構造欄にそれぞれ記録されます。

①種類	②構造	③床面積　㎡	原因及びその日付〔登記の日付〕
居宅	木造亜鉛メッキ鋼板・かわらぶき２階建	１階　115：70 ２階　 99：17	平成何年何月何日新築〔平成何年何月何日〕

具体的な建物の構造は、法務省令に定められています。

> **不動産登記規則第114条　（建物の構造）**　建物の構造は、建物の主な部分の構成材料、屋根の種類及び階数により、次のように区分して定め、これらの区分に該当しない建物については、これに準じて定めるものとする。
> 　一　構成材料による区分
> 　　イ　木造

ロ　土蔵造
　　　ハ　石造
　　　ニ　れんが造
　　　ホ　コンクリートブロック造
　　　ヘ　鉄骨造
　　　ト　鉄筋コンクリート造
　　　チ　鉄骨鉄筋コンクリート造
　　二　屋根の種類による区分
　　　イ　かわらぶき
　　　ロ　スレートぶき
　　　ハ　亜鉛メッキ鋼板ぶき
　　　ニ　草ぶき
　　　ホ　陸屋根
　　三　階数による区分
　　　イ　平家建
　　　ロ　２階建（３階建以上の建物にあっては、これに準ずるものとする。）

　建物の構造は、①建物の主たる部分の構成材料、②屋根の種類および、③階数の３つの要素を組み合わせて定められますが、これら区分に該当しない建物の構造は、これらに準じて定められます。

1　主たる部分の構成材料による区分

　主たる部分の構成材料による区分としては、「木造」「土蔵造」「石造」「れんが造」「コンクリートブロック造」「鉄骨造」「鉄筋コンクリート造」「鉄骨鉄筋コンクリート造」があります。

不動産登記事務取扱手続準則第81条　（建物の構造の定め方等）　建物の構造は、規則第114条に定めるところによるほか、おおむね次のように区分して定めるものとする。
　一　構成材料による区分

第4章　建物の登記事項の基礎を学ぼう

ア　木骨石造
　　　イ　木骨れんが造
　　　ウ　軽量鉄骨造

　準則では、ほかに「木骨石造」「木骨れんが造」「軽量鉄骨造」などがあります。建物の主たる部分の構成材料が複数ある場合は、たとえば「木・鉄骨造」などと定めます。

② 屋根の種類による区分

　屋根の種類による区分としては、「かわらぶき」「スレートぶき」「亜鉛メッキ鋼板ぶき」「草ぶき」「陸屋根(りくやね)」などがあります。

不動産登記事務取扱手続準則第81条　（建物の構造の定め方等）　建物の構造は、規則第114条に定めるところによるほか、おおむね次のように区分して定めるものとする。
　二　屋根の種類による区分
　　　ア　セメントかわらぶき
　　　イ　アルミニューム板ぶき
　　　ウ　板ぶき
　　　エ　杉皮ぶき
　　　オ　石板ぶき
　　　カ　銅板ぶき
　　　キ　ルーフィングぶき
　　　ク　ビニール板ぶき
　　　ケ　合金メッキ鋼板ぶき
２　建物の主たる部分の構成材料が異なる場合には、例えば「木・鉄骨造」と、屋根の種類が異なる場合には、例えば「かわら・亜鉛メッキ鋼板ぶき」と表示するものとする。

　準則では、ほかに「セメントかわらぶき」「アルミニューム板ぶき」「板ぶ

き」「杉皮ぶき」「石板ぶき」「銅板ぶき」「ルーフィングぶき」「ビニール板ぶき」「合金メッキ鋼板ぶき」などがあります。

屋根の種類が複数ある場合は、たとえば「かわら・亜鉛メッキ鋼板ぶき」などと定めます。建物を階層的に区分して、その一部を1個の区分建物とする場合において、建物の構造を記録するときは、屋根の種類を記録する必要はありません。

建物の種類による区分は、主として屋根の構成材料によるものですが、「陸屋根」は、勾配のない屋根を表すものであり、屋根の形状により区分されています。

> **ちょっと待った！**
>
> 近時、建築材料の著しい進歩に伴い屋根の構成材料も多様化している。そこで、屋根の種類をどの程度表示すべきかは、悩ましい問題となっている。しかしながら、屋根の種類が登記事項とされている趣旨は、建物の特定にあるので、法務省令に掲げられている区分に準じる程度に、構成材料を明らかにすれば足り、それ以上に材料を細かく分析して表示したり、商品名を表示する必要はない。たとえば、「ワイヤーメッシュ組込み気泡性コンクリート構法」は「鉄筋コンクリート造」と、「波形硬質塩化ビニール」「ガラス繊維強化ポリエステル板」は「ビニール板ぶき」と表示される。

③ 階数による区分

階数による区分は、たとえば「平家建」「2階建」などに区分します。

> **不動産登記事務取扱手続準則第81条　（建物の構造の定め方等）** 建物の構造は、規則第114条に定めるところによるほか、おおむね次のように区分して定めるものとする。
> 　三　階数による区分
> 　　ア　地下何階建
> 　　イ　地下何階付き平家建（又は何階建）
> 　　ウ　ガード下にある建物については、ガード下平家建（又は何階建）

第4章　建物の登記事項の基礎を学ぼう　175

> エ　渡廊下付きの１棟の建物については、渡廊下付き平家建（又は何階建）

準則では、ほかに、地階の階数は、「地下何階建」、地上および地階に階層を有する建物は「地下何階付き平家建（又は何階建）」と区分されます。

ガード下にある建物は「ガード下平家建（又は何階建）」とし、渡り廊下付きの１棟の建物は「渡廊下付き平家建（又は何階建）」とします。

> **不動産登記事務取扱手続準則第81条　（建物の構造の定め方等）**
> ４　天井の高さ1.5メートル未満の地階及び屋階等（特殊階）は、階数に算入しないものとする。

天井の高さ1.5メートル未満の地階および屋階等（エレベーター巻上げ室、機械室等の特殊階）は、階数に算入されません。

> まとめ……建物の構造は、①建物の主たる部分の構成材料、②屋根の種類および、③階数の３つの要素を組み合わせて定められます。たとえば、構成材料が「鉄筋コンクリート造」、屋根の種類が「陸屋根」、階数が「３階」の場合には、「鉄筋コンクリート造陸屋根３階建」と表示されます。

附属建物とは何ですか

まず、不動産登記法で、附属建物の定義を確認します。

> **不動産登記法第2条 （定義）** この法律において、次の各号に掲げる用語の意義は、それぞれ当該各号に定めるところによる。
> 二十三　附属建物　表題登記がある建物に附属する建物であって、当該表題登記がある建物と一体のものとして1個の建物として登記されるものをいう。

附属建物とは、表題登記がある建物に附属する建物であって、当該表題登記がある建物と一体のものとして1個の建物として登記されるものをいいます。

附属建物は、建物の表示に関する登記の登記事項とされています。

> **不動産登記法第44条 （建物の表示に関する登記の登記事項）** 建物の表示に関する登記の登記事項は、第27条各号に掲げるもののほか、次のとおりとする。
> 五　附属建物があるときは、その所在する市、区、郡、町、村、字及び土地の地番（区分建物である附属建物にあっては、当該附属建物が属する1棟の建物の所在する市、区、郡、町、村、字及び土地の地番）並びに種類、構造及び床面積

建物は、目にみえるかたちで1個、2個と数えることができます。もちろん、建物のなかには複雑な構造で、その数が数えにくいものもありますが、土地と違って、物理的に独立しているので、一般に、棟数を数えることができます。

登記される建物の個数は、この物理的に独立した建物の数が基本となっているのです。つまり、１つの敷地のなかに、母屋と物置があって、これがそれぞれ物理的に独立していれば、これは建物が２つあることになります。

　たしかに、母屋と物置は、物理的な構造からすれば別の建物ですが、これは、同じ所有者がいつも一体として使っているので、経済上の効用を考えれば、１つの建物として取り扱ってもらいたいと考える人もいるはずです。

　そこで、不動産登記法では、物理的には棟数の建物であってもその取引や利用状況から、これを１つの建物として取り扱うことが認められています。

　もちろん、これらを別の建物として登記することも許されるのですが、所有者がこれらを１個の建物として登記することを望んだ場合には、登記官が取引や利用状況を調査・判断したうえで、これらの建物を１個の建物として登記することが認められています。

　この場合の母屋を「主である建物」、物置を「附属建物」と呼びます。これらが１個の建物として、同一の登記記録に記録されると、物置は、母屋の法的運命に従うことになるのです。

　附属建物となるための要件は、

○効用上の一体性
○所有者の意思

です。

　効用上の一体性とは、複数の建物が一体として利用されるほうが、そうでない場合より、その効果を高める結果となる状態にあることです。そして、その意思は、何よりも所有者に委ねられることになります。

> **ちょっと待った！**
> 　いわゆる「従属的附属建物」と呼ばれる建物については、社会通念上、客観的に附属建物であることが明らかであり、所有者の意思を介在させる余地がなく、これらの建物は、独立した建物とは認められないとする考え方がある。

非区分建物の附属建物は、建物の登記記録の表題部中、附属建物の表示欄に記録されます。

表題部（附属建物の表示）				
符号	①種類	②構造	③床面積 ㎡	原因及びその日付〔登記の日付〕
1	物置	木造亜鉛メッキ鋼板ぶき平家建	13:22	〔平成何年何月何日〕
2	車庫	木造亜鉛メッキ鋼板ぶき平家建	12:00	〔平成何年何月何日〕
3	物置	木造亜鉛メッキ鋼板ぶき平家建	10:00	〔平成何年何月何日〕

　附属建物は、その附属建物の所在地番、附属建物の種類、構造、床面積が登記事項として記録されます。附属建物が主である建物と同一の1棟に属するものである場合は、当該附属建物に関する登記事項を記録するには、その1棟の建物の所在地番ならびに構造または床面積を記録することを要しません。
　附属建物については、その符号を登記しなければならず、登記記録の附属建物の表示欄には、それを記録するための「符号欄」が設けられています。この符号は、「符号1」「符号2」のようにつけ、附属建物が1棟の場合でも必ずつけなければなりません。

専門知識4－1　従属的附属建物

　母屋に附属する別棟の便所、浴室、物置等は、母屋の構成部分として機能し、それ自体が独自に効用を果たしているわけではない。これらは、常に附属建物としてのみ存在し、一般的に母屋と切り離され、単独で取引の対象となることはない。仮にあったとしても、別の建物の附属建物となることが通常である。このような建物を従属的附属建物と呼び、これらは、主である建物として登記することができず、附属建物としてのみ存続し、主である建物が滅失した場合には、附属建物が存続していたとしても、建物全体として滅失したものとして扱われるべきだとする考え方がある。

第5章

区分建物の基礎を学ぼう

区分建物とは、簡単にいえば、外からみると１つの建物なのに、そのなかが障壁などで仕切られていて、それぞれ独立して生活することができるようになっている建物の各部屋のことです。マンション、アパート、団地などがわかりやすいですね。そのほか、複数の店舗や事務所が入ったビルや、２世帯住宅と呼ばれる戸建ての建物などの各部屋が、この区分建物に含まれることになります。

　日本の民法は、一物一権主義という大原則をとっていますので、物理的な１棟の建物１つが１つの所有権の対象となるのですが、区分建物は、１棟の建物の部分が１つの所有権の対象となるのです。つまり、区分建物は、一物一権主義の例外として、建物の基本的単位であるはずの「物理的１棟」の建物であるにもかかわらず、これを数個に区分して、その各部分のそれぞれを法律上「１個」の建物とすることが許されているのです。

　区分建物の定義などについては、「建物の区分所有等に関する法律」に規定されています。また、不動産登記法にも区分建物を扱った規定がありますが、いずれも、長文で難解です。せっかく表示の登記の勉強を志しても、この区分建物でつまずいてしまう方は大勢いると思います。

　なるべくわかりやすく説明したいと思いますので、どうか、途中で投げ出さないで、区分建物の勉強をしてください。

Q41 区分建物とは何ですか

　区分建物の定義は、建物の区分所有等に関する法律（区分所有法）にあります。

> **建物の区分所有等に関する法律第1条　（建物の区分所有）**　1棟の建物に構造上区分された数個の部分で独立して住居、店舗、事務所又は倉庫その他建物としての用途に供することができるものがあるときは、その各部分は、この法律の定めるところにより、それぞれ所有権の目的とすることができる。

　この規定は、難解ですね。説明が必要です。
　区分建物とは、簡単にいえば、アパート、マンション、ビル、棟割り長屋などの各部屋のことをいいます。
　これらは、外からみると1つの建物ですが、なかに入ると、内部が壁などで仕切られていて、独立して生活したり、利用することができます。
　これらは、全体を1つの建物（非区分建物）として登記することもできますし、各部屋ごとに、あるいは各階層ごとにこれらを専有部分として、区分建物として登記することもできるのです。
　そして、区分建物とした場合には、それぞれの専有部分ごとに所有者を定め、担保権を設定し、所有権の移転などができるのです。
　もう少し、詳しく説明しましょう。
　区分建物といえるためには、

○1棟の建物であること
○構造上区分性を有すること

第5章　区分建物の基礎を学ぼう

○利用上の独立性を有すること

この3つの要件が必要となります。

このうち、1棟の建物であることは、そもそも登記される建物の要件でもあり、すでに説明しているので、ここでは、残る2つについて説明します。

区分建物といえるためには、その建物が構造上の独立性を有している必要があります。

つまり、壁や床や天井などで他の部分と構造的に明確に区分されている必要があります。

隣室との間が襖や障子などで仕切られているだけでは認められません。

また、その建物部分が利用上の独立性を備えている必要があります。

他の専有部分の助けを借りずに、その部分だけで、居宅や店舗など建物としての要件を備えている必要があります。

区分建物の専有部分以外の部分を共用部分といいます。廊下や階段室などがこれに当たります。各区分建物の所有者は、通常、これらを利用しなければ外部に出られません。つまり、これらは公衆用道路のようなもので、それ自体が独立して建物としての用途に供されるものではないので、その部分だけを単独で区分建物とすることはできません。共用部分は、原則として区分建物の所有者の共有に属する部分になります。

! 共用部分について、もっと知りたいあなたは、Q44へ進んでください。

敷地権とは何ですか

ここでは、区分建物が立っている土地について次の4つのことを説明します。

1 敷地利用権
2 分離処分禁止の原則（一体性の原則）
3 敷地権
4 法定敷地と規約敷地

1 敷地利用権

まず、**敷地利用権**について、法律上の定義をみましょう。

> **建物の区分所有等に関する法律第2条　（定義）**
> 6　この法律において「敷地利用権」とは、専有部分を所有するための建物の敷地に関する権利をいう。

区分建物が立っている土地（敷地）は、区分建物を所有するために必要となる大事なものです。区分所有者がこの敷地についてもっている権利のことを敷地利用権といいます。敷地利用権には、たとえば、所有権、地上権、賃借権などの権利がこれに当たるほか、使用貸借権や無名契約上の使用権などがあります。

2 分離処分禁止の原則（一体性の原則）

次に、分離処分禁止について、法律の規定をみましょう。

第5章　区分建物の基礎を学ぼう　185

> **建物の区分所有等に関する法第22条　（分離処分の禁止）**　敷地利用権が数人で有する所有権その他の権利である場合には、区分所有者は、その有する専有部分とその専有部分に係る敷地利用権とを分離して処分することができない。ただし、規約に別段の定めがあるときは、この限りでない。

　土地と建物は、そもそも別の不動産ですので、本来であれば、それぞれを別に自由に処分することができるのですが、区分建物と敷地利用権を別々に処分することを許してしまうと、権利関係が複雑になるばかりか、区分建物の所有者であるにもかかわらず、敷地利用権がないといった事態が発生してしまうことも考えられます。

　そこで、区分所有法は、図1のように敷地利用権が数人で有する所有権その他の権利である場合には、原則として、専有部分と敷地利用権を分離して処分することができないとしています。

　また、図2のように1棟の建物に属する専有部分の全部を所有する者が単独で有する所有権その他の権利である場合も同様です。

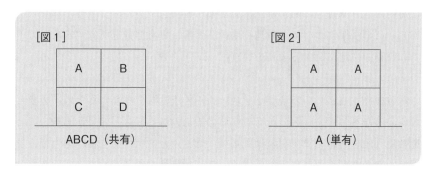

　これらについては、敷地利用権について、専有部分と分離して処分することができる旨の規約（分離処分可能規約）を設定すれば、専有部分と敷地利用権を分離して処分することができることになっています。

専門知識5－1　分離処分禁止の原則の例外

　分離処分禁止の原則の例外は、本文以外にもある。たとえば、将来、区分建物の増築等の予定がある場合など、専有部分の敷地利用権を留保しておく必要があるときは、敷地利用権の一部（一定の割合）につき分離処分の禁止の原則の適用を排除する方法として、あらかじめ一部分離処分可能規約を定めておくことができる。また、テラスハウスや棟割り長屋式の区分建物にみられる、各専有部分に対応して敷地が分割され、その底地部分を各区分所有者が単独で所有する（いわゆる「分有」）形態の場合には、分離処分禁止の原則は適用されない。その他、時効取得、土地収用等を原因とする所有権の移転は、ここでいう「処分」には該当しないので、分離処分禁止の原則は適用されない。

③　敷地権

　ここまで、敷地利用権に関する説明をしました。次に敷地権について説明します。

　敷地権は、不動産登記法44条1項9号に建物の表示に関する登記の登記事項として規定されていますが、そのなかに敷地権の定義が書き込まれています。初心者には難解に思われるかもしれませんが、がんばって、読んでください。

不動産登記法第44条　（建物の表示に関する登記の登記事項）　建物の表示に関する登記の登記事項は、第27条各号に掲げるもののほか、次のとおりとする。

　九　建物又は附属建物が区分建物である場合において、当該区分建物について区分所有法第2条第6項に規定する敷地利用権（登記されたものに限る。）であって、区分所有法第22条第1項本文（同条第3項において準用する場合を含む。）の規定により区分所有者の有する専有部分と分離して処分することができないもの（以下「敷地権」という。）があるときは、その敷地権

むずかしい規定振りですが、要は、敷地権とは、登記された敷地利用権のうち、区分所有者の有する専有部分と分離して処分することができないものをいいます。

つまり、敷地利用権であっても登記がされていなければ敷地権ではないということになります。結局、敷地権として登記記録に記録されるものは、所有権、地上権、賃借権に限られることになります。

④ 法定敷地と規約敷地

法定敷地と規約敷地は、いずれも建物の敷地です。では、法律の規定を確認しましょう。

建物の区分所有等に関する法律第2条　（定義）
5　この法律において「建物の敷地」とは、建物が所在する土地及び第5条第1項の規定により建物の敷地とされた土地をいう。
第5条　（規約による建物の敷地）　区分所有者が建物及び建物が所在する土地と一体として管理又は使用をする庭、通路その他の土地は、規約により建物の敷地とすることができる。

---

(1) 法定敷地

法定敷地とは、「建物が所在する土地」、つまり、区分建物が物理的に乗っている土地のことをいいます。「建物の底地」などと呼ばれることがあります。

> **ちょっと待った！**
> 土地の上に直接建物が立っていなくても、1階から突き出した2階部分の直下の土地や、ベランダ、軒下部分の土地も法定敷地である。また、土地の一部でも建物が所在していれば、1筆の土地全体が法定敷地となる。

(2) 規約敷地

区分建物の所有者が区分建物やその敷地とともに一体として管理したり、

利用したりする土地、たとえば庭、通路、広場、テニスコート、集会所や物置等の附属施設の敷地などは、規約を定めることによって建物の敷地とすることもできます。このような土地を規約敷地というのですが、この規約敷地を利用する権利も、敷地利用権であり、これが登記されれば、敷地権になります。

専有部分と敷地利用権の一体性とは何ですか

Q42では、区分所有法は、敷地利用権が数人で有する所有権その他の権利である場合には、原則として、専有部分と敷地利用権を分離して処分することができないとしていることを説明しました

これを専有部分と敷地利用権の一体性の原則といいます。ここでは、この一体性の原則について、詳しく説明します。

1 分離処分禁止の原則（一体性の原則）

土地と建物は、そもそも別の不動産ですので、本来であれば、それぞれ別に処分することができます。しかし、マンションの敷地利用権は、専有部分の各所有者が共有持分で共同所有しているものがほとんどです。

そうなると、この敷地利用権は、通常、専有部分と一体的に取引されることになり、専有部分から独立した権利として取引したり、処分するといったことがされなくなります。このようなことから、専有部分と敷地利用権を分離して処分することを禁止しようとする一体性の原則が生まれることになったのです。

○分離処分可能規約（例外）

ところが、同じ区分建物であっても、棟割り長屋などの小規模な区分建物などは、必ずしも専有部分と敷地利用権が一体的に取引されるとは限らないので、このような区分建物については、分離処分可能規約というものを定めれば、一体性の原則を適用しないで、専有部分と敷地利用権を別々に処分することができることになります。

2　敷地権である旨の登記

　登記官は、この敷地権について、建物の表題部に最初に登記をするときは、当該敷地権の目的となっている土地の登記記録についても、職権で、当該登記記録中の所有権などが敷地権である旨の登記をします。

> **不動産登記法第46条　（敷地権である旨の登記）**　登記官は、表示に関する登記のうち、区分建物に関する敷地権について表題部に最初に登記をするときは、当該敷地権の目的である土地の登記記録について、職権で、当該登記記録中の所有権、地上権その他の権利が敷地権である旨の登記をしなければならない。

　この敷地権の登記がされると、登記の手続についても、専有部分と敷地権の一体性の原則が適用されることになります。

> **不動産登記法第73条　（敷地権付き区分建物に関する登記等）**　敷地権付き区分建物についての所有権又は担保権（一般の先取特権、質権又は抵当権をいう。以下この条において同じ。）に係る権利に関する登記は、第46条の規定により敷地権である旨の登記をした土地の敷地権についてされた登記としての効力を有する（以下、ただし書省略）。
> 　一～四　（省略）
> 2　第46条の規定により敷地権である旨の登記をした土地には、敷地権の移転の登記又は敷地権を目的とする担保権に係る権利に関する登記をすることができない（以下、ただし書省略）。
> 3　敷地権付き区分建物には、当該建物のみの所有権の移転を登記原因とする所有権の登記又は当該建物のみを目的とする担保権に係る権利に関する登記をすることができない（以下、ただし書省略）。

　たとえば、敷地権付きの区分建物の所有権の移転、あるいは抵当権の設定の登記は、建物の専有部分の登記記録に記録されるのですが、その登記は、

原則として、敷地権の登記がされた土地についてもされたことになります。
　逆に、敷地権の登記がされた土地に、所有権の移転、あるいは抵当権の設定の登記をすることは、原則として許されないことになります。
　つまり、敷地権の登記がされると、区分建物とその敷地権について一体的に生じることになる権利変動の公示は、建物の登記記録のみによってされることになり、その建物の登記記録にされた登記の効力は、敷地権についても及んでいるということになります。

建物の区分所有等に関する法律第22条　（分離処分の禁止）　敷地利用権が数人で有する所有権その他の権利である場合には、区分所有者は、その有する専有部分とその専有部分に係る敷地利用権とを分離して処分することができない。ただし、規約に別段の定めがあるときは、この限りでない。
2　前項本文の場合において、区分所有者が数個の専有部分を所有するときは、各専有部分に係る敷地利用権の割合は、第14条第１項から第３項までに定める割合による。ただし、規約でこの割合と異なる割合が定められているときは、その割合による。
3　前２項の規定は、建物の専有部分の全部を所有する者の敷地利用権が単独で有する所有権その他の権利である場合に準用する。

　分譲マンションの場合、当初、分譲業者がすべての専有部分を所有し、売れた専有部分から順に買主に所有権を移転していくことがあります。
　当初、建物の所有者がその区分建物を全部所有し、その者の敷地利用権が単独で有する所有権などである場合、その敷地利用権についても一体性の原則が適用されることになります。
　敷地利用権が単独である場合には、共有持分のような考え方がないので、敷地利用権の各専有部分に係る割合をどのように公示するのかという問題があります。
　この場合には、規約で定めることになりますが、規約がない場合には、各専有部分の床面積割合によることになります。

Q44 共用部分とは何ですか

　共用部分には、法律で定められた法定共用部分と、規約によって定められた規約共用部分とがあります。

○法定共用部分　　○規約共用部分

共用部分は、次の3つからなります。

1　専有部分以外の建物の部分
2　専有部分に属しない建物の附属物
3　規約により共用部分とされた附属の建物

では、法律を確認しましょう。

> **建物の区分所有等に関する法律第2条　（定義）**
> 4　この法律において、「共用部分」とは、専有部分以外の建物の部分、専有部分に属しない建物の附属物及び第4条第2項の規定により共用部分とされた附属の建物をいう。
> **第4条　（共用部分）**　数個の専有部分に通ずる廊下又は階段室その他構造上区分所有者の全員又はその一部の共用に供されるべき建物の部分は、区分所有権の目的とならないものとする。
> 2　第1条に規定する建物の部分及び附属の建物は、規約により共用部分とすることができる。この場合には、その旨の登記をしなければ、これをもって第三者に対抗することができない。

1　専有部分以外の建物の部分

　1棟の建物のうち、専有部分（区分所有権の目的とされる建物の部分）以外の部分は、すべて共有部分ということになります。

　専有部分以外の建物の部分のうち、法定共用部分（法律で定められた共用部分）には、マンションの各住戸に通じる廊下、階段室、エレベーター室などがあります。

　これらは、その構造上、区分所有者の全員または一部の共用となる建物の部分であり、区分所有権の目的とすることができず、専有部分とすることができません。つまり、1個の区分建物として登記することができないことになります。

　専有部分以外の建物の部分として、区分所有者の全部または一部の合意による規約によって、共用部分を定めることができます。

　たとえば、集会所、管理人事務室、倉庫、車庫などは、本来であれば、その構造上、あるいは利用上も区分所有権の目的となる専有部分になるべきものといえます。

　これらは、区分所有者間で規約を定めることによって、専有部分ではなく、共用部分とすることができます。この場合、共用部分であることを第三者に対抗するためには、その旨の登記をしなければなりません。

2　専有部分に属しない建物の附属物

　専有部分に属しない建物の附属物とは、建物に附属するもので、その効用上、建物と不可分で、一体となっている関係にあるものをいいます。

　たとえば、建物に設けられた電気の配線、ガス、水道の配線、冷暖房施設、消火設備、エレベーターなど、その構造上専有部分に属すると認められるもの以外のものは、すべて法律上の共用部分になります。

3　規約により共用部分とされた附属の建物

　規約により共用部分とされた附属の建物とは、区分建物とは別棟の建物で、専有部分に対して従属的な関係にある建物をいいます。建物全部が共用

部分となることも、建物の一部が共用部分となることもあります。

　これらは、別棟なので、本来、独立した別の建物として登記されるものですが、区分所有者間で規約により共用部分とすることが認められています。区分建物とは別棟の集会所、管理人事務室、倉庫、車庫などが該当します。

　この場合、共用部分であることを第三者に対抗するためには、その旨の登記をしなければなりません。

> **ちょっと待った！**
> 　最初に建物の専有部分の全部を所有する者は、公正証書により単独で共用部分を定める規約を設定することができる。

団地共用部分とは何ですか

　団地というと、「○○団地」と呼ばれるように、土地を開発して大規模で近代的な集団住宅が建てられている地域を思い浮かべるかもしれません。しかし、ここでいう団地とは、数棟の建物にまたがる共有物がある集合体のことです。

　まず、建物の区分所有等に関する法律では、団地について、以下のように規定されています。

> **建物の区分所有等に関する法律第65条　（団地建物所有者の団体）**　1 団地内に数棟の建物があって、その団地内の土地又は附属施設（これらに関する権利を含む。）がそれらの建物の所有者（専有部分のある建物にあっては、区分所有者）の共有に属する場合には、それらの所有者（以下「団地建物所有者」という。）は、全員で、その団地内の土地、附属施設及び専有部分のある建物の管理を行うための団体を構成し、この法律に定めるところにより、集会を開き、規約を定め、及び管理者を置くことができる。

　たとえば、1つの土地の上にA棟とB棟の区分建物を建て、その土地がA棟の所有者とB棟の所有者の全員の共有に属するような場合、このエリアを団地といいます。

　団地を構成するものは、土地だけではなく、附属施設やこれらに関する権利なども含まれます。

　この場合のA棟の所有者とB棟の所有者を団地建物所有者といい、団地建物所有者は、全員でその団地内の土地、附属施設、専有部分のある建物の管理を行うための団体をつくり、集会を開いたり、規約を定めたり、管理者を置くことができるのです。

> **建物の区分所有等に関する法律第67条** （団地共用部分）　1団地内の附属施設たる建物（第1条に規定する建物の部分を含む。）は、前条において準用する第30条第1項の規約により団地共用部分とすることができる。この場合においては、その旨の登記をしなければ、これをもって第三者に対抗することができない。

　団地内に集会所や集会室、車庫、自転車置場、倉庫など、団地建物所有者の全員が利用する施設がある場合、これらを団地の規約で、団地共用部分と定めることができます。

　団地の規約により団地共用部分とされた建物は、団地建物所有者全員の共有物になります。そして、団地共用部分は、団地建物所有者全員がその用法に従って使用することができます。

　各共有者は、その有する建物や専有部分の床面積に応じた割合で持分を定めることができます。また、共有者が有する持分は、その有する建物または専有部分と分離して処分することができないことになります。団地共用部分には、民法177条の適用がないのですが、そこが団地共用部分であることを第三者に対抗するためには区分所有法4条2項に基づく「団地共用部分である旨」の登記を要します。

Q46 区分建物の登記記録は、どうなっていますか

　区分建物の表示に関する登記は、区分建物の登記記録の表題部にされます。これから説明する登記記録の編成の内容は、不動産登記規則4条3項と別表3に定められています。

　区分建物の登記記録は、「1棟の建物の表題部」と「区分建物の表題部」から成り立っています。

　　　　○1棟の建物の表題部　　　○区分建物の表題部

1　1棟の建物の表題部の構造

　それでは、まず、1棟の建物の表題部からみていきましょう。

　1棟の建物の表題部は、1棟の建物の全体を明らかにするものです。

1棟の建物の表題部	
	①専有部分の家屋番号欄
	②1棟の建物の表示欄
	③敷地権の目的である土地の表示欄

　1棟の建物の表題部は、①専有部分の家屋番号欄、②1棟の建物の表示欄、③敷地権の目的である土地の表示欄からなります。

①専有部分の家屋番号欄	1棟の建物に属する区分建物の家屋番号

　①専有部分の家屋番号欄には、1棟の建物に属する区分建物の家屋番号が記録されます。

　次に、1棟の建物の表示欄について説明します。

②1棟の建物の表示欄		
	所在欄	a　1棟の建物の所在
	所在図番号欄	b　建物所在図の番号
	建物の名称欄	c　1棟の建物の名称
	構造欄	d　1棟の建物の構造
	床面積欄	e　1棟の建物の床面積
	原因及びその日付欄	f　1棟の建物に係る登記の登記原因及びその日付
		建物を新築する場合の不動産工事の先取特権の保存の登記における建物の種類、構造及び床面積が設計書による旨
		閉鎖の事由
	登記の日付欄	1棟の建物に係る登記の年月日
		閉鎖の年月日

　②1棟の建物の表示欄には、「a　1棟の建物の所在」「b　建物所在図の番号」「c　1棟の建物の名称」「d　1棟の建物の構造」「e　1棟の建物の床面積」「f　1棟の建物に係る登記の登記原因及び登記の日付」などが記録されます。
　最後に、敷地権の目的である土地の表示欄について説明します。

③敷地権の目的である土地の表示欄		
	土地の符号欄	a　敷地権の目的である土地の符号
	所在及び地番欄	b　敷地権の目的である土地の所在及び地番
	地目欄	c　敷地権の目的である土地の地目
	地積欄	d　敷地権の目的である土地の地積
	登記の日付欄	敷地権に係る登記の年月日
		敷地権の目的である土地の表題部の登記事項に変更又は錯誤若しくは遺漏があることによる建物の表題部の変更の登記又は更正

第5章　区分建物の基礎を学ぼう　199

		の登記の登記原因及びその日付

③敷地権の目的である土地の表示欄には、「a　敷地権の目的である土地の符号」「b　敷地権の目的である土地の所在及び地番」「c　敷地権の目的である土地の地目」「d　敷地権の目的である土地の地積」などが記録されます。

② 区分建物の表題部の構造

次に、区分建物の表題部をみましょう。

区分建物の表題部	
	①専有部分の建物の表示欄
	②附属建物の表示欄
	③敷地権の表示欄
	④所有者欄

区分建物の表題部は、①専有部分の建物の表示欄、②附属建物の表示欄、③敷地権の表示欄、④所有者欄からなります。

まず、①専有部分の建物の表示欄からみていきましょう。

①専有部分の建物の表示欄		
	不動産番号欄	a　不動産番号
	家屋番号欄	b　区分建物の家屋番号
	建物の名称欄	c　区分建物の名称
	種類欄	d　区分建物の種類
	構造欄	e　区分建物の構造
	床面積欄	f　区分建物の床面積
	原因及びその日付欄	g　区分建物に係る登記の登記原因及びその日付
		共用部分である旨
		団地共用部分である旨
		建物を新築する場合の不動産工事の先取特権の保

		存の登記における建物の種類、構造及び床面積が設計書による旨
	登記の日付欄	区分建物に係る登記の年月日

　①専有部分の建物の表示欄には、「a　不動産番号」「b　区分建物の家屋番号」「c　区分建物の名称」「d　区分建物の種類」「e　区分建物の構造」「f　区分建物の床面積」「g　区分建物に係る登記の登記原因及びその日付」などが記録されます。

　次に、②附属建物の表示欄をみてみましょう。

②附属建物の表示欄		
	符号欄	a　附属建物の符号
	種類欄	b　附属建物の種類
	構造欄	c　附属建物の構造
		c－1　附属建物が区分建物である場合におけるその1棟の建物の所在、構造、床面積及び名称
		c－2　附属建物が区分建物である場合における敷地権の内容
	床面積欄	d　附属建物の床面積
	原因及びその日付欄	e　附属建物に係る登記の登記原因及びその日付
		附属建物を新築する場合の不動産工事の先取特権の保存の登記における建物の種類、構造及び床面積が設計書による旨
	登記の日付欄	附属建物に係る登記の年月日

　②附属建物の表示欄には、「a　附属建物の符号」「b　附属建物の種類」「c　附属建物の構造」「d　附属建物の床面積」「e　附属建物に係る登記の登記原因及びその日付」などが記録されます。

　附属建物が区分建物であるときには、これらに加えて、「c　附属建物の構造」欄に、当該附属建物が属する1棟の建物の所在する市、区、郡、町、村、字および土地の地番、構造および床面積を表示し、1棟の建物の名称が

第5章　区分建物の基礎を学ぼう　201

あるときはその名称も表示されます（c - 1）。

次に、③敷地権の表示欄をみてみましょう。

③敷地権の表示欄			
	土地の符号欄	a	敷地権の目的である土地の符号
	敷地権の種類欄	b	敷地権の種類
	敷地権の割合欄	c	敷地権の割合
	原因及びその日付欄	d	敷地権に係る登記の登記原因及びその日付
		e	附属建物に係る敷地権である旨
	登記の日付欄	f	敷地権に係る登記の年月日

　③敷地権の登記をするときは、区分建物の登記記録の表題部中の「敷地権の表示欄」に、「d　敷地権に係る登記の登記原因及びその日付」のほか、「a　敷地権の目的である土地の符号」などが記録されます。

　dの「敷地権に係る登記の登記原因及びその日付」は、「年月日敷地権」のように記録されます。

　最後に、④所有者欄についてです。

④所有者欄	所有者及びその持分

　共用部分である旨の登記または団地共用部分である旨の登記は、区分建物の表題部の原因及びその日付欄にし、登記官は、この登記をした場合は、職権で、表題部所有者の登記または権利に関する登記を抹消するので、これらの登記がされると、表題部所有者または所有権の登記名義人の登記のない登記記録が存在することとなります。

③　敷地権つきの区分建物の登記記録

　1と2では、区分建物の登記記録の構造について説明しました。では、実際に登記記録のサンプルをみながら、具体的に説明していきましょう。

敷地権付区分建物の登記記録（サンプル）

専有部分の家屋番号	35 - 1 - 101〜35 - 1 - 110　35 - 1 - 201〜35 - 1 - 215（一部事項省略）			
表題部（一棟の建物の表示）	調製	余白	所在図番号	余白

所　在	甲市乙町二丁目　35番地1、35番地2	余白	
建物の名称	霞が関マンション	余白	
①構　造		③床面積　　㎡	原因及びその日付〔登記の日付〕
鉄筋コンクリート造陸屋根地下1階付8階建		1階　417：27 2階　638：03 3階　638：03 4階　638：03 5階　638：03 6階　638：03 7階　638：03 8階　206：52 地下1階　461：82	〔平成2年3月16日〕

表題部（敷地権の目的である土地の表示）				
①土地の符号	②所在及び地番	③地目	④地積　　㎡	登記の日付
1	甲市乙町二丁目35番1	宅地	599：27	平成2年3月16日
2	甲市乙町二丁目35番2	宅地	266：17	平成2年3月16日
3	甲市乙町二丁目32番	雑種地	390	平成2年3月16日

表題部（専有部分の建物の表示）			不動産番号	1234567890123
家屋番号	乙町二丁目　35番1の201		余白	
①種類	②構造	③床面積　　㎡	原因及びその日付〔登記の日付〕	
居宅	鉄筋コンクリート造1階建	2階部分　42：53	平成2年3月1日新築 〔平成2年3月16日〕	
表題部（敷地権の表示）				
①土地の符号	②敷地権の種類	③敷地権の割合	原因及びその日付〔登記の日付〕	
1・2	所有権	1000分の7	平成2年3月1日敷地権 〔平成2年3月16日〕	
3	賃借権	50分の1	平成2年3月1日敷地権 〔平成2年3月16日〕	
所有者	甲市乙町一丁目5番1号　株式会社甲建設			

※登記記録の登記事項を編集して証明書の形式にしたものが登記事項証明書になります。

(1)　1棟の建物の表題部

　①　専有部分の家屋番号欄

専有部分の家屋番号	35-1-101～35-1-110　35-1-201～35-1-215（一部事項省略）

第5章　区分建物の基礎を学ぼう

専有部分の家屋番号欄には、1棟の建物に属する区分建物の家屋番号が記録されます。

② 1棟の建物の所在

表題部（一棟の建物の表示）	調製	余白	所在図番号	余白
所　在	甲市乙町二丁目　35番地1、35番地2		余白	

区分建物が属する1棟の建物の所在する市、区、郡、町、村、字および土地の地番が記録され、これにより、区分建物の所在や地番が明らかとなります。

③ 1棟の建物の名称

建物の名称	霞が関マンション	余白

区分建物が属する1棟の建物に建物の名称があるときは、「建物の名称欄」にその名称が登記されます。1棟の建物の名称は、「ひばりが丘1号館」のような符号のほか、たとえば「霞が関マンション」のような名称でもかまいません。

> **ちょっと待った！**
>
> この建物の名称を登記することによって、区分建物の表示に関する登記（建物の表題登記を除く）や区分建物を目的とする権利に関する登記を申請する場合に、申請情報に1棟の建物の名称を記録すれば、1棟の建物の構造や床面積を記録しなくてもよいというメリットがある。

④ 1棟の建物の構造および床面積

① 構　造	③ 床面積　㎡		原因及びその日付〔登記の日付〕
鉄筋コンクリート造陸屋根地下1階付8階建	1階	417 27	〔平成2年3月16日〕
	2階	638 03	
	3階	638 03	
	4階	638 03	
	5階	638 03	
	6階	638 03	
	7階	638 03	
	8階	206 52	
	地下1階	461 82	

区分建物が属する1棟の建物全体の表示、つまり、その1棟の建物の構造および床面積（非区分建物の場合と同様に、各階ごとに壁その他の区画の中心線で囲まれた部分の水平投影面積）が登記されます。

この床面積から各区分建物の床面積の合計を控除すると、構造上の共有部分の床面積が算出されます。

⑤　敷地権の目的である土地の表示欄

表題部（敷地権の目的である土地の表示）					
①土地の符号	②所在及び地番	③地目	④地積　㎡		登記の日付
1	甲市乙町二丁目35番1	宅地	599	27	平成2年3月16日
2	甲市乙町二丁目35番2	宅地	266	17	平成2年3月16日
3	甲市乙町二丁目32番	雑種地	390		平成2年3月16日

区分建物の敷地権の登記は、「敷地権の目的である土地の表示欄」に、敷地権の目的たる土地の所在、地番、地目および地積ならびにその土地の符号が登記されます。

敷地権の目的たる土地には、法定敷地と規約敷地が含まれます。

(2)　区分建物の表題部

次に、区分建物の表題部をみましょう。

まず、専有部分の建物の表示欄からみていきましょう。

1棟を区分した建物にあっては、当該区分建物が属する1棟の建物の表題部にその所在および地番が登記されているので、各区分建物の表題部には、区分建物の所在する市、区、郡、町、村、字および土地の地番を登記する必要はありません。

①　区分建物の家屋番号

表題部（専有部分の建物の表示）		不動産番号	1234567890123
家屋番号	乙町二丁目　35番1の201	余白	

区分建物には、各区分建物ごとに家屋番号が付されます。

②　区分建物の名称

通常の建物に関する登記事項と異なりません。

第5章　区分建物の基礎を学ぼう　　205

③　区分建物の不動産番号

通常の建物に関する登記事項と異なりません。

④　区分建物の種類・構造・床面積

①種類	②構造	③床面積　　㎡	原因及びその日付〔登記の日付〕
居宅	鉄筋コンクリート造1階建	2階部分　42：53	平成2年3月1日新築〔平成2年3月16日〕

　区分建物の種類、構造および床面積が登記されます。建物の種類は、当該区分建物の利用目的に従い定められます。

　建物の構造は、たとえば、当該建物が1棟の建物の3階および4階に存する場合に、その階数による構造を記録するときは、「2階建」とされます。

　また、区分建物がその属する1棟の建物のいかなる階層に属するものであるかを明らかにするため、たとえば、当該区分建物が3階に存在する場合には、「3階部分」とされます。

> **不動産登記事務取扱手続準則第81条　（建物の構造の定め方等）**
> 　3　建物を階層的に区分してその一部を1個の建物とする場合において、建物の構造を記載するときは、屋根の種類を記載することを要しない。

　なお、階層的に区分された区分建物の構造を表示するときは、屋根の種類は掲げる必要がありません。この場合には、建物の主たる部分の構成材料と階数の2つの要素を組み合わせて、「鉄筋コンクリート造2階建」のように表示します。

(3)　**敷地権の表示欄**

表題部（敷地権の表示）			
①土地の符号	②敷地権の種類	③敷地権の割合	原因及びその日付〔登記の日付〕
1・2	所有権	1000分の7	平成2年3月1日敷地権〔平成2年3月16日〕
3	賃借権	50分の1	平成2年3月1日敷地権〔平成2年3月16日〕

③敷地権の表示欄には「a　敷地権の目的である土地の符号」「b　敷地権の種類」「c　敷地権の割合」「d　敷地権に係る登記の登記原因、登記の日付」などが記録されます。

dの敷地権の登記原因およびその日付は、「年月日敷地権」のように記録します。

> **ちょっと待った！**
>
> 敷地権の日付は、建物の所有者が建物の新築、建物の区分等により区分建物が生じた日前から建物の敷地につき登記した所有権、地上権または賃借権を有していたときは、その区分建物が生じた日であり、また、区分建物が生じた後にその建物の敷地につき登記した所有権、地上権または賃借権を取得したときは、その権利を取得した日である。

(4) 所有者欄

| 所有者 | 甲市乙町一丁目5番1号　株式会社甲建設 |

通常の建物に関する登記事項と異なりません。

第6章

各種登記の基礎を学ぼう

表示に関する登記には、いろいろな種類があります。
　ここでは、表示に関する登記の種類ごとに、それぞれの登記がどういうものなのかについて、詳しく説明していきましょう。

Q47 土地の表題登記とは何ですか

　土地の表題登記は、新たに生じた土地や、表題登記がない土地の所有権を取得した場合に、その所有者の申請によって、当該土地を特定し、その土地の物理的状況を公示するために、土地の表題部の登記記録にいちばん最初にされる報告的登記です。

　実務では、まだ登記されていない国有地の払下げを受けたときなどに、最初に行われる場合が多いようです。

○新たに生じた土地　　○表題登記のない土地

新たに生じた土地とは、次の場合が考えられます。

1　公有水面の埋立て
2　海底隆起
3　寄洲など

1　公有水面の埋立て

　公有水面とは、「河、海、湖、沼ソノ他公共ノ用ニ供スル水流又ハ水面ニシテ国ノ所有ニ属スルモノ」をいいます（公有水面埋立法1条）。公有水面の免許を受けた者は、都道府県知事による竣工認可の告示日に、その埋立ての所有権を取得します（公有水面埋立法24条）。

2　海底隆起

　海底が隆起して、河口に土砂が堆積すると、三角州のように、これまで土地であったところに、接続しない、まったく新しい土地が生じることがあり

第6章　各種登記の基礎を学ぼう　211

ます。この場合は、所有者のない不動産は、国庫に帰属するので、国有地となります。

③ 寄洲など

海岸に土砂が堆積して寄洲ができたり、海岸の地盤が隆起するなど、これまであった土地に地続きで、自然現象によって三角州などができることがあります。この場合の所有権の帰属については、争いがあります。

> **専門知識6－1　地積変更登記説と表題登記説**
>
> 登記実務では、寄洲の所有権は寄洲に接続した陸地の一部と解されており、この場合には、新たな土地ができたことによる表題登記ではなく、既存の土地の地積の増加による地積の変更登記をすることとなる。一方、判例は、寄洲は接岸地に附合することなく、国の所有であるとする。判例の考え方では、新たに生じた土地として表題登記をすることとなる。この論点は、Q4の「3　陸地と海面との境」でも触れている。

④ 表題登記のない土地

表題登記のない土地とは、1～3の場合とは異なり従来から存在している土地で、登記されていないものをいいます。脱落地などとも呼ばれることもあります。

地方税法には、固定資産税を課することができない土地建物について、表示に関する登記の申請義務を課さないとする規定があります。たとえば、国有地などは、国有財産台帳に登録して地籍が明らかにされているので、登記がされていないものが多数あります。そのような国有地の払下げを受けた場合、その土地は、表題登記のない土地ということになりますので、払下げを受けた所有者が登記の申請をしなければならないのです。

! 固定資産税を課することができない土地建物について、もっと知りたいあなたは、Q61の2へ進んでください。

5 表題登記の申請人

> **不動産登記法第36条　（土地の表題登記の申請）**　新たに生じた土地又は表題登記がない土地の所有権を取得した者は、その所有権の取得の日から１月以内に、表題登記を申請しなければならない。
>
> **第164条　（過料）**　第36条、（中略）の規定による申請をすべき義務がある者がその申請を怠ったときは、10万円以下の過料に処する。

　新たに生じた土地または表題登記がない土地の所有権を取得した者は、その所有権の取得の日から１カ月以内に表題登記を申請しなければなりません。この申請を怠ったときは10万円以下の過料に処せられます。

　共有の土地については、保存行為として、共有者の１人から表題登記を申請することができます。この場合には、他の共有者の分もあわせて申請するのであって、自分の持分だけを登記することはできません。

　以下は、従来から存する土地で甲某・乙某共有の場合の土地の表題登記の登記記録例です。

表題部（土地の表示）	調製	余白		不動産番号	1234567890123
地図番号	余白	筆界特定	余白		
所在	甲市乙町二丁目			余白	
①地番	②地目	③地積　㎡		原因及びその日付〔登記の日付〕	
33番	畑	1000		不詳〔平成何年何月何日〕	
所有者	甲市乙町二丁目３番３号　持分３分の２　甲　某 甲市乙町二丁目３番３号　持分３分の１　乙　某				

土地の表題部の登記事項の変更の登記とは何ですか

　土地の表題部の登記事項の変更の登記は、土地の表題登記をした後に、その登記事項が変更した場合、不動産の現況と登記記録の内容をあわせるためにされる登記です。

　地目変更（Q50）、地積変更（Q51）、所有者の氏名等の変更（Q49）については、別に説明しますので、ここでは、所在の変更について触れておきます。

　土地の所在の変更の登記手続は、不動産登記法に規定がありません。これは、所在が変更する場合、つまり行政区画またはその名称が変更する場合（字またはその名称の変更の場合も同様）には、登記記録も当然変更されたものとして取り扱われて、登記官がすみやかに、職権で登記記録を変更しなければならないとされているからです。

> **不動産登記規則　（行政区画の変更等）**
> 第92条　行政区画又はその名称の変更があった場合には、登記記録に記録した行政区画又はその名称について変更の登記があったものとみなす。字又はその名称に変更があったときも、同様とする。
> 2　登記官は、前項の場合には、速やかに、表題部に記録した行政区画若しくは字又はこれらの名称を変更しなければならない。

　このように、土地の所有者は、所在の変更の登記を申請する必要がないのですが、所有者において、その必要があれば、登記官の職権を待たずに、いつでも、所在の変更の登記を申請することは、さしつかえないと考えられています。

　以下は、行政区画の名称を「乙町一丁目」から「丙町二丁目」に変更した場合の所在の変更登記の登記記録例です。

所在	甲市乙町一丁目	余白
	甲市丙町二丁目	平成何年何月何日変更 平成何年何月何日登記

土地の表題部の氏名等の変更または更正の登記とは何ですか

　土地の表題部の氏名等の変更または更正の登記について、まず、不動産登記法を確認しましょう。

> **不動産登記法第31条　（表題部所有者の氏名等の変更の登記又は更正の登記）**　表題部所有者の氏名若しくは名称又は住所についての変更の登記又は更正の登記は、表題部所有者以外の者は、申請することができない。

　では、土地の表題部所有者の氏名等の変更の登記から順に説明しましょう。

1　土地の表題部所有者の氏名等の変更の登記

　土地の表題部所有者の氏名等の変更の登記は、土地の登記記録の表題部に記録されている当該土地の所有者について、その氏名もしくは名称および住所の変更があった場合に行われます。

　この変更とは、表題部所有者がAさんからBさんに変更するということではなく、あくまでも所有者はAさんのままで、Aさんの名称や住所に変更が生じた場合をいいます。

> **不動産登記法第32条　（表題部所有者の変更等に関する登記手続）**　表題部所有者又はその持分についての変更は、当該不動産について所有権の保存の登記をした後において、その所有権の移転の登記の手続をするのでなければ、登記することができない。

> **ちょっと待った！**
>
> 所有者がAさんからBさんに変わった場合には、土地の表題部所有者の氏名等の変更の登記ではなく、権利に関する登記として、まず、Aさんが所有権保存の登記をして、その後にBさんへの所有権移転の登記をすることになる（不動産登記法32条）。

　表題部所有者の氏名等の変更の登記は、所有者（申請人）に登記申請義務が課されていません。

　また、登記実務では、所有権保存登記をするに先立ち、必ずしも表題部所有者の氏名等の変更登記をする必要はなく、所有権保存の登記の申請情報に当該変更を証する情報を添付すれば足りるものと解されています。

住所の変更の場合	
所有者	甲市乙町二丁目5番　甲　某 甲市丙町291番 平成何年何月何日住所移転 平成何年何月何日登記

氏名の変更の場合	
所有者	甲市乙町二丁目3番　甲　某 乙　某 平成何年何月何日氏名変更 平成何年何月何日登記
(注)　これは、婚姻などによって氏名が変更した場合の例で、甲某と乙某は同一人です。	

　次に、表題部所有者の氏名等の更正の登記について説明しましょう。

❷　表題部所有者の氏名等の更正の登記

　表題部所有者の氏名等の更正の登記は、土地の登記記録の表題部に記録されている当該土地の所有者の氏名もしくは住所が当初から誤っている場合

に、これを是正する登記です。

1の場合と同様、所有者（申請人）に登記申請義務が課されていません。

また、登記実務では、所有権保存登記をするに先立ち、必ずしも表題部所有者の氏名等の更正登記をする必要はなく、所有権保存の登記の申請情報に当該更正を証する情報を添付すれば足りるものと解されています。

表題部所有者の氏名等の更正の登記を申請するには、その表示の更正を証する市町村長の証明書等を添付します。

登記記録例は、次のようになります。

住所の更正の場合

| 所有者 | 甲市乙町二丁目1番　甲　某
 甲市乙町二丁目11番
 錯誤
 平成何年何月何日登記 |

氏名の更正の場合

| 所有者 | 甲市乙町三丁目35番　甲　某
 乙　某
 錯誤
 平成何年何月何日登記 |

地目の変更の登記とは何ですか

　地目の変更の登記は、登記されている土地の主たる用途が変更し、地目が変わった場合に、その現況と登記記録上の地目をあわせるための登記です。

　土地の主たる用途が変更される場合には、工事などで人的作為によって変更される場合と、自然現象によって変更される場合とがありますが、これまで畑として利用されていた土地の上に家を建て、宅地として利用することになった場合などがわかりやすい例でしょう。

　地目が変更したと認められるかどうかは、登記官による地目認定の結果によることになり、認定には多くの困難を伴うことがあります。

　では、不動産登記法をみてみましょう。

> **不動産登記法第37条　（地目又は地積の変更の登記の申請）**　地目又は地積について変更があったときは、表題部所有者又は所有権の登記名義人は、その変更があった日から1月以内に、当該地目又は地積に関する変更の登記を申請しなければならない。
> 2　地目又は地積について変更があった後に表題部所有者又は所有権の登記名義人となった者は、その者に係る表題部所有者についての更正の登記又は所有権の登記があった日から1月以内に、当該地目又は地積に関する変更の登記を申請しなければならない。
> **第164条　（過料）**　第36条、第37条第1項若しくは第2項、（中略）の規定による申請をすべき義務がある者がその申請を怠ったときは、10万円以下の過料に処する。

　表題部所有者または所有権の登記名義人は、地目の変更があった場合には、その変更があった日から1カ月以内に地目の変更の登記を申請しなければなりません。この申請を怠ったときは、10万円以下の過料に処せられま

す。

　地目の変更後に表題部所有者または所有権の登記名義人となった者は、その者に係る表題部所有者についての更正または所有権の登記があった日から1カ月以内に、地目変更の登記を申請しなければなりません。

　共有の土地については、保存行為として、共有者の1人から報告的登記を申請することができます。この場合には、他の共有者の分もあわせて申請するのであって、自分の持分のみについて登記の申請をすることはできません。

　登記記録例は、次のようになります。

地積の表示の変更を伴わないもの

①地番	②地目	③地積　　㎡	原因及びその日付〔登記の日付〕
25番	山林	990	余白
余白	雑種地		②平成何年何月何日地目変更〔平成何年何月何日〕

地積の表示の変更を伴うもの

①地番	②地目	③地積　　㎡	原因及びその日付〔登記の日付〕
25番	畑	990	余白
余白	宅地	990　50	②③平成何年何月何日地目変更〔平成何年何月何日〕

> **ちょっと待った！**
>
> **「地目と地積」について**
>
> 　地目が変更されても、土地の面積が変わることはないので、地目の変更に伴って、地積そのものが変更することはない。ただし、地目によって地積を表示する端数の切捨て単位が異なるので、たとえば、50平方メートルと登記されている畑が宅地に変更された場合には、地積の端数をどのように表示すべきかという問題がある。
>
> 　この場合、登記官には、実測値の1平方メートル未満の部分が不明であり、

地目変更登記の申請情報に地目変更後の地積を「50.00平方メートル」と記録して申請がされれば、もともと1平方メートル未満の端数はなかったとして扱われることになる。
　また、申請情報に実測図その他の資料を添付して、たとえば「50.50平方メートル」と記録して申請がされれば、その地積で扱われることになる。

専門知識6－2　尺貫法

1　尺貫法とは

　土地の地積を平方メートル単位で表記することは、昭和27年3月1日に施行された計量法という法律で定められている。登記所では、昭和41年3月31日までの間、尺貫法が用いられていた。尺貫法では、宅地と鉱泉地の地積は、6尺四方を「坪」、坪の10分の1を「合」、合の10分の1を「勺」として定めていた。

　宅地および鉱泉地以外の地目地積は、6尺四方を「歩」、30歩を「畝」、10畝を「段（反）」、10段（反）を「町」としていた。

2　平方メートルへの換算

　尺貫法で表記された土地の地積を平方メートルに換算するには、原則として、1万坪未満については、1坪を3.30578512平方メートル、1万坪以上については、1坪を121分の400平方メートルとされている。

3　地目変更に伴う地積の変更

　その土地が宅地以外の土地で、もともと地積が尺貫法の単位で表示されており、メートル法書換えによりその表示が抹消されている場合に、その土地を宅地に地目変更したときの地積の表示は、旧尺貫法の地積をメートル法に換算し、平方メートル以下2位まで求めて処理する（昭54・1・8民三第343号民事局長回答）。

　その土地が宅地以外の土地で、その地積測量図の地積が尺貫法の単位で表示されており、その土地を宅地に地目変更する登記を申請する場合には、登記記録の地積が4畝11歩、地積測量図が4畝11歩3合6勺である場合、歩未満の端数「3合6勺」を加算して、平方メートルに換算したものを変更後の地積とすることができる（昭41・5・10民三第406号民事局第三課長回答）。

地積の変更の登記とは何ですか

　地積の変更の登記は、1筆の土地の範囲に変動が生じて、登記されている地積が増減した場合にする登記です。

　地積が増加する例としては、寄洲によって土砂が堆積して、新たな土地が生じる場合があります。

　地積が減少する例としては、1筆の土地の一部が海面下に没した場合や、河川区域内の土地の1筆の一部が常時継続して水流の敷地となった場合があります。

　登記記録例は、次のようになります。

①地番	②地目	③地積　　　㎡		原因及びその日付〔登記の日付〕
55番	宅地	495	68	余白
余白	余白	446	28	②平成何年何月何日一部海没〔平成何年何月何日〕

Q52 土地の表題部の登記事項の更正の登記とは何ですか

　土地の表題部の登記事項の更正の登記は、土地の表題登記をした後に、当初からその登記事項に誤りがあった場合、不動産の現況と登記記録の内容をあわせるためにされる登記です。

　地目の更正（Q53）、地積の更正（Q54）、所有者の更正（Q55）については、別に説明しますので、ここでは、所在の更正について触れておきます。

　行政区画の名称や字などの土地の所在が誤って登記されているときは、これを改めるための更正の登記をすることができます。

　以下は、行政区画の名称を「乙町三丁目」とすべきところを、誤って「乙町二丁目」と登記した場合のこれを是正する所在の更正登記の登記記録例です。

所在	甲市乙町二丁目	余白
	甲市乙町三丁目	錯誤 平成何年何月何日登記

第6章　各種登記の基礎を学ぼう　223

地目の更正の登記とは何ですか

　地目の更正の登記とは、初めから誤った地目が登記されていたり、不動産登記規則99条で定められていない地目が登記されていたり、そもそも地目が登記されていないような場合に、これを正しい地目に訂正するためにする登記です。

　登記記録例は、次のようになります。

地積の表示の更正を伴わないもの

①地番	②地目	③地積 ㎡	原因及びその日付〔登記の日付〕
25番	山林	990	余白
余白	雑種地		②錯誤 〔平成何年何月何日〕

地積の表示の更正を伴うもの

①地番	②地目	③地積 ㎡	原因及びその日付〔登記の日付〕
45番	宅地	247:93	余白
余白	畑	247	②③錯誤 〔平成何年何月何日〕

Q54 地積の更正の登記とは何ですか

　地積の更正の登記は、登記された土地の地積に誤りがあるときに、これを正しい地積に訂正する登記です。

　現在、登記されている土地の地積のなかには、明治時代に行われた地租改正等の成果がそのまま記録されているものがあります。これらは、今日の測量技術からみると、精度が低く、正確な地積とはいえないものが多くあります。これらの土地の地積は、国土調査法の規定による地籍調査、登記所備付地図作成作業（法務局による不動産登記法14条地図作成作業）、その他分筆のための測量など、あらためて土地の地積を測定することによって、正確な地積を表示することができるようになります。

　このため、地積の更正の登記は、多く申請されています。

　地積の更正の登記の申請期間は、法定されていませんが、誤りを発見した所有者等は、すみやかにその登記を申請すべきです。

通常の場合

①地番	②地目	③地積 ㎡		原因及びその日付〔登記の日付〕
65番	宅地	380	16	余白
余白	余白	400	00	③錯誤〔平成何年何月何日〕

地図作成作業の実施に伴う場合

①地番	②地目	③地積 ㎡		原因及びその日付〔登記の日付〕
65番	宅地	380	16	余白
余白	余白	400	00	③錯誤、地図作成〔平成何年何月何日〕

所有者の更正の登記とは何ですか

まずは、不動産登記法の規定からみていきましょう。

> **不動産登記法第33条 （表題部所有者の更正の登記等）** 不動産の所有者と当該不動産の表題部所有者とが異なる場合においてする当該表題部所有者についての更正の登記は、当該不動産の所有者以外の者は、申請することができない。
> 2 前項の場合において、当該不動産の所有者は、当該表題部所有者の承諾があるときでなければ、申請することができない。
> 3 不動産の表題部所有者である共有者の持分についての更正の登記は、当該共有者以外の者は、申請することができない。
> 4 前項の更正の登記をする共有者は、当該更正の登記によってその持分を更正することとなる他の共有者の承諾があるときでなければ、申請することができない。

所有者の更正は、真実の所有者がAさんであるにもかかわらず、誤ってBさんが所有者として記録されている場合に、このままではAさんは自己名義で所有権の保存の登記を受けることができないので、これを是正する登記です。

また、Aさん3分の2、Bさん3分の1の持分で共有しているにもかかわらず、表題部所有者の持分の記録が当初から誤って各2分の1の持分で記録されている場合には、これを実体に合致した正しい持分に訂正することが認められます。

所有者がAさんからBさんへ事後的に変更した場合や、AさんとBさんの持分が事後的に変更した場合には、表題部の所有者または持分の変更（更正）ではなく、所有権保存の登記をした後に、所有権の移転または持分の移

転の登記（いずれも所有権に関する登記）をすることになります。

登記記録例は、次のとおりです。

所有者の更正の場合

| 所有者 | 甲市乙町二丁目3番　甲　某
甲市乙町二丁目1番　乙　某
所有者錯誤
平成何年何月何日登記 |

所有者の持分の更正の場合

| 所有者 | 甲市乙町二丁目3番　持分3分の2　甲　某
甲市乙町二丁目3番　持分3分の1　乙　某
甲某持分　2分の1
乙某持分　2分の1
錯誤
平成何年何月何日登記 |

　表題部所有者の更正の登記の申請人は、真実の所有者です。また、持分の更正の登記の申請人は、その持分を更正すべき共有者の全員です。

土地の滅失の登記とは何ですか

　土地の滅失の登記は、土地が海没または水没したことにより、土地が物理的に存在しなくなった場合に、その土地の登記事項を抹消するためにする登記です。では、不動産登記法の規定を確認しましょう。

> **不動産登記法第42条　（土地の滅失の登記の申請）**　土地が滅失したときは、表題部所有者又は所有権の登記名義人は、その滅失の日から1月以内に、当該土地の滅失の登記を申請しなければならない。

　土地の滅失の登記は、当該土地の登記記録の表題部の登記事項を抹消する記号が記録され、当該記録が閉鎖する手続がとられます。

表題部（土地の表示）		調製	余白	不動産番号	1234567890123
地図番号	余白	筆界特定	余白		
所　　在	甲市乙町二丁目			余白	
①地番	②地目	③地積　　　㎡		原因及びその日付〔登記の日付〕	
18番	雑種地	15		余白	
余白	余白	余白		平成何年何月何日海没 〔平成何年何月何日 同日閉鎖〕	

ちょっと待った！

　土地の滅失登記に似た登記に、土地の抹消の登記がある。実在しない土地について誤って表題登記がされていたり、同一の土地につき二重に登記がされているような場合には、滅失の登記に準じて、表題部の登記が抹消され、当該登記記録が閉鎖される。

Q57 土地の分筆の登記とは何ですか

土地の分筆とは、1つの土地を分割して2つ以上の土地にする登記です。

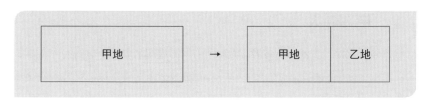

これは、ある土地について、それまで1つだった登記記録が2つ以上の登記記録になるということで、土地そのものを物理的に割ってしまうことではないので、その土地が分筆されていることが、現地をみただけでわかるものではありません。

土地は、公有水面などで遮断されない限り無限に連続する1つの土地ですが、人はこれを人為的に区画して所有し、利用しています。それが畑や田であれば、用水やあぜ道などによって区画されています。それが宅地であれば、塀や石垣などにより敷地を区画して使っています。このように、土地の所有者は、土地を区画してこれを第三者に譲渡することができますが、この所有権の移転の登記をするためには、その前提として分筆の登記が必要になります。

では、さっそく不動産登記法をみましょう。

不動産登記法第39条 （分筆又は合筆の登記） 分筆又は合筆の登記は、表題部所有者又は所有権の登記名義人以外の者は、申請することができない。
2 登記官は、前項の申請がない場合であっても、1筆の土地の一部が別の地目となり、又は地番区域（地番区域でない字を含む。第41条第2号において同じ。）を異にするに至ったときは、職権で、その土地の分

第6章 各種登記の基礎を学ぼう

筆の登記をしなければならない。
3　登記官は、第1項の申請がない場合であっても、第14条第1項の地図を作成するため必要があると認めるときは、第1項に規定する表題部所有者又は所有権の登記名義人の異議がないときに限り、職権で、分筆又は合筆の登記をすることができる。

1　申請人

　分筆の登記は、表題部所有者または所有権の登記名義人が申請人となります。土地を分筆するか否か、どのような区画に分筆するかは、申請人の自由な意思に基づきます。このように分筆の登記は、地目変更や地積更正のような報告的な登記ではありませんので、したがって、原則として登記官が職権で、分筆の登記をすることはできません。

> **ちょっと待った！**
>
> ただし、1筆の土地の一部が別地目になった場合や地番区域が変更された場合などは、登記官が職権で登記をすることができる（不動産登記法39条2項・3項）。

2　分筆の意思

　申請人には、土地を分筆したいという意思が必要で、その意思に基づいて、登記官がこれを実行することによって、法律上、土地の個数に変動が生じ、1筆の土地が複数の土地になる効果が生じるのです。
　たとえ申請人が事実上、土地を区割したとしても、それだけでは、つまり、登記が行われなければ、分筆の法律的な効果が発生しないことになるのです。
　分筆の登記は、申請人の意思に基づき、登記官がその登記をすることによって、土地の分割が形成される形成的な処分の登記です。そして、分筆の登記の申請は、登記官に対してする分筆の登記の権限行使を求める当事者の

公法上の行為であるといわれています。

また共有地の分筆の登記は、共有者全員が申請人となります。ただし、1筆の土地の一部が別地目になった場合には、分筆すべき範囲が明確であることから、共有者の1人からの申請が認められます。

③　地積測量図とは

分筆の登記の申請情報には、分筆後の土地の地積測量図を提供しなければなりません。この地積測量図の内容は、土地の表題登記の申請において提供する地積測量図とほぼ同様です。

分筆の登記を申請する場合に提供する地積測量図については、Q20の6を参照。

④　抵当権の消滅の承諾

> **不動産登記法第40条　（分筆に伴う権利の消滅の登記）**　登記官は、所有権の登記以外の権利に関する登記がある土地について分筆の登記をする場合において、当該分筆の登記の申請情報と併せて当該権利に関する登記に係る権利の登記名義人（当該権利に関する登記が抵当権の登記である場合において、抵当証券が発行されているときは、当該抵当証券の所持人又は裏書人を含む。）が当該権利を分筆後のいずれかの土地について消滅させることを承諾したことを証する情報が提供されたとき（当該権利を目的とする第三者の権利に関する登記がある場合にあっては、当該第三者が承諾したことを証する情報が併せて提供されたときに限る。）は、法務省令で定めるところにより、当該承諾に係る土地について当該権利が消滅した旨を登記しなければならない。

抵当権などの登記がある土地を分筆すると、その抵当権は、分筆後の土地のすべてに及びます。しかし、必ずしもすべての土地について抵当権の効力を及ばせる必要がなく、ある土地については、抵当権が消滅してもかまわない場合もあります。

この場合に、いったんすべての土地に抵当権を及ばせて、後日、不要な土地についてのみ抵当権の登記を抹消させることもできないわけではありませんが、分筆の登記の時点で当該抵当権を消滅させてしまう手続が認められています。

　分筆の登記の申請情報とあわせて当該抵当権者が当該権利を分筆後のいずれの土地について消滅させることを承諾したことを証する情報が提供されたときは、登記官は、当該承諾に係る土地について当該権利が消滅した旨を登記します。

専門知識6－3　「分筆錯誤」とは

　分筆の登記の申請に錯誤があった場合、登記完了後に錯誤を原因として分筆の登記を抹消することが許されるかという問題がある。一般に錯誤を原因とする登記の抹消が認められるのは、実体と登記とに不一致がある場合であり、分筆のような形成的登記にあっては、登記官がする登記によって分筆の法的効果が生じるものであり、登記官の行為が存在する以上、実体と登記とに不一致が生ずることはありえないと考えれば、申請人の錯誤に基づく分筆錯誤による登記の抹消は認められないこととなる。登記実務では、申請人の錯誤に基づく分筆錯誤による登記の抹消が認められている（昭38・12・28民甲第3374号民事局長通達）。

---

⑤　分筆の登記の実行

不動産登記規則第101条　（分筆の登記における表題部の記録方法）　登記官は、甲土地から乙土地を分筆する分筆の登記をするときは、乙土地について新たな登記記録を作成し、当該登記記録の表題部に何番の土地から分筆した旨を記録しなければならない。
2　登記官は、前項の場合には、甲土地に新たな地番を付し、甲土地の登記記録に、残余部分の土地の表題部の登記事項、何番の土地を分筆した旨及び従前の土地の表題部の登記事項の変更部分を抹消する記号

を記録しなければならない。

　甲地を分筆してその一部を乙地とする場合における分筆の登記は、甲地の登記記録については地積を減少する登記をし、その減少する分を乙地という別の土地として新たな登記記録を開設します。
　登記記録例を参考にしてください。

甲地

表題部（土地の表示）	調製	余白		不動産番号	1234567890123
地図番号	余白	筆界特定	余白		
所在	甲市乙町二丁目			余白	
①地番	②地目	③地積　㎡		原因及びその日付〔登記の日付〕	
5番	宅地	694	21	余白	
5番1	余白	396	69	①③5番1、5番2に分筆〔平成何年何月何日〕	

乙地

表題部（土地の表示）	調製	余白		不動産番号	1234567890123
地図番号	余白	筆界特定	余白		
所在	甲市乙町二丁目			余白	
①地番	②地目	③地積　㎡		原因及びその日付〔登記の日付〕	
5番2	宅地	297	52	5から分筆〔平成何年何月何日〕	

Q58 一部地目変更による分筆および地目変更の登記とは何ですか

1 一部地目変更による分筆および地目変更の登記

　地目は、1筆の土地の利用状況を公示するものですが、土地の現況や利用目的を考慮して、土地の主たる用途によって、定められます。部分的に僅少の差異があっても、その土地全体の現況および利用目的を観察して、1つの地目を定めることになります。つまり、1つの土地に2つ以上の地目を定めることは許されません。

　そこで、1筆の土地の一部の区画について、その用途が変更され、明らかにその部分が別の地目となった場合には、この土地を1つの地目で表すことができなくなります。これを1個性または1筆性の喪失と呼びます。

　このような場合には、当該土地を各地目別に分筆して、分筆後の土地のうちその用途を変更した土地について、これを別地目にするための登記が必要になります。これが、一部地目変更による分筆及び地目変更の登記です。

2 登記の申請義務

　分筆の登記を申請するか否かは申請人の自由であるという説明をしました。また、地目の変更の登記は、申請人に義務があるという説明をしました。では、この一部地目変更による分筆の登記は、申請人の任意なのでしょうか、それとも義務なのでしょうか。

　これについては、地目の変更の登記について義務がある以上、1筆の土地の一部の場合には、そのままでは地目の変更ができないことから、その前提として分筆の登記をしなければならず、その結果、分筆の登記の申請義務があるものと解されています。

　なお、登記官は職権で、別地目となった部分を分筆することができます。

　これまで、分筆の登記は、共有者の全員が申請人になるという説明をしま

したが、地目の変更の登記は、共有者の1人からでも申請することができます。では、この一部地目変更による分筆の登記は、共有者の全員が申請人なのでしょうか。それとも共有者の1人でよいのでしょうか。

これについては、地目の変更の登記が義務となっていることと、分筆すべき一部地目変更の範囲が明らかであることから、共有者の1人から申請することができると解されています。

③ 登記記録

畑として登記されている甲土地の一部が宅地に地目変更した場合の登記記録例は、次のとおりです。

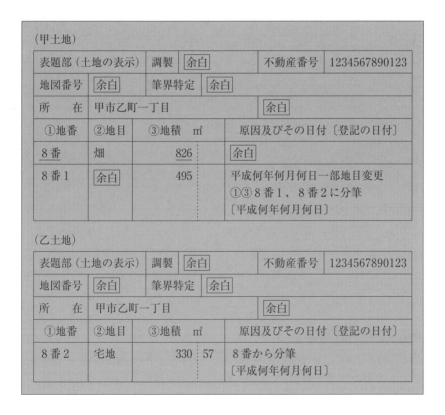

土地の合筆の登記とは何ですか

　土地の合筆とは、2つ以上の土地をあわせて1つの土地にする登記で、土地の分筆の逆になります。

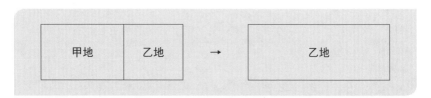

　つまり、ある土地について、それまで複数あった登記記録が1つの登記記録になるということで、それまで離れていた土地そのものを物理的に1つにくっつけてしまうというものではないので、その土地が合筆されたことが、見た目でわかるわけではありません。

　合筆の登記も、分筆の登記と同じように、原則として、申請人の意思が必要とされる「形成的登記」です。そして、登記官がその登記をすることによって、土地の合併の法的効果が生じることになります。

　申請人は、表題部所有者または所有権の登記名義人のみです。土地を合筆するかどうかは所有者の自由な意思によって決まります。共有地の場合には、共有者全員で申請すべきであって、一部の者のみで申請することはできません。これは、報告的な登記ではないので、原則として、登記官が職権でこれをすることはできません。

ちょっと待った！

　登記官は、地図を作成する場合において必要なときは、合筆の登記の申請がない場合であっても、所有者の異議がない限り、職権ですることができる。

1　合併制限

> **不動産登記法第41条　（合筆の登記の制限）**　次に掲げる合筆の登記は、することができない。
> 一　相互に接続していない土地の合筆の登記
> 二　地目又は地番区域が相互に異なる土地の合筆の登記
> 三　表題部所有者又は所有権の登記名義人が相互に異なる土地の合筆の登記
> 四　表題部所有者又は所有権の登記名義人が相互に持分を異にする土地の合筆の登記
> 五　所有権の登記がない土地と所有権の登記がある土地との合筆の登記
> 六　所有権の登記以外の権利に関する登記がある土地（権利に関する登記であって、合筆後の土地の登記記録に登記することができるものとして法務省令で定めるものがある土地を除く。）の合筆の登記

　土地の合筆については、次のような制限が設けられています。これを合併制限といいます。

(1)　**相互に接していない土地の合筆**
　物理的に接していなければ、1つの土地にできないので、当然です。

(2)　**地目または地番区域が相互に異なる土地の合筆**
　土地の一部が別の地目となったり、1つの土地で地番区域が異なる場合には、この状態を解消させるために登記官が職権による分筆の登記を義務づけていることから、この状態をつくりだす合筆が認められないことは、当然です。

(3)　**所有者が相互に異なる土地の合筆**
　1筆の土地の所有者が異なる土地をつくることは、民法の原則である一物一権主義に反することから、認められません。

(4) 共有者相互の持分が異なる土地の合筆

これも(3)と同様に、1筆の土地の所有者が異なる土地をつくることになるので、認められません。

(5) 所有権の登記のある土地とない土地の合筆

合筆後の登記の一部についてだけ、所有権の登記がされていることになり、公示上、混乱を招くことから、認められていません。

(6) 所有権以外の権利に関する登記のある土地の合筆

合筆をする前に一部の土地にあった権利が、合筆の登記によって、合筆後の土地のすべての部分に及ぶことは認められません。また、合筆後の土地の一部にだけ権利が存続するようなことは、登記の公示機能を阻害するので認められません。

ただし、承役地にする地役権の登記と同一受付番号の担保権の登記は、例外的に認められます。

2 登記の実行

> **不動産登記規則第106条** （合筆の登記における表題部の記録方法）　登記官は、甲土地を乙土地に合筆する合筆の登記をするときは、乙土地の登記記録の表題部に、合筆後の土地の表題部の登記事項、何番の土地を合筆した旨及び従前の土地の表題部の登記事項の変更部分を抹消する記号を記録しなければならない。
> 2　登記官は、前項の場合には、甲土地の登記記録の表題部に何番の土地に合筆した旨及び従前の土地の表題部の登記事項を抹消する記号を記録し、当該登記記録を閉鎖しなければならない。

甲地を乙地に合併する場合における合筆の登記は、乙地の登記記録については地積を増加する登記をし、甲地の登記記録は閉鎖されます。

以下、登記記録例を参考にしてください。

乙地

表題部（土地の表示）	調製	余白		不動産番号	1234567890123
地図番号	余白	筆界特定	余白		
所在	甲市乙町一丁目			余白	
①地番	②地目	③地積 ㎡		原因及びその日付〔登記の日付〕	
3番	宅地	550	50	余白	
余白	余白	826	00	③4番を合筆〔平成何年何月何日〕	

甲地

表題部（土地の表示）	調製	余白		不動産番号	1234567890123
地図番号	余白	筆界特定	余白		
所在	甲市乙町一丁目			余白	
①地番	②地目	③地積 ㎡		原因及びその日付〔登記の日付〕	
4番	宅地	275	50	余白	
余白	余白	余白		3番に合筆〔平成何年何月何日同日閉鎖〕	

土地の分合筆の登記とは何ですか

　土地の分合筆の登記とは、1筆の土地（甲地）の一部を分割して、それを他の土地（乙地）に合併することを、1つの登記手続で行う登記です。

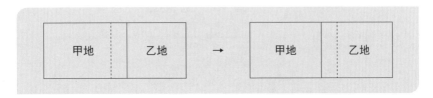

　分筆や合筆の場合には、登記の前後で法律上の土地の個数に変動が生じますが、分合筆の登記の場合には、土地の個数は変わらず、1筆の土地の範囲が変更するだけになるのです。

　同じ結果を得ようと思えば、分筆の登記をした後に、分筆後の土地について合筆の登記をする方法も考えられますが、分合筆の登記の場合、分筆の登記によって新しく設けられた登記記録を、合筆の登記によって直ちに閉鎖するという無駄な手続を省くことができます。

　甲土地を分筆して、その一部を乙土地に合筆する場合の登記記録例は、次のとおりです。

甲地						
表題部（土地の表示）		調製	余白		不動産番号	1234567890123
地図番号	余白	筆界特定	余白			
所在	甲市乙町三丁目			余白		
①地番	②地目	③地積	㎡		原因及びその日付〔登記の日付〕	
6番	宅地		452	89	余白	

| 余白 | 余白 | 337 | 19 | ③5番に一部合併〔平成何年何月何日〕 |

乙地

表題部（土地の表示）	調製	余白		不動産番号	1234567890123
地図番号	余白	筆界特定	余白		
所在	甲市乙町三丁目			余白	
①地番	②地目	③地積	㎡	原因及びその日付〔登記の日付〕	
5番	宅地	363	63	余白	
余白	余白	479	33	③6番から一部合併〔平成何年何月何日〕	

Q61 建物の表題登記とは何ですか

1 建物の表題登記とは

建物の表題登記は、建物の物理的な状況を公示するために、新たな建物の登記記録を設け、その表題部に登記事項を記録する登記です。建物の新築をしたときには、まず最初に行わなければならない登記であり、この登記により、当該建物が法律上1個の不動産として特定され、公示されることになります。

非区分建物の登記事項は、おおむね次のとおりです。

> 建物……所在、土地の地番、家屋番号、種類、構造、床面積、所有者

ちょっと待った！

区分建物と呼ばれる建物や、附属建物と呼ばれる建物については、さらに登記事項が増える。

2 登記の申請義務

建物を新築した者または表題登記のない建物の所有権を取得した者は、その所有権の取得の日から1カ月以内に表題登記をしなければなりません。この申請を怠ったときは10万円以下の過料に処せられます。

「1カ月」は、その建物がその目的とする用途に供しうる程度に完成した時、つまり登記することができる状態になった時から起算します。

主である建物と附属建物をあわせて新築した場合には、その附属建物も完成した時から起算します。

共有の建物については、保存行為として共有者の1人から表題登記を申請することができます。

不動産登記法附則第9条 （経過措置） 不動産登記法の一部を改正する等の法律（昭和35年法律第14号）附則第5条第1項に規定する土地又は建物についての表示に関する登記の申請義務については、なお従前の例による。この場合において、次の表の上欄に掲げる同項の字句は、それぞれ同表の下欄に掲げる字句に読み替えるものとする。

読み替えられる字句	読み替える字句
第1条の規定による改正後の不動産登記法第80条第1項及び第3項	不動産登記法（平成16年法律第123号）第36条
第81条第1項及び第3項	第37条第1項及び第2項
第81条ノ8	第42条
第93条第1項及び第3項	第47条第1項
第93条ノ5第1項及び第3項	第51条第1項（共用部分である旨の登記又は団地共用部分である旨の登記がある建物に係る部分を除く。）及び第2項
第93条ノ11	第57条

旧不動産登記法（昭和35年法律第14号）附則（不動産の表示に関する登記の申請義務についての経過措置）

第5条第1項 第1条の規定による改正後の不動産登記法第80条第1項及び第3項、第81条第1項及び第3項、第81条ノ8、第93条第1項及び第3項、第93条ノ2第1項及び第3項並びに第93条ノ6の規定は、地方税法第348条の規定により固定資産税を課することができない土地及び建物並びに同法第343条第5項に規定する土地については、指定期日後も当分の間は適用しない。

> **地方税法第348条（固定資産税の非課税の範囲）** 市町村は、国並びに都道府県、市町村、特別区、これらの組合、財産区及び合併特別区に対しては、固定資産税を課することができない。
> 2 　固定資産税は、次に掲げる固定資産に対しては課することができない。ただし、固定資産を有料で借り受けた者がこれを次に掲げる固定資産として使用する場合においては、当該固定資産の所有者に課することができる。
> 　一　国並びに都道府県、市町村、特別区、これらの組合及び財産区が公用又は公共の用に供する固定資産
> （以下省略）

　地方税の規定により固定資産税を課すことができない建物については、表示に関する登記の申請義務に関する規定は、当分の間、適用されません。

③　建物の新築

　新築による建物の表題登記は、新築した建物について、その物理的状況を公示するために、新たな建物の登記記録を設け、その表題部に建物の表示に関する登記の登記事項を記録する登記です。

○新築　　　○改築　　　○再築　　　○移築

　建物の新築は、まったく新たに建物を建築した場合だけではありません。改築・再築・移築も新築のなかに含まれます。
　「改築」は、すでにある建物の全部を取り壊し、新しい材料を用いて、同じ場所に新しい建物を建てることをいいます。
　「再築」は、すでにある建物の全部を取り壊し、その材料を用いて、同じ場所に新しい建物を建てることをいいます。
　「移築」は、すでにある建物の全部を取り壊して、その材料を用いて、他の場所に新たに建物を建築することで、「解体移転」とも呼ばれます。

一般的に、建物の全部が取り壊されれば、その建物は、取り壊された時点で権利の客体ではなくなるので、登記記録を閉鎖することになります。つまり、これらはすべて、すでにある建物につき、建物の滅失の登記をして、新たに表題登記をすることになります。

専門知識6－4　登記の流用

　登記の流用とは、有効に成立し、その後、実体関係の消滅などにより無効に帰した登記を、別個の実体関係の登記として利用することをいう。滅失した建物の登記をその後、同一敷地に建築した別建物の登記に流用することは、無効であるとする判例がある（最判昭40・5・4）。

専門知識6－5　えい行移転と解体移転

　えい行移転とは、建物を解体せず、そのままの状態で別の場所へ移転する建築工法のことで、曳家（ひきいえ）、曳屋（ひきや）とも呼ばれる。建物を地面から離し、ジャッキなどで持ち上げ、ローラーに乗せて移動する方法がある。解体移転とは、建築物を解体して、別の場所に建て直す建築構法のことである（本文中の「移築」はこれに該当する）。
　前者は、登記手続上、建物の所在変更として扱われ、後者は、滅失および新築として扱われる。これは、移転の過程において建物がいったん物理的に滅失するか否かという決定的な相違に基づくものである（最判昭62・7・9）。

専門知識6－6　管轄登記所の指定

　建物が数個の登記所の管轄区域にまたがって所在するときは、管轄登記所の指定がされる。この場合、①建物が同一の法務局（または地方法務局）の管内の数個の登記所の管轄区域にまたがるときはその法務局（または地方法務局）の長が、②建物が同一の法務局の管轄区域内の数個の登記所の管轄にまたがるときはその法務局長が、③建物が数個の法務局または地方法務局の管轄内の登記所の管轄区域にまたがるときは法務大臣が、管轄登記所を指定する。
　①は、たとえば、東京都新宿区（東京法務局新宿出張所管轄）と東京都渋谷区（東京法務局渋谷出張所管轄）にまたがる場合に、東京法務局長（両出張所はいずれも東京法務局の管内である）が管轄登記所を指定することであ

る。②は、たとえば、建物が山梨県と静岡県にまたがるときは、東京法務局長（山梨県を管轄する甲府地方法務局と、静岡県を管轄する静岡地方法務局はいずれも東京法務局管内である）が管轄登記所を指定することである。③は、たとえば、建物が新潟県と山形県にまたがるときは、法務大臣（新潟県を管轄する新潟地方法務局は東京法務局管内、山形県を管轄する山形地方法務局は仙台法務局管内である）が管轄登記所を指定することである。

4　登記記録

建物の表題登記の登記記録例です。

表題部(主である建物の表示)		調製	余白	不動産番号	1234567890123
所在図番号	余白				
所在	甲市乙町　24番地2				余白
家屋番号	24番2の1				余白
①種類	②構造	③床面積 ㎡			原因及びその日付〔登記の日付〕
居宅	木造亜鉛メッキ鋼板・かわらぶき2階建	1階 2階	115 99	70 17	平成何年何月何日新築〔平成何年何月何日〕
表題部（附属建物の表示）					
符号	①種類	②構造	③床面積 ㎡		原因及びその日付〔登記の日付〕
1	物置	木造亜鉛メッキ鋼板ぶき平家建	13	22	〔平成何年何月何日〕
所有者	甲市乙町二丁目1番5号　甲　某				

建物の表題部の変更の登記とは何ですか

1　建物の表題部の変更の登記とは

　建物の表題部の変更の登記は、建物の表題登記をした後に、増築・改築などにより、登記されている内容と、建物の物理的状況に変更が生じた場合に、その変更を登記することによって、不動産の現況と登記記録の内容をあわせるためにされるものです。

2　建物の所在および地番の変更

　建物の所在が変更される場合には、建物をほかの土地にえい行移転した場合や、他の土地にまたがって増築したり、附属建物を新築した場合が考えられます。

　また、建物の敷地である土地が分筆されたり、合筆され、敷地の地番が変更になった場合も考えられます。

　以下は、建物をえい行移転した場合の登記記録例です。

表題部(主である建物の表示)	調製	余白	不動産番号	1234567890123
所在図番号	余白			
所在	甲市乙町大字丙字丁　8番地			余白
	甲市乙町大字丙字丁　9番地			平成何年何月何日えい行移転 平成何年何月何日登記
家屋番号	8番			余白
	9番			平成何年何月何日変更

第6章　各種登記の基礎を学ぼう

①種類	②構造	③床面積 m²	原因及びその日付〔登記の日付〕
(事項省略)	(事項省略)	(事項省略)	(事項省略)

(注) 家屋番号は、登記官の職権で変更されます。

③ 建物の種類、構造の変更

登記された建物の種類が他の種類に変更された場合、建物の構成材料・屋根の種類、階数が変更された場合には、建物の種類または構造の変更の登記をしなければなりません。

以下は、「居宅」を「店舗・居宅」に変更した場合の登記記録例です。

表題部(主である建物の表示)		調製	余白	不動産番号	1234567890123
所在図番号	余白				
(事項一部省略)					
①種類	②構造		③床面積 m²		原因及びその日付〔登記の日付〕
居宅	木造かわらぶき平家建		115	70	平成何年何月何日新築〔平成何年何月何日〕
店舗・居宅	余白		余白		①平成何年何月何日変更〔平成何年何月何日〕

④ 床面積の変更

床面積の変更は、建物の増築、建物の一部取壊し、附属建物の増築、附属建物の一部取壊しなどがあります。同時に種類、構造および床面積が変更された場合には、これらの変更の登記を同一の申請情報ですることができま

す。
　以下は、建物の一部を取り壊し、その後に増築をした場合の登記記録例です。

表題部(主である建物の表示)	調製	余白	不動産番号	1234567890123
所在図番号	余白			
(事項一部省略)				
①種類	②構造	③床面積 ㎡		原因及びその日付〔登記の日付〕
店舗	木造かわらぶき平家建	69	42	平成何年何月何日新築〔平成何年何月何日〕
余白	余白	95	00	③平成何年何月何日一部取壊し、平成何年何月何日増築〔平成何年何月何日〕

5　建物の増築

　建物の増築とは、すでにある建物に造作を加えて、建物の構造や床面積に変更を加えることをいいます。新たな部屋を造作したり、すでにある部屋を広くしたりして、床面積が増えることになります。増築は、改造工事によって、物理的に変更が生じるもので、その前後を通じて、建物が法律的に同一性を維持しています。つまり、改築、再築、移築の場合と異なり、同じ建物であると評価することができるのです。
　増築の場合には、増築の時から1カ月以内に、登記事項である床面積の変更による表題部の変更の登記を申請すべきこととなります。平屋建の建物に2階部分を増築したり、あるいは2階建のビルに接続して3階のビルを増築した場合には、建物の構造にも変更が生じるので、増築による床面積の変更と同時に、構造の変更の登記を申請する必要があります。また、増築によって、居宅を居宅兼店舗に改造した場合には、建物の種類にも変更が生じるの

で、同時に種類の変更の登記もする必要があります。

　以下は、平屋建の建物に2階を増築したことで、構造と床面積が変更した場合の記録例です。

表題部(主である建物の表示)	調製	余白	不動産番号	1234567890123
所在図番号	余白			
(事項一部省略)				
①種類	②構造	③床面積 ㎡		原因及びその日付〔登記の日付〕
居宅	木造かわらぶき平家建	115:70		平成何年何月何日新築〔平成何年何月何日〕
余白	木造かわらぶき2階建	1階　115:70 2階　 66:11		②③平成何年何月何日変更、増築〔平成何年何月何日〕

　既登記の建物に増築をした場合、表題部所有者または所有権の登記名義人となった者は、その増築の時から1カ月以内に、増築による変更の登記を申請しなければならず、この申請を怠ったときは10万円以下の過料に処せられます。

　増築による変更の登記をしないうちに表題部所有者または所有権の登記名義人となった者は、その所有権の取得の登記があった日から1カ月以内にこの登記を申請しなければなりません。

　共有名義の建物については、保存行為として、共有者の1人から申請することができます。

⑥　附属建物の新築

　附属建物を新築した場合には、「附属建物新築」の登記をします。
　以下は、その登記記録例です。

表題部(主である建物の表示)	調製	余白	不動産番号	1234567890123
所在図番号	余白			
所在	甲市乙町大字丙字丁　100番地		余白	
(事項一部省略)				
表題部（附属建物の表示）				

符号	①種類	②構造	③床面積 ㎡		原因及びその日付〔登記の日付〕
1	倉庫	木造かわらぶき平家建	24	74	平成何年何月何日新築〔平成何年何月何日〕

7　主である建物のみの滅失

　主である建物と附属建物の関係にある数棟の建物のうち、主である建物だけが滅失したときは、附属建物の主である建物への変更の登記をします。
　以下は、建物の表題登記の登記記録例です。

表題部(主である建物の表示)	調製	余白	不動産番号	1234567890123
所在図番号	余白			
所在	甲市乙町三丁目　62番地		余白	
家屋番号	62番		余白	

①種類	②構造	③床面積 ㎡		原因及びその日付〔登記の日付〕
居宅	木造かわらぶき2階建	1階　80 2階　50	00 00	昭和30年月日不詳新築〔平成3年3月1日〕平成5年4月30日焼失〔平成5年5月1日〕
居宅	木造かわらぶき平家建	60	00	平成何年何月何日主である建物に変更

第6章　各種登記の基礎を学ぼう　251

					〔平成5年5月1日〕
表題部（附属建物の表示）					
符号	①種類	②構造	③床面積 ㎡		原因及びその日付〔登記の日付〕
<u>1</u>	居宅	木造かわらぶき平家建	<u>60</u>	<u>00</u>	〔平成3年3月1日〕平成何年何月何日主である建物に変更〔平成5年5月1日〕

Q63 建物の表題部の更正の登記とは何ですか

1 建物の表題部の更正の登記とは

　建物の登記記録の表題部に記録されている建物の所在地番、建物の種類、構造、床面積、建物の名称、附属建物の種類、構造、床面積などについて、登記をした当初から遺漏または錯誤がある場合に、登記記録と現況を一致させるためにする登記を、建物の表題部の更正の登記といいます。

2 申請人

> 不動産登記法第53条　（建物の表題部の更正の登記）　第27条第1号、第2号若しくは第4号（同号にあっては、法務省令で定めるものに限る。）又は第44条第1項各号（第2号及び第6号を除く。）に掲げる登記事項に関する更正の登記は、表題部所有者又は所有権の登記名義人（共用部分である旨の登記又は団地共用部分である旨の登記がある建物の場合にあっては、所有者）以外の者は、申請することができない。

　建物の表題部の更正の登記は、表題部所有者または所有権の登記名義人以外の者は、申請することができません。
　変更登記の場合、変更の事由が生じた日から1カ月以内に、建物の表題部の変更の登記を申請しなければならず、この申請を怠ると、10万円以下の過料に処せられますが、更正の登記については、このような規定はありません。しかし、表題部所有者または所有権の登記名義人は、登記事項に誤りがあることを発見した場合には、すみやかに更正の登記を申請すべきです。
　共有名義の建物については、保存行為として、共有者の1人から申請することができます。

第6章　各種登記の基礎を学ぼう　253

以下は、構造と床面積の更正登記の登記記録例です。

表題部(主である建物の表示)		調製	余白	不動産番号	1234567890123
所在図番号	余白				
(事項一部省略)					
①種類	②構造	③床面積 ㎡		原因及びその日付〔登記の日付〕	
居宅	木造亜鉛メッキ鋼板ぶき平家建	72	72	平成何年何月何日新築〔平成何年何月何日〕	
余白	木造アルミニュームぶき平家建	92	56	②③錯誤〔平成何年何月何日〕	

Q64 建物の分割の登記とは何ですか

1 建物の分割の登記

　建物の分割の登記は、土地の分筆の登記に似ているのですが、主である建物と附属建物の関係が前提となっているという点で、少しややこしくなり、説明が必要になります。
　まず、不動産登記法をみましょう。

> **不動産登記法第54条　（建物の分割、区分又は合併の登記）**　次に掲げる登記は、表題部所有者又は所有権の登記名義人以外の者は、申請することができない。
> 　一　建物の分割の登記（表題登記がある建物の附属建物を当該表題登記がある建物の登記記録から分割して登記記録上別の１個の建物とする登記をいう。以下同じ。）

　１つの登記記録のなかに２つの建物が登記されている場合があることは、説明しました。この２つの建物は、もともと別の建物ですが、２つの建物が一緒に利用されている状況にあるので、所有者が望む場合に限り、一方を「主である建物」として、他方を「附属建物」として、１つの登記記録のなかに入れて登記することができるのです。
　建物の分割の登記とは、この「主である建物」と「附属建物」の関係を解消して、それぞれ別の登記記録に分けることです。

2 建物の分割の態様

　建物の分割には、いくつかのパターンがありますので、順に説明しましょう。

第６章　各種登記の基礎を学ぼう　255

(1) 主である建物と附属建物とが、いずれも独立した非区分建物の場合

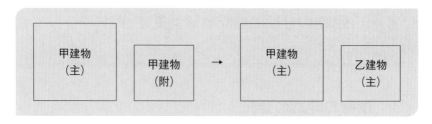

　甲建物の主である建物と附属建物（法律上1つの建物）が、建物の分割によって、甲建物と乙建物（法律上別の建物）になります。建物の分割の典型といってもよいでしょう。

(2) 主である建物と附属建物とが、いずれも区分建物であり、それぞれ1棟の建物が別棟の場合

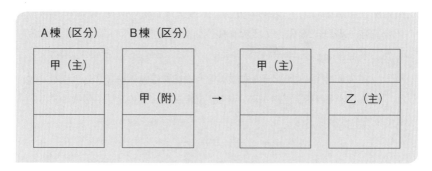

　A棟にある甲建物とB棟にある甲建物（法律上1つの建物）が建物の分割によって、A棟にある建物とB棟にある乙建物（法律上別の建物）になります。(1)との違いは、非区分建物か区分建物かという点です。

(3) 主である建物と附属建物とが、いずれも区分建物であり、同一の1棟の建物に属している場合

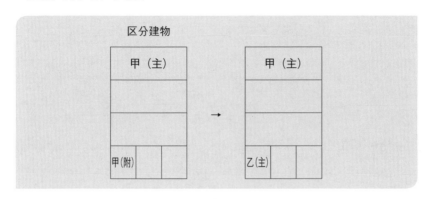

同じ1棟にある甲建物の主である建物と附属建物（法律上1つの建物）が建物の分割によって、同じ1棟にある甲建物と乙建物（法律上別の建物）になります。

これらは、いずれも、法律上、それぞれ1個の独立した建物として、登記をし直すということです。

以下は、(1)のパターン、すなわち「家屋番号5番」の甲建物を「家屋番号5番の1」の甲建物と「家屋番号5番の2」の乙建物に分割する登記記録の例です。

甲建物				
表題部(主である建物の表示)	調製	余白	不動産番号	1234567890123
所在図番号	余白			
所在	甲市乙町二丁目　5番地			余白
家屋番号	5番			余白
	5番の1			平成何年何月何日変更
①種類	②構造	③床面積　㎡		原因及びその日付〔登記の日付〕

| 居宅 | 木造かわらぶき2階建 | 1階 | 105 | 78 | 平成何年何月何日新築 |
| | | 2階 | 66 | 11 | 〔平成何年何月何日〕 |

表題部（附属建物の表示）					
符号	①種類	②構造	③床面積		原因及びその日付〔登記の日付〕
			m²		
1	倉庫	木造かわらぶき平家建	60	00	平成何年何月何日新築〔平成何年何月何日〕5番の2に分割〔平成何年何月何日〕
所有者	甲市乙町二丁目5番　甲　某				

乙建物

表題部(主である建物の表示)	調製	余白	不動産番号	1234567890123
所在図番号	余白			
所在	甲市乙町二丁目　5番地		余白	
家屋番号	5番の2		余白	
①種類	②構造	③床面積		原因及びその日付〔登記の日付〕
		m²		
倉庫	木造かわらぶき平家建	60	00	5番から分割〔平成何年何月何日〕
所有者	甲市乙町二丁目5番　甲　某			

Q65 建物の区分の登記とは何ですか

建物の区分の登記とは、物理的に1個で、登記記録上も1個の建物として表題登記がされている場合に、その建物の一部分を登記記録上区分して、これを別個、独立した区分建物とする登記のことです。

> **不動産登記法第54条** （建物の分割、区分又は合併の登記）　次に掲げる登記は、表題部所有者又は所有権の登記名義人以外の者は、申請することができない。
> 二　建物の区分の登記（表題登記がある建物又は附属建物の部分であって区分建物に該当するものを登記記録上区分建物とする登記をいう。以下同じ。）

「区分建物でない建物を区分」する場合と、「区分建物を再区分」する場合があります。

1　区分建物でない建物を区分する場合

まずは、区分建物でない建物を区分する場合から説明しましょう。

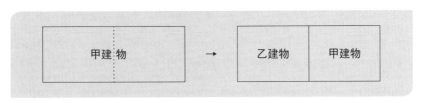

ここでは二軒長屋を想像してください。二軒長屋は、外からみると1つの建物ですが、A家族とB家族がそれぞれ生活していて、2世帯用になかが壁で仕切られていて、内部が独立しています。この建物は区分建物の要件を満たしているので、A家族とB家族の部分は、それぞれ別の建物として別々の

登記記録を設けることができるのです。

　もっとも、区分建物として登記するかどうかは、所有者の自由です。この二軒長屋には大家さんがいて、AさんとBさんにこの建物を賃貸しているとしましょう。所有者である大家さんにしてみれば、この二軒長屋をわざわざ区分建物として登記する必要はなく、まとめて1棟の建物として登記をすれば足りたのでしょう。しかし、何かの事情で、後日、大家さんがこの二軒長屋を区分建物として登記したいと考えた場合には、この「区分の登記」をすることができるのです。

甲建物

表題部(主である建物の表示)		調製	余白	不動産番号	1234567890123
所在図番号	余白				
所在	甲市乙町五丁目　775番地2			余白	
家屋番号	775番2			余白	
①種類	②構造	③床面積 ㎡		原因及びその日付〔登記の日付〕	
居宅	木造かわらぶき平家建	100	00	平成何年何月何日新築 〔平成何年何月何日〕	
				区分により775番2の1、775番2の2の登記記録に移記 〔平成何年何月何日 同日閉鎖〕	

甲区分建物

専有部分の家屋番号		775−2−1　775−2−2			
表題部（一棟の建物の表示）		調製	余白	所在図番号	余白
所在	甲市乙町五丁目　775番地2			余白	
①構造		②床面積 ㎡		原因及びその日付〔登記の日付〕	

木造かわらぶき平家建		100	00	〔平成何年何月何日〕
表題部（専有部分の建物の番号）			不動産番号	1234567890123
家屋番号	乙町五丁目　775番地2の1			余白
①種類	②構造	③床面積 ㎡		原因及びその日付〔登記の日付〕
居宅	木造かわらぶき平家建	45	50	775番2から区分〔平成何年何月何日〕

乙区分建物

専有部分の家屋番号		775-2-1　775-2-2			
表題部（一棟の建物の表示）		調製	余白	所在図番号	余白
所在	甲市乙町五丁目　775番地2		余白		
①構造	②床面積 ㎡		原因及びその日付〔登記の日付〕		
木造かわらぶき平家建	100	00	〔平成何年何月何日〕		

表題部（専有部分の建物の番号）			不動産番号	1234567890123
家屋番号	乙町五丁目　775番地2の2			余白
①種類	②構造	③床面積 ㎡		原因及びその日付〔登記の日付〕
居宅	木造かわらぶき平家建	45	50	775番2から区分〔平成何年何月何日〕

「区分建物でない建物を区分」するとは、このように、当初から、区分建物として登記することができたにもかかわらず、全体を1つの建物として登記したものの、その後の事情で、1号室、2号室というように各戸ごとに区分建物として登記し直すことです。二軒長屋の例を出しましたが、マンションの1棟全体を非区分建物として登記していた場合に、後から各戸ごとに区分建物とするときも同様です。

2 区分建物を再区分する場合

 ここではマンションの101〜103号室を想像してください。101号室と102号室の所有者が同じ場合には、101号室と102号室をまとめて甲建物として登記することができます。各部屋ごとではなく、各階ごとに区分登記がされた区分建物も見受けられますが、それらは「階層区分建物」などと呼ばれています。
 しかし、何かの事情で、101号室と102号室をやはり区分建物として別々に登記したいと考えた場合にも、この「区分の登記」をすることができるのです。

甲区分建物の表題部の専有部分の建物の表示				
表題部（専有部分の建物の番号）			不動産番号	1234567890123
家屋番号	乙町7番の3			余白
建物の名称	三号館1号			余白
①種類	②構造	③床面積 ㎡		原因及びその日付〔登記の日付〕
居宅	木造亜鉛メッキ鋼板ぶき平家建	90	00	平成何年何月何日新築〔平成何年何月何日〕
余白	余白	59	65	③7番の4を区分〔平成何年何月何日〕
(事項一部省略)				
所有者	甲市乙町7番　甲　某			

丙区分建物の表題部の専有部分の建物の表示				
表題部（専有部分の建物の番号）		不動産番号	1234567890123	
家屋番号	乙町7番の4		余白	
建物の名称	三号館2号		余白	
①種類	②構造	③床面積 ㎡	原因及びその日付〔登記の日付〕	
居宅	木造亜鉛メッキ鋼板ぶき平家建	29 : 85	7番の3から区分〔平成何年何月何日〕	
（事項一部省略）				
所有者	甲市乙町7番　　甲　某			

建物の合体の登記とは何ですか

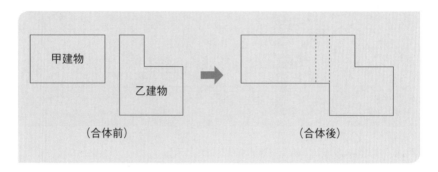

　建物の合体とは、隣り合わせに立っている2個以上の建物の間を工事して、1つの建物にしてしまうことです。頻繁に2つの建物を往来する場合には、1つにしたほうが、雨にも濡れず、靴を履く必要もなく、使いやすい場合がありますね。建物が合体した場合には、合体の登記をして、これまで登記されていた2つの建物の登記記録を閉鎖し、新たな登記記録を設けることになります。

> **不動産登記法第49条　（合体による登記等の申請）**　二以上の建物が合体して1個の建物となった場合において、次の各号に掲げるときは、それぞれ当該各号に定める者は、当該合体の日から1月以内に、合体後の建物についての建物の表題登記及び合体前の建物についての建物の表題部の登記の抹消（以下「合体による登記等」と総称する。）を申請しなければならない。（以下省略）

　合体には、甲建物と乙建物とを合棟した場合のほかに、附属建物を主である建物に合体した場合などがあり、所有権の登記や担保権の登記の内容によって複雑な登記がされることがあります。ここでは、最も単純な登記記録

例を紹介します。

合体前の甲建物の表題部

表題部(主である建物の表示)	調製	余白	不動産番号	1234567890123		
所在図番号	余白					
所在	甲市乙町一丁目　3番地			余白		
家屋番号	3番の1			余白		
①種類	②構造	③床面積　㎡		原因及びその日付〔登記の日付〕		
居宅	木造かわらぶき2階建	1階　93 2階　60	42 00	平成何年何月何日新築		
余白	余白	余白		平成何年何月何日3番の2と合体 〔平成何年何月何日　同日閉鎖〕		

合体前の乙建物の表題部

表題部(主である建物の表示)	調製	余白	不動産番号	1234567890123
所在図番号	余白			
所在	甲市乙町一丁目　3番地		余白	
家屋番号	3番の2		余白	
①種類	②構造	③床面積 ㎡	原因及びその日付〔登記の日付〕	
(事項一部省略)				
余白	余白	余白	平成何年何月何日3番の1と合体 〔平成何年何月何日　同日閉鎖〕	

合体後の建物の表題部

表題部(主である建物の表示)	調製	余白	不動産番号	1234567890123
所在図番号	余白			

所在	甲市乙町一丁目　3番地	余白	
家屋番号	3番	余白	
①種類	②構造	③床面積 ㎡	原因及びその日付〔登記の日付〕
居宅	木造かわらぶき2階建	1階　123　45 2階　　93　12	平成何年何月何日3番の1、3番の2を合体 〔平成何年何月何日〕

Q67 建物の合併の登記とは何ですか

　建物の合併の登記とは、従来、それぞれ1個の建物として登記されていた数個の建物をあわせて、登記手続上1個の建物の範囲を変更する登記をいいます。

　物理的に1棟の建物に属する各区分建物である101号室と102号室を1つの登記記録にする場合と、もともと別の建物として登記されているA建物とB建物について、B建物をA建物の附属建物とする場合などがあります。

> **不動産登記法第54条　（建物の分割、区分又は合併の登記）**　次に掲げる登記は、表題部所有者又は所有権の登記名義人以外の者は、申請することができない。
> 　三　建物の合併の登記（表題登記がある建物を登記記録上他の表題登記がある建物の附属建物とする登記又は表題登記がある区分建物を登記記録上これと接続する他の区分建物である表題登記がある建物若しくは附属建物に合併して1個の建物とする登記をいう。以下同じ。）

　建物の合併の登記には、合併前の建物の種類に応じていくつかの類型に分類されます。

1　甲建物と乙建物とがいずれも1棟の建物に属する区分建物であり、甲建物を乙建物に合併することによって非区分建物となる場合

| 甲建物（区分） | 乙建物（区分） | → | 乙建物（非区分） |

二軒長屋を区分建物として登記しておく必要がなくなった場合は、このケースになります。

甲区分建物

専有部分の家屋番号		36－1　36－2	
表題部（一棟の建物の表示）		調製 余白	所在図番号 余白
所在	甲市乙町三丁目　36番地		余白
①構造	②床面積　㎡		原因及びその日付〔登記の日付〕
木造かわらぶき平家建	60 ┊ 50		〔平成何年何月何日〕
余白	余白		合併 〔平成何年何月何日 　同日閉鎖〕

甲区分建物の表題部の専有部分の建物の表示

表題部（専有部分の建物の番号）			不動産番号	1234567890123
家屋番号	乙町三丁目　36番地の1			余白
①種類	②構造	③床面積　㎡		原因及びその日付〔登記の日付〕
居宅	木造かわらぶき平家建	30 ┊ 00		平成何年何月何日新築 〔平成何年何月何日〕
余白	余白	余白		36番の2と合併 〔平成何年何月何日〕
余白	余白	余白		合併により合併後の36番の登記記録に移記

乙区分建物

専有部分の家屋番号		36－1　36－2	
表題部（一棟の建物の表示）		調製 余白	所在図番号 余白
所在	甲市乙町三丁目　36番地		余白
①構造	②床面積　㎡		原因及びその日付〔登記の日付〕

木造かわらぶき平家建		60 ¦ 50	〔平成何年何月何日〕
余白	余白		合併 〔平成何年何月何日 　同日閉鎖〕

乙区分建物の表題部の専有部分の建物の表示

表題部（専有部分の建物の番号）			不動産番号	1234567890123
家屋番号	乙町三丁目　36番地の1		余白	
①種類	②構造	③床面積　㎡	原因及びその日付〔登記の日付〕	
居宅	木造かわら ぶき平家建	30 ¦ 00	平成何年何月何日新築 〔平成何年何月何日〕	
余白	余白	余白	36番の1と合併 〔平成何年何月何日〕	
余白	余白	余白	合併により合併後の36番の登記 記録に移記	

合併後の建物の表題部

表題部（主である建物の表示）		調製	余白	不動産番号	1234567890123
所在図番号	余白				
所在	甲市乙町三丁目　36番地		余白		
家屋番号	36番		余白		
①種類	②構造	③床面積　㎡	原因及びその日付〔登記の日付〕		
居宅	木造かわら ぶき平家建	60 ¦ 50	合併により36番の1、36番の2 の登記記録から移記 〔平成何年何月何日〕		

権利部

権利部（甲区）	（所有権に関する事項）		
順位番号	登記の目的	受付年月日・受付番号	権利者その他の事項
1	合併による 所有権登記	平成何年何月何日 第何号	所有者　何市何町何番地 　　　　何　　某

② 甲建物と乙建物がいずれも1棟の建物に属する区分建物であり、甲建物を乙建物に合併した後も区分建物である場合

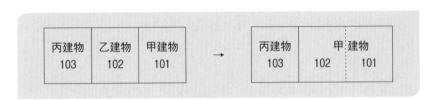

101号室と102号室を各別に区分建物として登記しておく必要がなくなった場合には、合併の登記によって、101号室と102号室をあわせて1つの区分建物とすることができます。

③ 甲建物と乙建物の附属建物とがいずれも1棟の建物に属する区分建物であり、甲建物を乙建物に合併して、合併後の建物全部を乙建物の附属建物とする場合

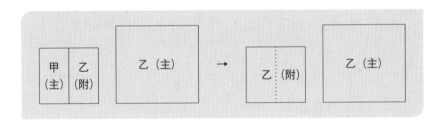

④ 甲建物（区分建物）を乙建物（非区分建物）の附属建物とする場合

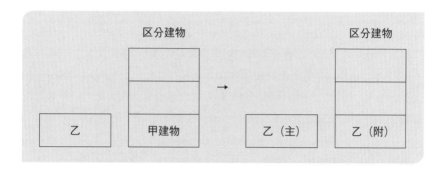

⑤ 甲建物（区分建物）を同じ1棟の建物に属する乙建物（区分建物）の附属建物とする場合

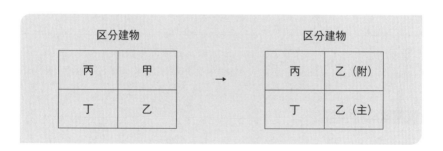

⑥ 甲建物（非区分建物）を乙建物（非区分建物）の附属建物とする場合

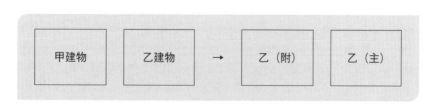

Q68 建物の滅失の登記とは何ですか

　建物の滅失の登記は、登記されている建物が火事で焼失したり、建物を取り壊したりして、不動産が物理的になくなった場合（このような状態を「滅失」といいます）に、その登記記録は残しておく必要がないので、その登記事項を抹消する登記です。

> **不動産登記法第57条　（建物の滅失の登記の申請）**　建物が滅失したときは、表題部所有者又は所有権の登記名義人（共用部分である旨の登記又は団地共用部分である旨の登記がある建物の場合にあっては、所有者）は、その滅失の日から1月以内に、当該建物の滅失の登記を申請しなければならない。

　この登記をすると、土地や建物の表題部の登記事項が抹消され、登記記録が閉鎖されます。

> **ちょっと待った！**
>
> 　建物の滅失登記に似た登記に、建物の抹消の登記がある。当初から実在しない建物について誤って表題登記がされていたり、同一の建物につき二重に登記がされているような場合には、滅失の登記に準じて、表題部の登記が抹消され、当該登記記録が閉鎖される。

　建物の滅失の登記記録例です。

表題部（主である建物の表示）	調製	余白	不動産番号	1234567890123
所在図番号	余白			

所在	甲市乙町二丁目　3番地		余白
家屋番号	3番		余白
①種類	②構造	③床面積 ㎡	原因及びその日付〔登記の日付〕
居宅	木造かわらぶき平家建	70 | 00	平成何年何月何日新築〔平成何年何月何日〕
余白	余白	余白	平成何年何月何日取壊し〔平成何年何月何日　同日閉鎖〕

表題部（附属建物の表示）

符号	①種類	②構造	③床面積 ㎡	原因及びその日付〔登記の日付〕
1	物置	木造かわらぶき平家建	30 | 00	〔平成何年何月何日〕
所有者	甲市乙町二丁目3番　甲　某			

第7章

登記申請手続の基礎を学ぼう

ここまで、表示登記の制度や登記事項の基礎を理解し、地図・図面の作成方法がわかったところで、いよいよ表示に関する登記の申請手続について、学んでいきたいと思います。具体的な申請書類のつくり方は、次の第8章で説明することとして、ここでは、登記申請手続の基礎的な事柄を理解していただきます。

Q69 登記申請は、どのようにするのですか

　登記の申請は、口頭では認められておらず、登記所に申請情報を提供しなければなりません。この申請情報は、登記の申請の種類や内容によって異なるのですが、ここではすべての申請情報に共通な事項である「一般的な申請情報」の必要的内容について説明します。

　登記の申請方法は、大きく、「書面申請」と「電子申請」に分けられます。いずれの方法であっても、登記所に申請情報を提供しなければなりません。

　不動産登記法18条を確認しておきましょう。1号が電子申請、2号が書面申請ということになります。

> **不動産登記法第18条　（申請の方法）**　登記の申請は、次に掲げる方法のいずれかにより、不動産を識別するために必要な事項、申請人の氏名又は名称、登記の目的その他の登記の申請に必要な事項として政令で定める情報（以下「申請情報」という。）を登記所に提供してしなければならない。
> 　一　法務省令で定めるところにより電子情報処理組織（登記所の使用に係る電子計算機（入出力装置を含む。以下この号において同じ。）と申請人又はその代理人の使用に係る電子計算機とを電気通信回線で接続した電子情報処理組織をいう。）を使用する方法
> 　二　申請情報を記載した書面（法務省令で定めるところにより申請情報の全部又は一部を記録した磁気ディスクを含む。）を提出する方法
>
> **不動産登記令第10条　（添付情報の提供方法）**　電子情報処理組織を使用する方法（法第18条第1号の規定による電子情報処理組織を使用する方法をいう。以下同じ。）により登記を申請するときは、法務省令で定めるところにより、申請情報と併せて添付情報を送信しなければならな

第7章　登記申請手続の基礎を学ぼう

> い。

1 電子申請

　電子申請は、申請情報と添付情報を法務大臣の定めるところにより送信しなければなりません。電子申請は、法務省の登記・供託オンライン申請システムにアクセスして、申請情報および添付情報を送信することによって行います。申請情報および添付情報には電子署名が必要となり、その電子署名について電子証明書もあわせて送信しなければなりません。電子証明書は、個人にあっては個人認証制度を、法人にあっては商業登記の電子認証制度を用います。

　具体的な申請の方法は、法務省のホームページ（http://www.moj.go.jp/）の民事局のページを参照してください。

2 書面申請

　書面申請による場合には、申請人自らが登記申請書を作成します。申請書を作成するにあたって、一般的な注意事項は、次のとおりです。

(1) **申請書作成に使用する用紙と筆記用具**

　書面申請については、現在、申請書の規格および材質等に関する規定は存在しません。しかし、一般的な事務と同様、日本工業規格A列4番の用紙を使用し、申請書の長期間の保存（30年）に耐えられるような丈夫な用紙を用いることが望ましいと考えられます。

　筆記用具については、墨もしくはカーボンまたは印刷インクを使用すべきで、鉛筆を用いることはできません。

　また、近年、パソコン等を用いて申請書を作成することが多くなりましたが、印字された文字が変色したり、退色したりすることがないよう、ワイヤードットインパクト方式、熱転写方式、バブルジェット方式またはレーザー方式のプリンタによって印字された申請書の使用が認められています。

(2) 申請書に記載する文字

> **不動産登記規則第45条　（申請書等の文字）**　申請書（申請情報の全部を記録した磁気ディスクを除く。以下この款（第53条を除く。）において同じ。）その他の登記に関する書面に記載する文字は、字画を明確にしなければならない。

　申請書に記載する文字は、正確で、だれもが容易に読めるものでなければなりません。

> **不動産登記規則第45条　（申請書等の文字）**
> 2　前項の書面につき文字の訂正、加入又は削除をしたときは、その旨及びその字数を欄外に記載し、又は訂正、加入若しくは削除をした文字に括弧その他の記号を付して、その範囲を明らかにし、かつ、当該字数を記載した部分又は当該記号を付した部分に押印しなければならない。この場合において、訂正又は削除をした文字は、なお読むことができるようにしておかなければならない。

　文字の訂正、加入、削除の方法については、訂正または削除した文字の前後にカッコを付してその範囲を明らかにし、かつ、訂正、加入もしくは削除をした文字の字数を欄外に記載して、その欄外に字数を記載した部分への押印が必要です。この場合、訂正、削除をした文字は、なお読むことができるようにしておかなければなりません。

(3) 申請書への押印

> **不動産登記令第16条　（申請情報を記載した書面への記名押印等）**　申請人又はその代表者若しくは代理人は、法務省令で定める場合を除き、申請情報を記載した書面に記名押印しなければならない。

　申請人または代理人は、申請書に記名押印をしなければなりません。押印

とは、印章を押すことで、これにかえて拇印を押すという方法は、認められていません。なお、表示に関する登記については、所有権の登記のある土地の合筆、建物の合体・合併等などを除き、原則として記名押印は必要ありません。

(4) 申請書の契印

> **不動産登記規則第46条　（契印等）**　申請人又はその代表者若しくは代理人は、申請書が2枚以上であるときは、各用紙のつづり目に契印をしなければならない。
> 2　前項の契印は、申請人又はその代表者若しくは代理人が2人以上ある場合は、その1人がすれば足りる。ただし、登記権利者及び登記義務者が共同して登記の申請をするときは、登記権利者又はその代表者若しくはその代理人及び登記義務者又はその代表者若しくはその代理人の各1人がしなければならない。

　申請人は、申請書が2枚以上であるときは、各用紙のつづり目に契印をしなければなりません。申請人が2人以上あるときは、原則としてその1人がすれば足ります。

(5) 申請書のとじ方

　申請書と添付書面のとじ方は、申請書の次に添付書面をつづります。添付書面のなかに印鑑証明書など日本工業規格A列4番よりも小さい規格のものがある場合は、これを別葉の日本工業規格A列4番の台紙に貼り付けます。

　ただし、土地所在図、地積測量図、建物所在図、各階平面図等の図面や、原本還付を申し出た場合の原本、権利に関する登記済証などは、登記申請書類と切り離して別個に保存したり、申請人に還付したりするので、申請書類から容易に切り離せるようにしておく必要があります。

ちょっと待った！

　登記申請の際に添付した書面は、登記の完了後、法務局にて保管され、登記の申請者に返却されません。しかし、添付書面を登記手続以外に使用する

> 必要がある場合には、原本を返却する手続を利用することができます。これが、原本還付です。原本還付を求める者は、その書面のコピーをとって、これに「原本に相違ない」という文言を記載して、登記申請書または委任状に押印した印鑑を押し、原本と一緒に提出すれば、登記手続の完了後に原本を返却してもらうことができます。
> 　ただし、すべての書面が原本還付の対象になっているわけではなく、印鑑証明書や委任状などの一定の書面については、これが認められません。

　申請書のとじ方に関する規定はありませんが、どのようにとじるべきかが不明で、心配な場合には、登記申請をする法務局の窓口に直接、確認されることをおすすめします。

(6) 登録免許税の納付

　登記について登録免許税を納付する場合は、原則として現金で納付し、その領収証書を登記の申請書に貼り付けて提出します。ただし、登録免許税額が3万円以下である場合その他特別の場合には、収入印紙を申請書に貼り付けて納付することができます。

　領収証書や登録免許税を申請書に貼り付ける場合、直接、申請書に貼り付けずに、別葉台紙に貼り付けて、これを申請書にとじ込んで、申請書と台紙の間を契印します。なお、収入印紙自体に割印や契印をすることはしてはいけません（これは、「消印」といって、収入印紙の再使用を防止するために、登記が申請された後に登記官が行う作業です）。心配な場合には、契印をする前に、登記申請をする法務局の窓口で直接、確認されることをおすすめします。

登記申請情報は、どのように作成するのですか

　申請情報とは、「不動産を識別するために必要な事項、申請人の氏名又は名称、登記の目的その他の登記の申請に必要な事項」として政令で定める情報のことです。これだけでは、むずかしくて、何のことかわからないと思います。でも、心配はいりません。申請情報の内容は、不動産登記令で、具体的に定められています。せっかく登記の申請をしても、この政令の規定に合致していないと、登記の申請は却下されます。

> **ちょっと待った！**
>
> 　申請情報には、法務省令で定められているものもある。法務省令で定められた申請情報は、必要的な内容ではなく、申請人の任意的な提供を求めるにすぎないので、これらについては、申請情報の内容としていなかったり、事項が誤っていたとしても却下されることはない。

専門知識７－１　登記申請の却下とは

　却下とは、国家機関（登記官）に対しされた申請を排除する処分である。登記の申請に却下事由が認められる場合において、その不備が補正することができないものであるときは、登記官は、申請人に対し、取下げの機会を与え、申請が取り下げられなかったときは、その申請は却下される。却下は、申請人に理由を付した決定書を交付する方法により行われる。登記官の却下決定については、その登記官を監督する法務局（地方法務局）長に審査請求をすることができる。

不動産登記令第３条　（申請情報）　登記の申請をする場合に登記所に提供しなければならない法第18条の申請情報の内容は、次に掲げる事項とする。

一　申請人の氏名又は名称及び住所

二　申請人が法人であるときは、その代表者の氏名
三　代理人によって登記を申請するときは、当該代理人の氏名又は名称及び住所並びに代理人が法人であるときはその代表者の氏名
四　民法（明治29年法律第89号）第423条その他の法令の規定により他人に代わって登記を申請するときは、申請人が代位者である旨、当該他人の氏名又は名称及び住所並びに代位原因
五　登記の目的
六　登記原因及びその日付（所有権の保存の登記を申請する場合にあっては、法第74条第2項の規定により敷地権付き区分建物について申請するときに限る。）
七　土地の表示に関する登記又は土地についての権利に関する登記を申請するときは、次に掲げる事項
　イ　土地の所在する市、区、郡、町、村及び字
　ロ　地番（土地の表題登記を申請する場合、法第74条第1項第2号又は第3号に掲げる者が表題登記がない土地について所有権の保存の登記を申請する場合及び表題登記がない土地について所有権の処分の制限の登記を嘱託する場合を除く。）
　ハ　地目
　ニ　地積
八　建物の表示に関する登記又は建物についての権利に関する登記を申請するときは、次に掲げる事項
　イ　建物の所在する市、区、郡、町、村、字及び土地の地番（区分建物である建物にあっては、当該建物が属する1棟の建物の所在する市、区、郡、町、村、字及び土地の地番）
　ロ　家屋番号（建物の表題登記（合体による登記等における合体後の建物についての表題登記を含む。）を申請する場合、法第74条第1項第2号又は第3号に掲げる者が表題登記がない建物について所有権の保存の登記を申請する場合及び表題登記がない建物について所有権の処分の制限の登記を嘱託する場合を除く。）
　ハ　建物の種類、構造及び床面積

ニ　建物の名称があるときは、その名称
　　ホ　附属建物があるときは、その所在する市、区、郡、町、村、字及び土地の地番（区分建物である附属建物にあっては、当該附属建物が属する１棟の建物の所在する市、区、郡、町、村、字及び土地の地番）並びに種類、構造及び床面積
　　ヘ　建物又は附属建物が区分建物であるときは、当該建物又は附属建物が属する１棟の建物の構造及び床面積（トに掲げる事項を申請情報の内容とする場合（ロに規定する場合を除く。）を除く。）
　　ト　建物又は附属建物が区分建物である場合であって、当該建物又は附属建物が属する１棟の建物の名称があるときは、その名称
九　表題登記又は権利の保存、設定若しくは移転の登記（根質権、根抵当権及び信託の登記を除く。）を申請する場合において、表題部所有者又は登記名義人となる者が２人以上であるときは、当該表題部所有者又は登記名義人となる者ごとの持分
十　法第30条の規定により表示に関する登記を申請するときは、申請人が表題部所有者又は所有権の登記名義人の相続人その他の一般承継人である旨
十一　権利に関する登記を申請するときは、次に掲げる事項
　　イ　申請人が登記権利者又は登記義務者（登記権利者及び登記義務者がない場合にあっては、登記名義人）でないとき（第４号並びにロ及びハの場合を除く。）は、登記権利者、登記義務者又は登記名義人の氏名又は名称及び住所
　　ロ　法第62条の規定により登記を申請するときは、申請人が登記権利者、登記義務者又は登記名義人の相続人その他の一般承継人である旨
　　ハ　ロの場合において、登記名義人となる登記権利者の相続人その他の一般承継人が申請するときは、登記権利者の氏名又は名称及び一般承継の時における住所
　　ニ　登記の目的である権利の消滅に関する定め又は共有物分割禁止の定めがあるときは、その定め

ホ　権利の一部を移転する登記を申請するときは、移転する権利の一部
　　ヘ　敷地権付き区分建物についての所有権、一般の先取特権、質権又は抵当権に関する登記（法第73条第3項ただし書に規定する登記を除く。）を申請するときは、次に掲げる事項
　　　⑴　敷地権の目的となる土地の所在する市、区、郡、町、村及び字並びに当該土地の地番、地目及び地積
　　　⑵　敷地権の種類及び割合
　十二　申請人が法第22条に規定する申請をする場合において、同条ただし書の規定により登記識別情報を提供することができないときは、当該登記識別情報を提供することができない理由
　十三　前各号に掲げるもののほか、別表の登記欄に掲げる登記を申請するときは、同表の申請情報欄に掲げる事項

　上記の登記申請事項は、いずれも必要的内容であり、これらの内容を欠く場合には、登記申請は、却下されることになります。表示に関する登記の部分をわかりやすく、箇条書きにしておきましょう。

必要的内容
・申請人が自然人の場合には、申請人の氏名および住所
・申請人が法人の場合には、法人の名称および主たる事務所ならびに代表者の氏名
・代理人が登記の申請をする場合には、その代理人の氏名、名称および住所
・代位によって登記の申請をする場合には、代位者である旨、被代位者の氏名、名称および住所ならびに代位原因
・登記の目的
・登記原因およびその日付
・土地または建物の所在
・持分

・一般承継人である旨
・登記識別情報を提供することができない理由

不動産登記規則第34条（申請情報）登記の申請においては、次に掲げる事項を申請情報の内容とするものとする。
一　申請人又は代理人の電話番号その他の連絡先
二　分筆の登記の申請においては、第78条の符号
三　建物の分割の登記又は建物の区分の登記の申請においては、第84条の符号
四　附属建物があるときは、主である建物及び附属建物の別並びに第112条第2項の符号
五　敷地権付き区分建物であるときは、第118条第1号イの符号
六　添付情報の表示
七　申請の年月日
八　登記所の表示
2　令第6条第1項に規定する不動産識別事項は、不動産番号とする。
3　令第6条の規定は、同条第1項各号又は第2項各号に定める事項が申請を受ける登記所以外の登記所の管轄区域内にある不動産に係る場合には、当該不動産の不動産番号と併せて当該申請を受ける登記所以外の登記所の表示を申請情報の内容としたときに限り、適用する。
4　令第6条第1項第1号又は第2号の規定にかかわらず、不動産の表題登記を申請する場合、法第74条第1項第2号又は第3号に掲げる者が表題登記がない不動産について所有権の保存の登記を申請する場合及び表題登記がない不動産について所有権の処分の制限の登記を嘱託する場合には、令第3条第7号又は第8号に掲げる事項を申請情報の内容としなければならない。

　上記の登記申請の事項は、いずれも任意的内容であり、これらの内容を欠いても、登記申請が却下されることはありません。表示に関する登記の部分

をわかりやすく、箇条書きにしておきましょう。

任意的内容
・申請人または代理人の電話番号その他の連絡先
・分筆後の各土地の符号、分割後または区分後の各建物の符号
・主である建物および附属建物の別ならびに附属建物に付された符号
・敷地権の符号
・添付情報の表示
・申請の年月日
・登記所の表示
・登録免許税の額

添付情報には、どのようなものがあるのですか

　登記の申請は、登記申請情報に加え、添付情報を提供しなければなりません。

　一般的な添付情報の規定をみましょう。

> **不動産登記令第7条　（添付情報）**　登記の申請をする場合には、次に掲げる情報をその申請情報と併せて登記所に提供しなければならない。
> 一　申請人が法人であるとき（法務省令で定める場合を除く。）は、次に掲げる情報
> 　イ　会社法人等番号（商業登記法（昭和38年法律第125号）第7条（他の法令において準用する場合を含む。）に規定する会社法人等番号をいう。以下このイにおいて同じ。）を有する法人にあっては、当該法人の会社法人等番号
> 　ロ　イに規定する法人以外の法人にあっては、当該法人の代表者の資格を証する情報
> 二　代理人によって登記を申請するとき（法務省令で定める場合を除く。）は、当該代理人の権限を証する情報
> 三　民法第423条その他の法令の規定により他人に代わって登記を申請するときは、代位原因を証する情報
> 四　法第30条の規定により表示に関する登記を申請するときは、相続その他の一般承継があったことを証する市町村長（特別区の区長を含むものとし、地方自治法（昭和22年法律第67号）第252条の19第1項の指定都市にあっては、区長又は総合区長とする。第16条第2項及び第17条第1項を除き、以下同じ。）、登記官その他の公務員が職務上作成した情報（公務員が職務上作成した情報がない場合にあっては、これに代わるべき情報）

五　（省略）
　六　前各号に掲げるもののほか、別表の登記欄に掲げる登記を申請するときは、同表の添付情報欄に掲げる情報（以下省略）

表示に関する登記の部分をわかりやすく箇条書きにしてみましょう。

1　申請人が法人である場合には、会社法人等番号または法人の資格を証する情報
2　代理人によって申請する場合の代理権限を証する情報
3　代位債権者が登記を申請する場合の代位権限を証する情報
4　相続人が申請する場合の相続を証する情報
5　所有権を証する情報
6　住所を証する情報
7　土地所在図
8　地積測量図
9　建物図面
10　各階平面図

などがあります。

オンライン申請における添付情報の取扱い

不動産登記令第10条　（添付情報の提供方法）　電子情報処理組織を使用する方法（法第18条第１号の規定による電子情報処理組織を使用する方法をいう。以下同じ。）により登記を申請するときは、法務省令で定めるところにより、申請情報と併せて添付情報を送信しなければならない。
第12条　（電子署名）　電子情報処理組織を使用する方法により登記を申請するときは、申請人又はその代表者若しくは代理人は、申請情報に電子署名（電子署名及び認証業務に関する法律（平成12年法律第102号）

> 　第2条第1項に規定する電子署名をいう。以下同じ。）を行わなければならない。
> 2　電子情報処理組織を使用する方法により登記を申請する場合における添付情報は、作成者による電子署名が行われているものでなければならない。
>
> **第14条　（電子証明書の送信）**　電子情報処理組織を使用する方法により登記を申請する場合において、電子署名が行われている情報を送信するときは、電子証明書（電子署名を行った者を確認するために用いられる事項が当該者に係るものであることを証明するために作成された電磁的記録をいう。）であって法務省令で定めるものを併せて送信しなければならない。

　オンライン申請をする場合、添付情報は、作成者が電子署名をして申請情報とあわせて送信しなければなりません。しかし、添付情報が書面によって作成されていると書面そのものをオンラインで送信することは不可能です。

　そこで、書面で作成されたものを電子情報化して、これに作成者の電子署名をして、その電子証明書とともに送信することによって、適正な添付情報として取り扱うことができます。

　しかし、表示に関する登記の添付情報は多岐にわたり、なかには膨大な書面や作成者が多数いる書面もあることから、表示に関する登記を電子申請によってする場合には、例外的な取扱いが認められています。

> **不動産登記令第13条　（表示に関する登記の添付情報の特則）**　前条第2項の規定にかかわらず、電子情報処理組織を使用する方法により表示に関する登記を申請する場合において、当該申請の添付情報（申請人又はその代表者若しくは代理人が作成したもの並びに土地所在図、地積測量図、地役権図面、建物図面及び各階平面図を除く。）が書面に記載されているときは、当該書面に記載された情報を電磁的記録に記録したものを添付情報とすることができる。この場合において、当該電磁的記録は、当該電磁的記録を作成した者による電子署名が行われているも

> のでなければならない。
> 2　前項の場合において、当該申請人は、登記官が定めた相当の期間内に、登記官に当該書面を提示しなければならない。

　添付情報のうち、申請人またはその代表者もしくは代理人が作成したものならびに土地所在図、地積測量図、地役権図面、建物図面および各階平面図を除いた情報が書面に記録されているときは、申請人等が登記の申請後に原本を登記官に提示することを前提に、その書面に記録された情報を電磁的に記録し、その電磁的記録を作成した者による電子署名をしたものを添付情報とすることができます。

　なお、原本である書面を提示することができる期間は、登記官が定めた相当の期間内であり、その期間内に原本が提示されないと、適正な添付情報の提供がないとして、その申請は却下されます。

Q72 登記識別情報とは何ですか

1 「登記済証」と「権利証」と「登記識別情報」

　旧不動産登記法の時代には、「登記済証」という制度がありました。これは、俗に「権利書」とか「権利証」などと呼ばれていたもので、皆さんも聞いたことがあると思います。

　登記済証は、登記所から不動産の所有者に交付された書類で、所有者は、盗難にあったり紛失しないように大切に金庫などに保管していました。登記済証を所持することは、自分が不動産の正当な所有者であることの証しであると考えられていたのです。

　しかし、法律的には、そのような性格のものではありませんでした。旧不動産登記法の登記済証は、登記申請手続をする際の「本人確認手段」として用いられていました。そして、平成16年の不動産登記法の全面改正で、これまでの「登記済証」にかわって、新たに「登記識別情報」の制度が導入されました。

　不動産登記法では、情報と媒体が切り離されて送信される（オンライン申請）制度が導入されたので、登記済証そのものをオンラインを使って送受信することが不可能になり、これにかわる本人確認手段を導入する必要がありました。

　そこで、「当該名義人自らが当該登記を申請していることを確認するために用いられる符号その他の情報であって、登記名義人を識別することができるもの」として、登記識別情報が用いられることになったのです。

2 登記識別情報の通知

不動産登記法第21条 （登記識別情報の通知）　登記官は、その登記をす

> ることによって申請人自らが登記名義人となる場合において、当該登記を完了したときは、法務省令で定めるところにより、速やかに、当該申請人に対し、当該登記に係る登記識別情報を通知しなければならない。ただし、当該申請人があらかじめ登記識別情報の通知を希望しない旨の申出をした場合その他の法務省令で定める場合は、この限りでない。

　登記識別情報は、その登記をすることによって申請人自らが登記名義人となる場合において、登記を完了したときに、その申請人に対して通知される暗証番号のようなものです。

　登記識別情報の通知がされるのは、主として権利の登記がされた場合ですが、表示に関する登記手続にあっては、所有権の登記のある不動産の合筆または合併の登記および合体による建物の表題登記が登記識別情報の通知の対象となっています。

③　登記識別情報の提供

> **不動産登記法第22条**　（登記識別情報の提供）　登記権利者及び登記義務者が共同して権利に関する登記の申請をする場合その他登記名義人が政令で定める登記の申請をする場合には、申請人は、その申請情報と併せて登記義務者（政令で定める登記の申請にあっては、登記名義人。次条第1項、第2項及び第4項各号において同じ。）の登記識別情報を提供しなければならない。ただし、前条ただし書の規定により登記識別情報が通知されなかった場合その他の申請人が登記識別情報を提供することができないことにつき正当な理由がある場合は、この限りでない。

　登記名義人本人からの申請であることを確認する必要がある登記の申請をする場合には、登記識別情報を提供することができない正当な理由がある場合を除き、登記識別情報を申請情報とあわせて提供しなければなりません。

表示に関する登記の手続においては、所有権の登記のある不動産の合筆または合併の登記および合体による建物の表題登記が登記識別情報の通知の対象となっています。

> ・所有権の登記がある土地の合筆の登記……当該合併に係る土地のうちいずれか１筆の土地の所有権の登記名義人の登記識別情報
> ・登記名義人が同一である所有権の登記がある建物の合体による登記等……当該合体に係る建物のうちいずれか一方の建物の所有権の登記名義人の登記識別情報

ちょっと待った！

「事前通知」と「資格者代理人による本人確認情報の提供」
　通知を希望しない旨の申出をした者や失効の申出をした者は、登記識別情報を提供することができない。また、登記識別情報を失念し、提供できないことも想定される。
　そこで、登記識別情報の提供にかわる本人確認の手段として、土地の合筆の登記などの登記識別情報の提供を要する登記の申請をする場合に、正当な理由があって登記識別情報が提供されないときには、「事前通知制度」が設けられており、この事前通知制度によって本人確認がされる。
　また、登記識別情報の提供を要する申請について、正当な理由があり、これを提供することができない場合において、土地家屋調査士等の資格者代理人による登記の申請であって、当該資格者代理人が本人を確認した旨の情報の提供があり、登記官がその内容を相当と認めたときは、「事前通知」を省略することができる。これは、「資格者代理人による本人確認情報の提供」と呼ばれる制度である。

第 8 章

表示に関する登記の申請方法を学ぼう

それでは、実際に表示に関する登記の申請書類をつくるうえでの留意点を説明していきましょう。

　これらの登記のなかには、「土地所在図」「地積測量図」などを添付情報としなければならないものがあります。これらの図面を作成するには、第2章で学んだとおり、測量法の規定に基づく測量が必要となります。つまり、測量に関する知識、機材を有していて、測量および図面作成の技術が必要となることに留意していただく必要があります。

　「はじめに」でも述べたとおり、本書の目的は、あくまでも表示に関する登記の基礎を理解していただくことであって、その枠のなかで、不動産登記法などで定められた登記申請手続や申請書類の作成方法の基礎的な事柄に触れるものです。

　よって、図面作成のために必要とされる測量に関する知識や技術の基礎の習得は、本書の対象外ですので、これらについては、別途、習得していただきたいと思います。

　なお、本章で掲載する書式および説明は、書面申請を前提としており、オンライン申請のフォームとは異なっている場合がありますので、ご注意願います。

土地の表題登記の申請は、どのようにするのですか

【土地表題登記申請書】

```
          受付番号票をはり付ける箇所


                    登記申請書

登記の目的　土地表題
添付情報　土地所在図　地積測量図　所有権証明情報　住所証明情報
平成何年何月何日申請　何法務局何出張所
申　請　人　何市何町何番地（住民票コード　12345678901）
　　　　　　　何　　　某　㊞
　　　　　　　連絡先の電話番号　〇〇-〇〇〇〇-〇〇〇〇
```

土地の表示	所　在	〇市〇町〇丁目			
		①地番	②地目	③地積㎡	登記原因及びその日付
			宅地	855 : 00	平成何年何月何日公有水面埋立

それでは、実際に登記申請書を作成しましょう。

第8章　表示に関する登記の申請方法を学ぼう　297

```
┌─────────────────────────────────────────┐
│  ┌───────────────────────────────────┐  │
│  │                                   │  │
│  │     受付番号票をはり付ける箇所     │  │
│  │                                   │  │
│  └───────────────────────────────────┘  │
│                                         │
│              登記申請書                  │
│                                         │
└─────────────────────────────────────────┘
```

　登記申請書の上部には、受付時に受付番号票というシールが貼り付けられることになるので、そのシールを貼ることができる余白を設けておいてください。
　その下に「登記申請書」と記載します。

登記の目的　土地表題

　これまで登記のされていなかった土地について初めて登記を申請する場合の登記の目的は、「土地表題」と記載します。本例は、所有者本人が公有水面埋立てによる土地表題登記を申請する場合のものですが、土地の表題登記は、従来から存在する土地で登記されていないもの（脱落地等）についても、公有水面埋立てなど新たに土地が生じた場合の取扱いに準じて行われます。

添　付　情　報　　土地所在図　地積測量図　所有権証明情報　住所証明情報

　添付情報は、土地所在図、地積測量図、所有権証明情報、住所証明情報の4種類になります。このうち、土地所在図と地積測量図については、すでにQ19・Q20で詳細な説明をしましたので、ここでは、「所有権証明情報」と「住所証明情報」について説明します。

(1) 所有権証明情報

　登記記録の表題部に所有者として記録された者は、いつでも自己名義の所有権保存の登記をすることができ、表題登記において所有者がだれであるかを認定することはとても重要なことです。登記官がその認定を行うにあたって資料とするのが、この所有権を証する情報です。

　本例の場合には、公有水面埋立法所定の認可があったことを証する情報として同法22条の規定による竣工認可書などがこれに該当します。なお、国有地の払下げなどの場合には、国有地の売買契約書、官庁または公署の証明書（払下げ書、固定資産税納付証明書など）、その他申請人の所有権取得を証するに足りる情報がこれに該当します。

(2) 住所証明情報

　表題部に所有者を記録するには、所有者が実在している必要があります。これを証明するために、表題部所有者になる者の住所を証する市町村長、登記官その他の公務員が職務上作成した情報を申請情報に添付しなければなりません。

　なお、申請人の住所の記載欄に住民票コードを記載した場合には、住所証明情報としての住民票の添付を省略することができます。

```
平成何年何月何日申請　何法務局何出張所
```

　実際に登記所に申請書を提出する年月日と、提出先の法務局もしくは地方法務局またはこれらの支局もしくは出張所の名称を記載します。登記の申請期間が法定されていることは、すでに説明しました。

```
申　請　人　何市何町何番地（住民票コード　12345678901）
　　　　　　何　某　㊞
　　　　　　連絡先の電話番号　○○-○○○○-○○○○
```

　申請人となる土地の所有者の氏名および住所を記載して押印します。ただ

し、署名があれば、押印を省略することができます。申請書類に不備があり、補正を要する場合に、登記所の担当者から連絡を受けるための電話番号を記載します。

土地	所在	○市○町○丁目

土地が所在する市、区、郡、村、字を記載します。

土地	①地番	②地目	③地積㎡		登記原因及びその日付
		宅地	855	00	平成何年何月何日公有水面埋立

(3) 地　　番

地番は、申請時にはまだ定まっていないので、記載する必要はありません。あらかじめ登記所から予定地番が示されたときは、その地番を記載してもかまいません。

(4) 地　　目

地目については、Q27を参照してください。

(5) 地　　積

地積については、Q28を参照してください。

(6) 登記原因およびその日付

登記の原因は、「公有水面埋立」「海底隆起」などとして、土地の生じた日を登記原因の日付とします。なお、脱落地の場合には、登記原因の日付は明確ではないので、「年月日不詳」とし、払下げ日が登記原因の日になるわけではありません。

(7) そ　の　他

　① 法人代表者の資格証明書

本例は、申請人が自然人の場合でしたが、申請人が法人であるときは代表

者の資格証明情報も添付情報となります。この場合、会社法人等番号を提供すれば、添付を省略することができます。

② 代理人によって登記の申請をするときの代理権限証明情報

法定代理人が登記の申請をする場合には、戸籍謄本等の法定代理人であることを証する情報の添付が必要となります。また、任意代理人が登記の申請をする場合には、申請人からの委任状が必要となります。

なお、代理人からの登記申請の場合、申請書に以下の記載が必要となり、添付情報に「代理権限証明情報」を加えます。

```
申 請 人　何市何町何番地（住民票コード　12345678901）
                     何　　　　某
代 理 人　何市何町何丁目何番何号
                     何　　　　某 ㊞
         連絡先の電話番号　○○－○○○○－○○○○
```

【委任状】

```
                    委 任 状

    私は、何市何町何丁目何番何号　何某を代理人と定め、下記登記申請に関
する一切の権限を委任する。
                          記
1    物件の表示　後記のとおり
1    登記の目的　土地表題
1    登 記 原 因　平成何年何月何日公有水面埋立
     平成何年何月何日
                                      何市何町何番地
                                            何　　　　某 ㊞

    物件の表示
       ○市○町○丁目
       宅地　855.00平方メートル
```

第8章　表示に関する登記の申請方法を学ぼう

地目の変更の登記の申請は、どのようにするのですか

【地目変更登記申請書】

受付番号票をはり付ける箇所

登記申請書

登記の目的　地目変更
添付情報　許可書
平成何年何月何日申請　何法務局何出張所
申請人　何市何町何番地
　　　　　何　某　㊞
　　　　　連絡先の電話番号　〇〇-〇〇〇〇-〇〇〇〇

不動産番号		1234567890123			
土地の表示	所在	〇市〇町〇丁目			
	①地番	②地目	③地積㎡		登記原因及びその日付
	35番2	畑	150		
		宅地	150	27	②③平成何年何月何日地目変更

それでは、実際に登記申請書を作成しましょう。

```
┌─────────────────────────────────────────┐
│  ┌ ─ ─ ─ ─ ─ ─ ─ ─ ─ ─ ─ ─ ─ ─ ─ ─ ─ ┐  │
│  │                                   │  │
│  │      受付番号票をはり付ける箇所      │  │
│  │                                   │  │
│  └ ─ ─ ─ ─ ─ ─ ─ ─ ─ ─ ─ ─ ─ ─ ─ ─ ─ ┘  │
│                                         │
│               登記申請書                  │
│                                         │
└─────────────────────────────────────────┘
```

　登記申請書の上部には、受付時に受付番号票というシールが貼り付けられることになるので、そのシールを貼ることができる余白を設けておいてください。
　その下に「登記申請書」と記載します。

登記の目的　地目変更

　地目の変更とは、土地の主たる用途が変更されることをいい、工事などで人的作為によって変更される場合と、自然現象によって変更される場合とがあります。地目変更の登記は、登記記録上の地目が変更された場合に申請するものです。本例は、畑を宅地に変更した場合の登記申請書のつくり方を説明したものです。

添　付　情　報　　許可書

　農地を農地以外の地目に変更するには、農地法4条または5条の規定に基づく許可を受ける必要があります。当該許可があったことを証する情報は、法定添付情報ではないので、これを添付しなければ、当該登記の申請が却下されてしまうというわけではありませんが、この情報が添付されれば、登記官による地目変更の認定がスムーズにできることから、登記実務上、この許

可書または農業委員会の現況証明書などを添付します。

　なお、土地計画法に定める市街化区域内に存在する土地の場合には、都道府県知事の受理証明書を、市街化調整区域内に存在する場合には都道府県知事の証明書を添付するとよいでしょう。

平成何年何月何日申請　何法務局何出張所

　実際に登記所に申請書を提出する年月日と、提出先の法務局もしくは地方法務局またはこれらの支局もしくは出張所の名称を記載します。

　地目の変更後に表題部所有者または所有権の登記名義人となった者は、その者に係る表題部所有者についての更正または所有権の登記があった日から１カ月以内に、地目変更の登記を申請しなければなりません。

申　請　人　何市何町何番地 　　　　　　何　　　某　㊞ 　　　　　　連絡先の電話番号　〇〇－〇〇〇〇－〇〇〇〇

　申請人となる土地の所有者の氏名および住所を記載して押印します。ただし、署名があれば、押印を省略することができます。申請書類に不備があり、補正を要する場合に、登記所の担当者から連絡を受けるための電話番号を記載します。

　共有の土地については、保存行為として、共有者の１人から申請することができます。

不動産番号		1234567890123
土地	所在	〇市〇町〇丁目

不動産番号を記載したときは、所在、地番、地目および地積の記載を省略することができます。以下は、所在、地番、地目および地積の記載を省略しない場合の記述です。
　土地が所在する市、区、郡、村、字を記載します。これは、登記事項証明書の記録のとおり、正確に記載してください。

土地の表示	①地番	②地目	③地積㎡		登記原因及びその日付
	35番2	畑	150		
		宅地	150	27	②③平成何年何月何日地目変更

　上段には、地番を登記事項証明書のとおり正確に記載します。また、地目を変更する前の地目および地積を登記事項証明書のとおり正確に記載します。
　下段には、地目を変更した後の土地の地目を記載します。地目については、Q27を参照してください。
　地目が変更されても、土地の面積が変わることはないので、地目の変更に伴って、地積が変更することはありません。ただし、本例のように、地目によって地積を表示する端数の切捨て単位が異なるので、たとえば、150平方メートルの畑が宅地に変更された場合には、それに伴い地積の表示が150.27平方メートルに変更されることになります。このような場合には、地目変更の登記の申請情報に、変更後の地積をも記録しなければなりません。
　この場合に、登記の目的に「地積変更」の登記を加える必要はありません。地積については、Q28を参照してください。
　登記原因は、「地目変更」であり、地目変更の日は、確実な資料に基づいて認定しなければなりません。確実な資料がない場合には、「年月日不詳」「平成何年月日不詳」等とする取扱いがされます。
　そ の 他
　①　法人代表者の資格証明書
　本例は、申請人が自然人の場合でしたが、申請人が法人であるときは代表

者の資格証明情報も添付情報となります。この場合、会社法人等番号を提供すれば、添付を省略することができます。

② 代理人によって登記の申請をするときの代理権限証明情報

法定代理人が登記の申請をする場合には、戸籍謄本等の法定代理人であることを証する情報の添付が必要となります。また、任意代理人が登記の申請をする場合には、申請人からの委任状が必要となります。

なお、代理人からの登記申請の場合、申請書に以下の記載が必要となり、添付情報に「代理権限証明情報」を加えます。

```
申 請 人  何市何町何番地
               何      某
代 理 人  何市何町何丁目何番何号
               何      某 ㊞
          連絡先の電話番号 ○○-○○○○-○○○○
```

地目の更正の登記の申請は、どのようにするのですか

【地目更正登記申請書】

受付番号票をはり付ける箇所

登記申請書

登記の目的　地目更正
添付情報
平成何年何月何日申請　何法務局何出張所
申　請　人　何市何町何番地
　　　　　　何　　　某　㊞
　　　　　　連絡先の電話番号　○○−○○○○−○○○○

不動産番号	1234567890123			
土地の表示	所在	○市○町○丁目		
	①地番	②地目	③地積㎡	登記原因及びその日付
	35番2	雑種地	150	
		原野		②錯誤

それでは、実際に登記申請書を作成しましょう。

```
┌─────────────────────────────────────────────┐
│  ┌ - - - - - - - - - - - - - - - - - - - ┐  │
│  :                                       :  │
│  :         受付番号票をはり付ける箇所        :  │
│  :                                       :  │
│  └ - - - - - - - - - - - - - - - - - - - ┘  │
│                                             │
│                  登記申請書                   │
│                                             │
└─────────────────────────────────────────────┘
```

　登記申請書の上部には、受付時に受付番号票というシールが貼り付けられることになるので、そのシールを貼ることができる余白を設けておいてください。
　その下に「登記申請書」と記載します。

登記の目的　地目更正

　地目変更は、地目が登記がされた後に、その地目が他の地目に変わった場合に、正しい地目に変更する登記ですが、本例の地目更正とは、登記をした当初から、誤って実際の地目と異なる地目で登記してしまった場合に、これを正しい地目に訂正する登記をいいます。　つまり、登記したこと自体が間違っていなければ「変更」、間違っていれば「更正」ということになります。
　地目は、全23種類とされていますが、たとえば、それら以外の地目が登記されていたり、地目の箇所が空欄になっているような場合も、地目更正に当たります。
　本例は、雑種地を原野に更正する場合の登記申請書のつくり方を説明したものです。

添 付 情 報

地目更正の登記の申請書に添付する法定添付情報はありません。更正の前後の地目が農地である場合には、農地法との関係で問題となることがあるので、登記官による地目更正の認定がスムーズにできるよう、事前に添付する書類を確認することをおすすめします。

```
平成何年何月何日申請　何法務局何出張所
```

　実際に登記所に申請書を提出する年月日と、提出先の法務局もしくは地方法務局またはこれらの支局もしくは出張所の名称を記載します。
　地目の変更の登記は、その変更があった日から1カ月以内に申請しなければなりませんが、地目の更正の登記には、このような規定がなく、申請義務は課されていません。とはいえ、表題部所有者または所有権の登記名義人が地目の誤りを発見した場合には、すみやかに地目の更正の登記を申請すべきです。

```
申　請　人　　何市何町何番地
　　　　　　　何　某　㊞
　　　　　　　連絡先の電話番号　〇〇-〇〇〇〇-〇〇〇〇
```

　地目の更正の登記は、表題部所有者または所有権の登記名義人が申請し、それ以外の者はすることができません。共有名義の土地については、共有者の1人から申請することができます。
　申請人となる土地の所有者の氏名および住所を記載して押印します。ただし、署名があれば、押印を省略することができます。申請書類に不備があり、補正を要する場合に、登記所の担当者から連絡を受けるための電話番号を記載します。

| 不動産番号 | 1234567890123 |

土地	所在	○市○町○丁目

　不動産番号を記載したときは、所在、地番、地目および地積の記載を省略することができます。以下は、所在、地番、地目および地積の記載を省略しない場合の記述です。
　土地が所在する市、区、郡、村、字を記載します。これは、登記事項証明書の記録のとおり、正確に記載してください。

土地の表示	①地番	②地目	③地積㎡	登記原因及びその日付
	35番2	雑種地	150	
		原野		②錯誤

　上段には、地番を登記事項証明書のとおり正確に記載します。また、地目を更正する前の地目および地積を登記事項証明書のとおり正確に記載します。
　下段には、地目を更正した後の土地の地目を記載します。地目については、Q27を参照してください。
　地目を更正しても、土地の面積が変わることはないので、地目の更正に伴って、地積が変更することはありません。ただし、地目によって地積を表示する端数の切捨て単位が異なるので、本例の場合とは異なりますが、たとえば、150平方メートルの畑が宅地に更正された場合には、それに伴い地積の表示が150.27平方メートルなどに更正されることになります。このような場合には、地目更正の登記の申請情報に、更正後の地積をも記録しなければなりません。
　この場合に、登記の目的のなかに「地積更正」の登記を加える必要はありません。地積については、Q28を参照してください。
　登記原因は、「地目更正」であり、地目の更正の登記原因は、「錯誤」とす

れば足り、日付やその他の特別な原因を記載する必要はありません。「②錯誤」「②③錯誤」とする取扱いがされます。

その他

① 法人代表者の資格証明書

本例は、申請人が自然人の場合でしたが、申請人が法人であるときは代表者の資格証明情報も添付情報となります。この場合、会社法人等番号を提供すれば、添付を省略することができます。

② 代理人によって登記の申請をするときの代理権限証明情報

法定代理人が登記の申請をする場合には、戸籍謄本等の法定代理人であることを証する情報の添付が必要となります。また、任意代理人が登記の申請をする場合には、申請人からの委任状が必要となります。

なお、代理人からの登記申請の場合、申請書に以下の記載が必要となり、添付情報に「代理権限証明情報」を加えます。

```
申 請 人   何市何町何番地
                  何     某
代 理 人   何市何町何丁目何番何号
                  何     某  ㊞
           連絡先の電話番号  ○○-○○○○-○○○○
```

地積の更正の登記の申請は、どのようにするのですか

【地積更正登記申請書】

```
            受付番号票をはり付ける箇所


                   登記申請書

登記の目的   地積更正
添付情報    地積測量図
平成何年何月何日申請  何法務局何出張所
申 請 人   何市何町何番地
           何    某 ㊞
           連絡先の電話番号 ○○-○○○○-○○○○
```

不動産番号		1234567890123			
土地の表示	所 在	○市○町○丁目			
	①地番	②地目	③地積㎡		登記原因及びその日付
	35番	宅地	422	63	
			500	00	③錯誤

それでは、実際に登記申請書を作成しましょう。

```
┌─────────────────────────────────────────────┐
│   ┌ ─ ─ ─ ─ ─ ─ ─ ─ ─ ─ ─ ─ ─ ─ ─ ─ ─ ┐   │
│   │                                     │   │
│   │       受付番号票をはり付ける箇所        │   │
│   │                                     │   │
│   └ ─ ─ ─ ─ ─ ─ ─ ─ ─ ─ ─ ─ ─ ─ ─ ─ ─ ┘   │
│                                             │
│                 登記申請書                   │
│                                             │
└─────────────────────────────────────────────┘
```

登記申請書の上部には、受付時に受付番号票というシールが貼り付けられることになるので、そのシールを貼ることができる余白を設けておいてください。

その下に「登記申請書」と記載します。

登記の目的　地積更正

地積の更正は、登記された当初から実際の地積と異なる地積を登記してしまった場合に、これを正しい地積に訂正するための登記です。

本例は、登記記録上、422.63平方メートルと記録されている地積を500.00平方メートルと是正するものです。

添 付 情 報　地積測量図

地積測量図を添付します。

地積の更正登記が申請されると、登記官は申請情報の内容とされた地積と実際の土地の地積が一致するかを調査しなければなりません。そのなかで最も重要なことは、申請された更正後の地積が現地における正しい筆界に基づいて測量されているかを確認することです。

正しい筆界は、地図や、その土地が分筆された際に提出された地積測量図

などを調査することにより確認することができますが、これらの資料がない場合、またはあっても資料だけで確認することができない場合には、実際に、現地を確認することになります。

この場合、申請人から任意に隣接地所有者の確認書などが提供されたり、実際に調査測量を行った土地家屋調査士が具体的にどのような判断のもとで筆界を確認したかの詳細を示す調査報告書などが提供された場合には、これらを資料とすることができ、その真正さに確証が得られれば、実地調査を省略することも認められています。

もっとも、隣地所有者の筆界確認書や土地家屋調査報告書は、法定添付情報ではないので、これらの書類の義務的な提供を求められたり、これら書面に押印された印に係る印鑑証明書の義務的な提供を求められたりすることはありません。また、これらの書類が添付されていないことを理由に登記申請が却下されることもありません。

たとえ、これらの書類が提供された場合であっても、これらの書類を登記官がどのように評価するかは、登記官の判断に委ねられます。したがって、筆界に関する合意書と題する書類であっても、実地調査の結果によっては、筆界を確認したものとは認められず、所有権界や占有界の合意にすぎないものと取り扱われることもあります。

> 平成何年何月何日申請　何法務局何出張所

実際に登記所に申請書を提出する年月日と、提出先の法務局もしくは地方法務局またはこれらの支局もしくは出張所の名称を記載します。

地積の更正の登記は、表題部所有者または所有権の登記名義人が申請し、それ以外の者は申請することができません。地積の更正の登記には、申請義務は課されていません。とはいえ、表題部所有者または所有権の登記名義人が地積の誤りを発見した場合には、すみやかに地積の更正の登記を申請すべきです。

```
申 請 人  何市何町何番地
              何    某 ㊞
              連絡先の電話番号 ○○-○○○○-○○○○
```

　地積の更正の登記は、表題部所有者または所有権の登記名義人が申請し、それ以外の者はすることができません。共有名義の土地については、共有者の1人から申請することができます。
　申請人となる土地の所有者の氏名および住所を記載して押印します。ただし、署名があれば、押印を省略することができます。申請書類に不備があり、補正を要する場合に、登記所の担当者から連絡を受けるための電話番号を記載します。

土地	不動産番号	1234567890123
	所　在	○市○町○丁目

　不動産番号を記載したときは、所在、地番、地目および地積の記載を省略することができます。以下は、所在、地番、地目および地積の記載を省略しない場合の記述です。
　土地が所在する市、区、郡、村、字を記載します。これは、登記事項証明書の記録のとおり、正確に記載してください。

土地の表示	①地番	②地目	③地積㎡		登記原因及びその日付
	35番	宅地	422	63	
			500	00	③錯誤

　上段には、地番、地目を登記事項証明書のとおり正確に記載します。ま

第8章　表示に関する登記の申請方法を学ぼう

た、更正する前の地積を登記事項証明書のとおり正確に記載します。

下段には更正した後の地積を記載します。

登記原因は、「③錯誤」とすれば足り、日付やその他の特別な原因を記載する必要はありません。

その他

① 法人代表者の資格証明書

本例は、申請人が自然人の場合でしたが、申請人が法人であるときは代表者の資格証明情報も添付情報となります。この場合、会社法人等番号を提供すれば、添付を省略することができます。

② 代理人によって登記の申請をするときの代理権限証明情報

法定代理人が登記の申請をする場合には、戸籍謄本等の法定代理人であることを証する情報の添付が必要となります。また、任意代理人が登記の申請をする場合には、申請人からの委任状が必要となります。

なお、代理人からの登記申請の場合、申請書に以下の記載が必要となります。

```
申 請 人  何市何町何番地
                 何     某
代 理 人  何市何町何丁目何番何号
                 何     某 ㊞
          連絡先の電話番号 ○○-○○○○-○○○○
```

Q77 土地の分筆の登記の申請は、どのようにするのですか

【分筆登記申請書】

受付番号票をはり付ける箇所

登記申請書

登記の目的　分筆
添付情報　地積測量図
平成何年何月何日申請　何法務局何出張所
申請人　何市何町何番地
　　　　何　　某　㊞
　　　　連絡先の電話番号　〇〇-〇〇〇〇-〇〇〇〇
登録免許税　金2,000円

不動産番号		1234567890123		
土地の表示	所　在	〇市〇町〇丁目		
	①地番	②地目	③地積㎡	登記原因及びその日付
	4番	宅地	500:00	
	A4番1		300:00	①③4番1、4番2に分筆
	B4番2		200:00	4番から分筆

それでは、実際に登記申請書を作成しましょう。

```
┌─────────────────────────────────────────┐
│                                         │
│         受付番号票をはり付ける箇所          │
│                                         │
│              登記申請書                  │
└─────────────────────────────────────────┘
```

登記申請書の上部には、受付時に受付番号票というシールが貼り付けられることになるので、そのシールを貼ることができる余白を設けておいてください。
その下に「登記申請書」と記載します。

登記の目的　分筆

1筆の土地を2筆以上に分筆する場合は、登記の目的として、「分筆」と記載します。本例は、4番の宅地（500.00平方メートル）を4番1（300.00平方メートル）と4番2（200.00平方メートル）に分筆する場合のものです。

添 付 情 報　地積測量図

分筆後の地積測量図を添付します。
　なお、分筆の登記を申請する場合において、分筆前の地積と分筆後の地積の差が、分筆前の地積を基準にして地積測量図の誤差の限度内であるときは、地積の更正の登記の申請をする必要はありません（不動産登記事務取扱手続準則72条1項）。

(1)　権利消滅承諾

本例では該当しませんが、所有権の登記以外の権利に関する登記がある土地について、分筆登記をする場合において、当該分筆の登記の申請情報とあわせて当該権利に関する登記に係る権利の登記名義人が当該権利を分筆後のいずれの土地について消滅させることを承諾したことを証する情報が提供されたときは、登記官は、当該承諾に係る土地について当該権利が消滅した旨を登記します。

(2)　地役権図面

本例では該当しませんが、甲地（承役地）の一部に地役権が存続している場合において、甲地の一部を分割して乙地とする場合に当該地役権が乙地の一部に存続すべきときは、その存続部分を図示した図面を添付します。

```
平成何年何月何日申請　何法務局何出張所
```

実際に登記所に申請書を提出する年月日と、提出先の法務局もしくは地方法務局またはこれらの支局もしくは出張所の名称を記載します。

```
申　請　人　何市何町何番地
　　　　　　何　　　某　㊞
　　　　　　連絡先の電話番号　〇〇-〇〇〇〇-〇〇〇〇
```

土地の分筆の登記は、表題部所有者または所有権の登記名義人が申請人となります。土地を分筆するか否か、どのような区画に分筆するかは、申請人の自由な意思に基づきます。このように分筆の登記は、地目変更や地積更正のような報告的な登記ではありませんので、したがって、原則として登記官が職権で、分筆をすることはできません。

申請人となる土地の所有者の氏名および住所を記載して押印します。ただし、署名があれば、押印を省略することができます。申請書類に不備があり、補正を要する場合に、登記所の担当者から連絡を受けるための電話番号

を記載します。

　また共有地の分筆の登記は、共有者全員が申請人となります。ただし、1筆の土地の一部が別地目になった場合には、分筆すべき範囲が明確であることから、共有者の1人からの申請が認められます。

登録免許税　金2,000円

　分筆の登記の登録免許税は、分筆後の土地の個数1個につき1,000円です。本例の場合、2個につき2,000円となります（登録免許税法別表1－1－13－イ）。この金額を登録免許税として記載します。ただし、所有権の登記がない土地については、登録免許税は不要となります。

不動産番号		1234567890123
土地	所在	○市○町○丁目

　不動産番号を記載したときは、所在、地番、地目および地積の記載を省略することができます。以下は、所在、地番、地目および地積の記載を省略しない場合の記述です。

　土地が所在する市、区、郡、村、字を記載します。これは、登記事項証明書の記録のとおり、正確に記載してください。

	①地番	②地目	③地積㎡		登記原因及びその日付
土地の表示	4番	宅地	500	00	
	A 4番1		300	00	①③4番1、4番2に分筆
	B 4番2		200	00	4番から分筆

上段には、分割前の土地の地番、地目、地積を登記事項証明書のとおり正確に記載します。

　分割後の土地の地番は、登記所で付番されるものなので、記載する必要はありません。あらかじめ登記所から予定地番が示されたときは、その地番を中段と下段に記載してもかまいません。分割後の土地については、例示のように①②③、(イ)(ロ)(ハ)、ABC等の符号を付しますが、これは、地積測量図に付された符号と一致させる必要があります。

　分割後の地積は、地積測量図の地積を記載します。本例では、1平方メートル未満2位まで表示します。宅地および鉱泉地以外の土地については、地積が10平方メートルを超える場合は、1平方メートル未満の端数は記載しません。

　分割前の元地の登記原因としては、「①③4番1、4番2に分筆」と記載します。日付の記載は要しません。「①③」は、地番と地積が変更したことを示すためのものです。

　分筆地の登記原因は、「4番から分筆」と記載します。日付の記載は要しません。

(3) その他

　① 法人代表者の資格証明書

　本例は、申請人が自然人の場合でしたが、申請人が法人であるときは代表者の資格証明情報も添付情報となります。この場合、会社法人等番号を提供すれば、添付を省略することができます。

　② 代理人によって登記の申請をするときの代理権限証明情報

　法定代理人が登記の申請をする場合には、戸籍謄本等の法定代理人であることを証する情報の添付が必要となります。また、任意代理人が登記の申請をする場合には、申請人からの委任状が必要となります。

　なお、代理人からの登記申請の場合、申請書に以下の記載が必要となり、添付情報に「代理権限証明情報」を加えます。

申　請　人　何市何町何番地
　　　　　　　　　　　何　　　　某
代　理　人　何市何町何丁目何番何号
　　　　　　　　　　　何　　　　某　㊞
　　　　　　連絡先の電話番号　〇〇-〇〇〇〇-〇〇〇〇

土地の合筆の登記の申請は、どのようにするのですか

【合筆登記申請書】

受付番号票をはり付ける箇所

登記申請書

登記の目的　合筆
添付情報　登記識別情報（又は登記済証）　印鑑証明書
登記識別情報（登記済証）を提供することができない理由
□不通知　□失効　□失念　□管理支障　□取引円滑障害　□その他
（　　　）
□登記識別情報の通知を希望しません。
平成何年何月何日申請　何法務局何出張所
申　請　人　何市何町何番地
　　　　　　何　　　某　㊞
　　　　　　連絡先の電話番号　○○−○○○○−○○○○
登録免許税　金1,000円

	不動産番号	1 2 3 4 5 6 7 8 9 0 1 2 3			
土地の表示	所　在	○市○町○丁目			
	①地番 （又は不動産番号）	②地目	③地積 ㎡		登記原因及びその日付
	21番 （又は不動産番号）	宅地	22	00	
	22番 （又は不動産番号）	宅地	12	00	21番に合筆

23番 (又は不動産番号)	宅地	42	00	21番に合筆
21番	宅地	76	00	③22番、23番を合筆

　それでは、実際に登記申請書を作成しましょう。

　登記申請書の上部には、受付時に受付番号票というシールが貼り付けられることになるので、そのシールを貼ることができる余白を設けておいてください。
　その下に「登記申請書」と記載します。

登記の目的　合筆

　2筆以上の土地を1筆に合筆する場合は、登記の目的として、「合筆」と記載します。本例は、3筆の土地を1筆に合筆する場合のものです。

添付情報　登記識別情報（又は登記済証）　印鑑証明書

　所有権の登記がある土地を合筆するときは、合筆前のいずれか1筆の土地について、所有権の取得（または保存）の登記を受けたときの登記識別情報

を添付します。

　提出に際しては、登記識別情報を記載した書面を封筒に入れ、この封筒には、所有権の登記名義人の氏名および登記の目的を記載した書面が在中する旨を明記します。

　所有権の取得（または保存）の登記を受けたときに交付されたものが登記済証であった場合は、その登記済証（原本）を添付します。

　所有権の登記名義人が申請するときは、作成後3カ月以内の印鑑証明書を添付します。この場合、所有権の登記名義人が自然人であれば、市町村長が作成した印鑑証明書を、法人であれば、登記官が作成した代表者の印鑑証明書を添付します。ただし、印鑑の証明をする登記所と合筆登記を申請する登記所が同一で法務大臣が指定した登記所以外の場合には、添付を要しません。

　本例では該当しませんが、地役権の登記がある承役地の合筆の登記を申請する場合において、地役権設定の範囲が合筆後の土地の一部であるときは、当該地役権設定の範囲を証する地役権者が作成した情報および地役権図面を添付します。

登記識別情報（登記済証）を提供することができない理由
□不通知　□失効　□失念　□管理支障　□取引円滑障害　□その他
（　　　）

　登記義務者が登記識別情報または登記済証を提供することができない場合は、その理由に該当する□にチェックをします。

□登記識別情報の通知を希望しません。

　申請人が登記識別情報の通知を希望しない場合には、□にチェックします。
　なお、郵送により登記識別情報を記載した書面の交付を求める場合には、

第8章　表示に関する登記の申請方法を学ぼう　325

その旨および送付先の別を申請書に記載します。

> 平成何年何月何日申請　何法務局何出張所

　実際に登記所に申請書を提出する年月日と、提出先の法務局もしくは地方法務局またはこれらの支局もしくは出張所の名称を記載します。

> 申　請　人　何市何町何番地
> 　　　　　　　何　　某　㊞
> 　　　　　　　連絡先の電話番号　○○-○○○○-○○○○

　合筆は、形成的な処分の登記であって、合筆の効果は、登記官がその登記を実行してはじめて生じます。申請人は、表題部所有者または所有権の登記名義人のみです。土地を合筆するかどうか、どの土地を合筆するかは所有者の自由な意思によって決まります。共有地の場合には、共有者全員で申請すべきであって、一部の者のみで申請することはできません。
　これは、報告的な登記ではないので、原則として、登記官が職権でこれをすることができません。
　申請人となる表題部所有者または所有権の登記名義人は、氏名および住所を記載して押印します。ただし、申請人が表題部所有者（所有権の登記がない場合）である場合には、署名があれば、押印を省略することができます。所有権の登記のある土地の場合、添付した印鑑証明書の印を押印します。
　申請書類に不備があり、補正を要する場合に、登記所の担当者から連絡を受けるための電話番号を記載します。

> 登録免許税　金1,000円

　合筆の登記の登録免許税は、合筆後の土地の個数1個につき1,000円で

す。この金額を登録免許税として記載します。ただし、所有権の登記がない土地については、登録免許税は不要となります。

土地	不動産番号	1 2 3 4 5 6 7 8 9 0 1 2 3
	所　在	○市○町○丁目

土地が所在する市、区、郡、村、字を記載します。これは、登記事項証明書の記録のとおり、正確に記載してください。不動産番号を記載したときは、所在の記載を省略することができます。

土地の表示	①地番 (又は不動産番号)	②地目	③地積 ㎡		登記原因及びその日付
	21番 (又は不動産番号)	宅地	22	00	
	22番 (又は不動産番号)	宅地	12	00	21番に合筆
	23番 (又は不動産番号)	宅地	42	00	21番に合筆
	21番	宅地	76	00	③22番、23番を合筆

　不動産番号を記載したときは、地番、地目および地積の記載も省略することができます。以下は、地番、地目および地積の記載を省略しない場合の記述です。
　合筆前の各土地につき、土地が所在する地番、地目、地積を登記事項証明書のとおり正確に記載します。
　合筆によって消滅する土地の「登記原因及びその日付」欄に「21番に合筆」と記載します。その日付の記載は要しません。
　合筆後の土地の地番、地目および地積を記載します。

第8章　表示に関する登記の申請方法を学ぼう　327

合筆後の土地の「登記原因及びその日付」欄に「③22番、23番を合筆」と記載します。その日付の記載は要しません。なお、③は地積が変更したことを示すためのものです。

その他

① 法人代表者の資格証明書

本例は、申請人が自然人の場合でしたが、申請人が法人であるときは代表者の資格証明情報も添付情報となります。この場合、会社法人等番号を提供すれば、添付を省略することができます。

② 代理人によって登記の申請をするときの代理権限証明情報

法定代理人が登記の申請をする場合には、戸籍謄本等の法定代理人であることを証する情報の添付が必要となります。また、任意代理人が登記の申請をする場合には、申請人からの委任状が必要となります。

なお、代理人からの登記申請の場合、申請書に以下の記載が必要となり、添付情報に「代理権限証明情報」を加えます。

```
申 請 人   何市何町何番地
                    何    某
代 理 人   何市何町何丁目何番何号
                    何    某  ㊞
           連絡先の電話番号 ○○－○○○○－○○○○
```

Q79 土地の滅失の登記の申請は、どのようにするのですか

【土地滅失登記申請書】

受付番号票をはり付ける箇所

登記申請書

登記の目的　土地滅失
添付情報
平成何年何月何日申請　何法務局何出張所
申　請　人　何市何町何番地
　　　　　　　何　　　某　㊞
　　　　　　　連絡先の電話番号　〇〇-〇〇〇〇-〇〇〇〇

不動産番号				
土地の表示	所在	〇市〇町〇丁目		
	①地番	②地目	③地積㎡	登記原因及びその日付
	35番3	塩田	855	平成何年何月何日海没

それでは、実際に登記申請書を作成しましょう。

受付番号票をはり付ける箇所
登記申請書

　登記申請書の上部には、受付時に受付番号票というシールが貼り付けられることになるので、そのシールを貼ることができる余白を設けておいてください。
　その下に「登記申請書」と記載します。

登記の目的　土地滅失

　土地の滅失とは、土地が海面下に没することなどにより、物理的に権利の客体でなくなることをいいます。そして、土地の滅失の登記とは、その事実についてする登記をいいます。
　本例は、塩田として利用されていた土地が海没した場合の登記申請手続ですが、土地の全部が河川区域内の流水部分となった場合なども同様の手続になります。

添　付　情　報

　法定の添付情報はありません。

平成何年何月何日申請　何法務局何出張所

実際に登記所に申請書を提出する年月日と提出先の法務局もしくは地方法務局またはこれらの支局もしくは出張所の名称を記載します。登記の申請期間が法定されていることは、すでに説明しました。

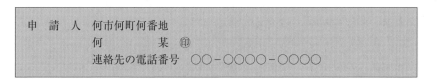

　申請人となる土地の所有者の氏名および住所を記載して押印します。ただし、署名があれば、押印を省略することができます。申請書類に不備があり、補正を要する場合に、登記所の担当者から連絡を受けるための電話番号を記載します。

土地	不動産番号	
	所　在	○市○町○丁目

　不動産番号を記載したときは、所在、地番、地目、地積の記載を省略することができます。以下は、不動産番号を記載しない場合の記述です。
　土地が所在する市、区、郡、村、字を記載します。これは、登記事項証明書の記録のとおり、正確に記載してください。

土地	①地番	②地目	③地積㎡	登記原因及びその日付
	35番3	塩田	855	平成何年何月何日海没

　地番、地目、地積を登記事項証明書のとおり正確に記載します。
　登記の原因は、「海没」「河川法により河川の流水部分となり滅失」など土地が滅失した原因と登記原因の日付を記載します。

その他
　① 法人代表者の資格証明書
　本例は、申請人が自然人の場合でしたが、申請人が法人であるときは代表者の資格証明情報も添付情報となります。この場合、会社法人等番号を提供すれば、添付を省略することができます。
　② 代理人によって登記の申請をするときの代理権限証明情報
　法定代理人が登記の申請をする場合には、戸籍謄本等の法定代理人であることを証する情報の添付が必要となります。また、任意代理人が登記の申請をする場合には、申請人からの委任状が必要となります。
　なお、代理人からの登記申請の場合、申請書に以下の記載が必要となります。

```
申 請 人　何市何町何番地
　　　　　　　　　　何　　　某
代 理 人　何市何町何丁目何番何号
　　　　　　　　　　何　　　某　㊞
　　　連絡先の電話番号　〇〇－〇〇〇〇－〇〇〇〇
```

Q80 新築による建物の表題登記の申請は、どのようにするのですか

【建物表題登記申請書】

受付番号票をはり付ける箇所

登記申請書

登記の目的　建物表題
添付情報　建物図面　各階平面図　所有権証明情報　住所証明情報
平成何年何月何日申請　何法務局何出張所
申請人　何市何町何番地（住民票コード　12345678901）
　　　　　何　　某　㊞
　　　　　連絡先の電話番号　○○－○○○○－○○○○

建物の表示	所　在	○市○町○丁目300番地1			
	家屋番号	300番1			
	主である建物又は附属建物	①種類	②構造	③床面積　㎡	登記原因及びその日付
		事務所	鉄骨造スレートぶき2階建	1階105　60 2階 66　00	平成何年何月何日新築

それでは、実際に登記申請書を作成しましょう。

```
┌─────────────────────────────────────┐
│                                     │
│        受付番号票をはり付ける箇所          │
│                                     │
└─────────────────────────────────────┘

              登記申請書
```

登記申請書の上部には、受付時に受付番号票というシールが貼り付けられることになるので、そのシールを貼ることができる余白を設けておいてください。
その下に「登記申請書」と記載します。

登記の目的　建物表題

新築による建物の表題登記は、新築した建物について、これを不動産登記法上特定をして、その物理的状況を公示するために、新たな建物の登記記録を設け、表題部に建物の表示に関する登記の登記事項を記録する登記です。
本例は、2階建の建物を新築した場合のものです。

添付情報　建物図面　各階平面図　所有権証明情報　住所証明情報

添付情報は、建物図面、各階平面図、所有権証明情報、住所証明情報の4種類になります。このうち、建物図面と各階平面図については、すでにQ22・Q23で詳細な説明をしましたので、そちらを参照してください。また、338・339ページには、2階建の非区分建物の図面のサンプルを掲載しました。

ここでは、「所有権証明情報」と「住所証明情報」について説明します。

(1) **所有権証明情報**

登記記録の表題部に所有者として記録された者は、いつでも自己名義の所有権保存の登記をすることができることになり、表題登記にあたって所有者がだれであるかを認定することはとても重要なことです。登記官がその認定を行うにあたって資料とするのが、この所有権を証する情報です。

本例の場合には、たとえば、①建築基準法6条に規定する確認および同法7条の規定による検査のあったことを証する書面、②建築請負人の証明書または敷地所有者の証明書、③国有建物の払下げ契約書、④固定資産税の納付証明書、そのほか申請人の所有権の取得を証するに足る情報を添付します。これらの書面が私人により作成されているときは、作成者の印鑑証明書を添付し、また、法人の代表者の作成に係るときは、その資格を証する情報もあわせて添付します。

(2) **住所証明情報**

表題部に所有者を記録するには、所有者が実在している必要があります。これを証明するために、表題部所有者になる者の住所を証する市町村長、登記官その他の公務員が職務上作成した情報を申請情報に添付しなければなりません。

なお、申請人の住所の記載欄に住民票コードを記載した場合には、住所証明情報としての住民票の添付を省略することができます。

平成何年何月何日申請　何法務局何出張所

実際に登記所に申請書を提出する年月日と、提出先の法務局もしくは地方法務局またはこれらの支局もしくは出張所の名称を記載します。登記の申請期間が法定されていることは、すでに説明しました。

申　請　人	何市何町何番地（住民票コード　12345678901）
	何　　　　某　㊞
	連絡先の電話番号　○○－○○○○－○○○○

　共有の建物については、保存行為として共有者の1人から表題登記を申請することができます。

　申請人となる土地の所有者の氏名および住所を記載して押印します。ただし、署名があれば、押印を省略することができます。申請書類に不備があり、補正を要する場合に、登記所の担当者から連絡を受けるための電話番号を記載します。

| 建物 | 所　在 | ○市○町○丁目300番地1 | | |
| | 家屋番号 | 300番1 | | |

　建物が所在する市、区、郡、村、字および地番を記載します。

　家屋番号は、申請時にはまだ定まっていないので、記載する必要はありません。あらかじめ登記所から予定番号が示されたときは、その番号を記載してもかまいません。

建物	主である建物又は附属建物	①種類	②構造	③床面積 m²		登記原因及びその日付
		事務所	鉄骨造スレートぶき2階建	1階105	60	平成何年何月何日新築
				2階 66	00	

(3)　種　　　類

　種類については、Q38を参照してください。

(4) 構　　造

　構造については、Q39を参照してください。

(5) 床 面 積

　床面積については、Q37を参照してください。

(6) 登記原因およびその日付

　登記の原因は、「新築」として、建物が完成した日を登記原因の日付とします。なお、日付が不明な場合には、「年月日不詳新築」とします。

(7) そ の 他

　① 法人代表者の資格証明書

　本例は、申請人が自然人の場合でしたが、申請人が法人であるときは代表者の資格証明情報も添付情報となります。この場合、会社法人等番号を提供すれば、添付を省略することができます。

　② 代理人によって登記の申請をするときの代理権限証明情報

　法定代理人が登記の申請をする場合には、戸籍謄本等の法定代理人であることを証する情報の添付が必要となります。また、任意代理人が登記の申請をする場合には、申請人からの委任状が必要となります。

　なお、代理人からの登記申請の場合、申請書に以下の記載が必要となります。

```
申　請　人　何市何町何番地（住民票コード　12345678901）
　　　　　　　　　　　　何　　　某
代　理　人　何市何町何丁目何番何号
　　　　　　　　　　　　何　　　某　㊞
　　　　　　連絡先の電話番号　〇〇-〇〇〇〇-〇〇〇〇
```

各 階 平 面 図

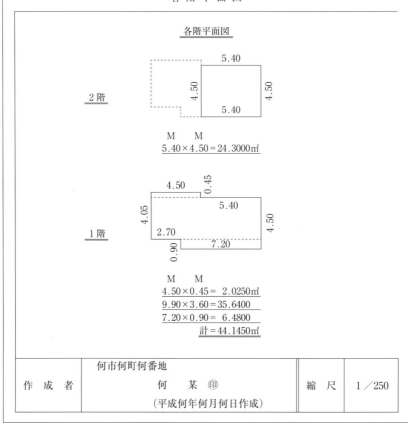

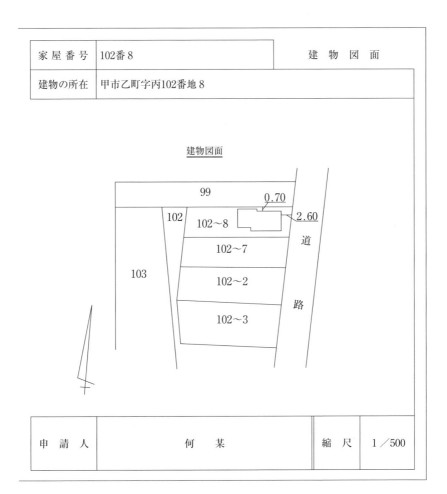

建築請負人の証明書

　　　　　　　　工事完了引渡証明書（建築請負人の証明）
1　建築建物
　　所　　在　甲区乙町5番地
　　種　　類　居宅
　　構　　造　木造かわらぶき平家建
　　床　面　積　100.50平方メートル
2　工事の種別及び完了年月日　平成何年何月何日新築
3　建築主の住所、氏名　　甲区乙町5番地
　　　　　　　　　　　　甲　　　某
　上記のとおり工事を完了して引き渡したものであることを証明します。
　　　平成何年何月何日
　　　　甲区乙町45番地
　　　　　　建築工事人　丙　　　某㊞

敷地所有者の証明書

　　　　　　　　　　　　証　明　書
1　建物の所在　○市○町○丁目12番地
2　家屋番号　何番
3　建物の種類　構造・居宅・木造かわらぶき平家建
4　床　面　積　70・00平方メートル
5　工事種別及び完了年月日　平成何年何月何日新築
6　建物所有者の住所・氏名　○市○町○丁目○番○号
　　　　　　　　　　　　　　甲　野　太　郎
　上記のとおり建物を新築したものであることを証明します。
　　　平成何年何月何日
　　　　　　　　　　　　○市○町○丁目○番○号
　　　　　　　　　　　　敷地所有者　○　○　○　○㊞

Q81 建物の滅失の登記の申請は、どのようにするのですか

【建物滅失登記申請書】

受付番号票をはり付ける箇所

登記申請書

登記の目的　建物滅失
添付情報
平成何年何月何日申請　何法務局何出張所
申　請　人　何市何町何番地
　　　　　　何　　　某　㊞
　　　　　　連絡先の電話番号　○○-○○○○-○○○○

建物の表示	不動産番号	1234567890123				
	所　在	○市○町○丁目12番地				
	家屋番号	12番				
	主である建物又は附属建物	①種類	②構造	③床面積 ㎡		登記原因及びその日付
		居宅	木造かわらぶき平家建	66	00	平成何年何月何日取壊し

それでは、実際に登記申請書を作成しましょう。

登記申請書の上部には、受付時に受付番号票というシールが貼り付けられることになるので、そのシールを貼ることができる余白を設けておいてください。
その下に「登記申請書」と記載します。

登記の目的　建物滅失

建物が滅失したときとは、1個の建物が取壊し、または焼失等の原因により、社会通念上建物としての効用を有しない状態となった場合をいいます。
建物の一部が滅失した場合でも、残余部分が建物としての効用を有し、かつ、焼失前の建物との同一性が認められる場合は、滅失したとはいえず、この場合には、建物の床面積の減少による建物の表題部の変更の登記を申請することになります。
既存の建物の全部を取り壊し、その材料を用いて建物を建築した場合、建物を解体して移転した場合の登記手続は、建物の滅失および新築になります。
建物を取り壊さずに、他の場所に移転した場合には、建物の所在地番の変更になります。
附属建物の場合、主である建物とすべての附属建物が滅失した場合には、建物の滅失の登記をします。主である建物のみが滅失した場合には、主であ

る建物の滅失による附属建物を主である建物とする建物の表題部の変更の登記をします。附属建物のみが滅失した場合には、附属建物の滅失による建物の表題部の変更の登記によります。

添付情報

法定の添付情報はありません。登記官の審査をスムーズにするために、焼失の場合には消防署の証明書等、取壊しの場合には解体業者の証明書等を添付することが相当です。なお、解体業者が自然人であれば、市町村長が証明する印鑑証明書を、解体業者が法人であれば、登記官の作成に係る代表者の資格証明情報および印鑑証明書をあわせて添付することになります。

平成何年何月何日申請　何法務局何出張所

申請書を実際に登記所に提出する年月日と、提出先の法務局もしくは地方法務局またはこれらの支局もしくは出張所の名称を記載します。登記の申請期間が法定されていることは、すでに説明しました。

```
申　請　人　何市何町何番地
　　　　　　何　　　某　㊞
　　　　　　連絡先の電話番号　〇〇-〇〇〇〇-〇〇〇〇
```

共有名義の建物の場合には、保存行為として、共有者の1人から申請することができます。被相続人の死亡前に滅失した建物の滅失の登記は、相続人の1人から、相続証明情報を提供して、申請することもできます。

申請人となる建物の所有者の氏名および住所を記載して押印します。ただし、署名があれば、押印を省略することができます。申請書類に不備があり、補正を要する場合に、登記所の担当者から連絡を受けるための電話番号

を記載します。

建物	不動産番号	1234567890123	
	所在	○市○町○丁目12番地	
	家屋番号	12番	

不動産番号を記載したときは、所在、家屋番号、種類、構造および床面積の記載を省略することができます。

以下は、所在、家屋番号、種類、構造および床面積の記載を省略しない場合の記述です。

土地が所在する市、区、郡、村、字、地番および家屋番号を記載します。これは、登記事項証明書の記録のとおり、正確に記載してください。

建物	主である建物又は附属建物	①種類	②構造	③床面積 ㎡	登記原因及びその日付
		居宅	木造かわらぶき平家建	66 : 00	平成何年何月何日取壊し

建物の種類、構造、床面積を登記事項証明書のとおり正確に記載します。

(1) 登記原因およびその日付

建物の滅失の登記原因およびその日付を記載します。建物の滅失の原因が取壊しによるものであるときは、例示のように、取壊しの旨およびその日付を記載します。

(2) その他

① 法人代表者の資格証明書

本例は、申請人が自然人の場合でしたが、申請人が法人であるときは代表者の資格証明情報も添付情報となります。この場合、会社法人等番号を提供

すれば、添付を省略することができます。

② 代理人によって登記の申請をするときの代理権限証明情報

　法定代理人が登記の申請をする場合には、戸籍謄本等の法定代理人であることを証する情報の添付が必要となります。また、任意代理人が登記の申請をする場合には、申請人からの委任状が必要となります。

　なお、代理人からの登記申請の場合、申請書に以下の記載が必要となり、添付情報に「代理権限証明情報」を加えます。

```
申 請 人　何市何町何番地
　　　　　　　　　　　何　　　　某
代 理 人　何市何町何丁目何番何号
　　　　　　　　　　　何　　　　某 ㊞
　　　　　連絡先の電話番号　○○-○○○○-○○○○
```

建物の増築登記の申請は、どのようにするのですか

【建物増築登記申請書】

受付番号票をはり付ける箇所

登記申請書

登記の目的　建物構造・床面積変更
添付情報　建物図面　各階平面図　所有権証明情報
平成何年何月何日申請　何法務局何出張所
申請人　何市何町何番地
　　　　何　　某　㊞
　　　　連絡先の電話番号　○○-○○○○-○○○○

不動産番号		1234567890123				
建物の表示	所　在	○市○町○丁目25番地				
	家屋番号	25番				
	主である建物	①種類	②構造	③床面積㎡		登記原因及びその日付
		店舗	木造かわらぶき平家建	70	00	
			木造かわらぶき2階建	1階　95 2階　80	00 00	②③平成何年何月何日増築・構造変更

それでは、実際に登記申請書を作成しましょう。

```
┌─────────────────────────────────────────┐
│                                         │
│          受付番号票をはり付ける箇所          │
│                                         │
│                                         │
│              登記申請書                   │
└─────────────────────────────────────────┘
```

登記申請書の上部には、受付時に受付番号票というシールが貼り付けられることになるので、そのシールを貼ることができる余白を設けておいてください。
その下に「登記申請書」と記載します。

登記の目的　建物構造・床面積変更

建物の増築とは、既存の建物に造作を加えて、その床面積を増加させることです。
平屋建の建物に２階部分を増築したり、あるいは２階建のビルに接続して３階のビルを増築した場合には、建物の構造にも変更が生じるので、増築による床面積の変更と同時に、構造の変更の登記を申請する必要があります。また、増築によって居宅を居宅兼店舗に改造した場合には、建物の種類にも変更が生じるので、同時に種類の変更の登記もする必要があります。
本例は、平屋建の建物に増築して２階建の建物とした場合の変更の登記の登記の申請です。登記事項中の構造と床面積に変更が生じています。

添 付 情 報　　建物図面　各階平面図　所有権証明情報

第８章　表示に関する登記の申請方法を学ぼう　347

添付情報は、建物図面、各階平面図、所有権証明情報の3種類になります。このうち、建物図面と各階平面図については、すでにQ22・Q23で詳細な説明をしましたので、そちらを参照してください。また、104・105ページには図面のサンプルを掲載しました。
　ここでは、「所有権証明情報」について説明します。

(1)　**所有権証明情報**
　増築した部分についての所有権を証明するための情報を添付します。
　本例の場合には、たとえば、①建築基準法6条に規定する確認および同法7条の規定による検査のあったことを証する書面、②建築請負人の証明書または敷地所有者の証明書、③固定資産税の納付証明書、そのほか申請人の所有権の取得を証するに足る書面を添付します。これらの書面が私人により作成されているときは、作成者の印鑑証明書を添付し、また、法人の代表者の作成に係るときは、その資格を証する情報もあわせて添付します。

> 平成何年何月何日申請　何法務局何出張所

　実際に登記所に申請書を提出する年月日と、提出先の法務局もしくは地方法務局またはこれらの支局もしくは出張所の名称を記載します。登記の申請期間が法定されていることは、すでに説明しました。
　既登記の建物に増築をした場合、表題部所有者または所有権の登記名義人となった者は、その増築の時から1カ月以内に、増築による変更の登記を申請しなければならず、この申請を怠ったときは10万円以下の過料に処せられます。

> 申　請　人　何市何町何番地
> 　　　　　　何　　某　㊞
> 　　　　　　連絡先の電話番号　〇〇-〇〇〇〇-〇〇〇〇

　共有名義の建物については、保存行為として、共有者の1人から申請する

ことができます。

　申請人となる建物の所有者の氏名および住所を記載して押印します。ただし、署名があれば、押印を省略することができます。申請書類に不備があり、補正を要する場合に、登記所の担当者から連絡を受けるための電話番号を記載します。

建物	不動産番号	1234567890123	
	所　在	○市○町○丁目25番地	
	家屋番号	25番	

　不動産番号を記載したときは、所在、家屋番号、種類、構造および床面積の記載を省略することができます。
　以下は、所在、家屋番号、種類、構造および床面積の記載を省略しない場合の記述です。
　建物が所在する市、区、郡、村、字、地番および家屋番号を記載します。これは、登記事項証明書の記録のとおり、正確に記載してください。

建物の表示	主である建物	①種類	②構造	③床面積 ㎡		登記原因及びその日付
		店舗	木造かわらぶき平家建	70	00	
			木造かわらぶき2階建	1階 95 2階 80	00 00	②③平成何年何月何日増築・構造変更

　上段には、増築前の建物の種類、構造、床面積を登記事項証明書のとおりに正確に記載します。
　下段には、増築による変更後の構造および床面積を記載します。

(2) 登記原因およびその日付

　登記の原因は、「増築・構造変更」の旨を記載して、工事が完成した日を登記原因の日付とします。なお、「②③」は、構造と床面積が変更したことを示すためのものです。

(3) そ の 他

　① 法人代表者の資格証明書

　本例は、申請人が自然人の場合でしたが、申請人が法人であるときは代表者の資格証明情報も添付情報となります。この場合、会社法人等番号を提供すれば、添付を省略することができます。

　② 代理人によって登記の申請をするときの代理権限証明情報

　法定代理人が登記の申請をする場合には、戸籍謄本等の法定代理人であることを証する情報の添付が必要となります。また、任意代理人が登記の申請をする場合には、申請人からの委任状が必要となります。

　なお、代理人からの登記申請の場合、申請書に以下の記載が必要となり、添付情報に「代理権限証明情報」を加えます。

```
申　請　人　何市何町何番地
　　　　　　　　　　何　　　某
代　理　人　何市何町何丁目何番何号
　　　　　　　　　　何　　　某　㊞
　　　　　　連絡先の電話番号　〇〇-〇〇〇〇-〇〇〇〇
```

Q83 附属建物の新築の登記の申請は、どのようにするのですか

【附属建物の新築の登記申請書】

受付番号票をはり付ける箇所

登記申請書

登記の目的　附属建物新築
添付情報　建物図面　各階平面図　所有権証明情報
平成何年何月何日申請　何法務局何出張所
申請人　何市何町何番地
　　　　何　　某　㊞
　　　　連絡先の電話番号　○○-○○○○-○○○○

不動産番号		1234567890123			
建物の表示	所　在	○市○町○丁目25番地			
	家屋番号	25番			
	主である建物又は附属建物	①種類	②構造	③床面積 ㎡	登記原因及びその日付
	主	居宅	木造かわらぶき平家建	91:00	
	符号1	物置	木造亜鉛メッキ鋼板ぶき平家建	20:00	平成何年何月何日新築

第8章　表示に関する登記の申請方法を学ぼう　351

それでは、実際に登記申請書を作成しましょう。

受付番号票をはり付ける箇所

登記申請書

登記申請書の上部には、受付時に受付番号票というシールが貼り付けられることになるので、そのシールを貼ることができる余白を設けておいてください。
その下に「登記申請書」と記載します。

登記の目的　附属建物新築

表題登記のある建物について、附属建物を新築してその登記を申請する場合には、登記の目的は、「附属建物新築」とします。本例は、すでに表題登記がされた居宅につき、その附属建物として物置を新築した場合のものです。

添 付 情 報　建物図面　各階平面図　所有権証明情報

添付情報は、建物図面、各階平面図、所有権証明情報の3種類になります。このうち、建物図面と各階平面図については、すでにQ22・Q23で詳細な説明をしましたので、そちらを参照してください。また、104・105ページには図面のサンプルを掲載しました。
ここでは、「所有権証明情報」について説明します。

(1) **所有権証明情報**

　附属建物についての所有権を証明するための書面を添付します。

　本例の場合には、たとえば、①建築基準法6条に規定する確認および同法7条の規定による検査のあったことを証する書面、②建築請負人の証明書または敷地所有者の証明書、③固定資産税の納付証明書、そのほか申請人の所有権の取得を証するに足る書面を添付します。これらの書面が私人により作成されているときは、作成者の印鑑証明書を添付し、また、法人の代表者の作成に係るときは、その資格を証する情報もあわせて添付します。

```
平成何年何月何日申請　何法務局何出張所
```

　実際に登記所に申請書を提出する年月日と、提出先の法務局もしくは地方法務局またはこれらの支局もしくは出張所の名称を記載します。登記の申請期間が法定されていることは、すでに説明しました。

　経済的には、既登記の建物と効用上一体として利用されるべき附属的な建物であったとしても、必ず既登記建物の附属建物として、登記をしなければならないというものではなく、所有者の意思で別個の建物として登記することは可能です。この場合には、新築による建物の表題登記として登記することも可能ですが、建物の所有権を取得した者は、その所有権の取得の日から1カ月以内に申請しなければなりません。

```
申　請　人　何市何町何番地
　　　　　　何　　　某　㊞
　　　　　　連絡先の電話番号　○○-○○○○-○○○○
```

　申請人である表題部所有者または所有権の登記名義人の氏名および住所を記載して押印します。ただし、署名があれば、押印を省略することができます。申請書類に不備があり、補正を要する場合に、登記所の担当者から連絡を受けるための電話番号を記載します。

第8章　表示に関する登記の申請方法を学ぼう

建物	不動産番号	1234567890123
	所在	○市○町○丁目25番地
	家屋番号	25番

　不動産番号を記載したときは、建物の所在および地番、家屋番号、種類、構造および床面積の記載を省略することができます。

　以下は、建物の所在および地番、家屋番号、種類、構造および床面積の記載を省略しない場合の記述です。

　建物が所在する市、区、郡、村、字、地番および家屋番号を記載します。これは、登記事項証明書の記録のとおり、正確に記載してください。

建物の表示	主である建物又は附属建物	①種類	②構造	③床面積 ㎡	登記原因及びその日付
	主	居宅	木造かわらぶき平家建	91:00	
	符号1	物置	木造亜鉛メッキ鋼板ぶき平家建	20:00	平成何年何月何日新築

　上段には、既登記の主である建物の家屋番号、建物の種類、構造、床面積を登記事項証明書のとおりに正確に記載します。また、主である建物である旨を明らかにします。

　下段には、新築した附属建物の符号、種類、構造および床面積を記載します。

(2)　登記原因およびその日付

　登記の原因は、「新築」とし、附属建物の工事が完成した日を登記原因の日付とします。

(3) その他
① 法人代表者の資格証明書

　本例は、申請人が自然人の場合でしたが、申請人が法人であるときは代表者の資格証明情報が添付情報となります。この場合、会社法人等番号を提供すれば、添付情報を省略することができます。

② 代理人によって登記の申請をするときの代理権限証明情報

　法定代理人が登記の申請をする場合には、戸籍謄本等の法定代理人であることを証する情報の添付が必要となります。また、任意代理人が登記の申請をする場合には、申請人からの委任状が必要となります。

　なお、代理人からの登記申請の場合、申請書に以下の記載が必要となります。

```
申 請 人　何市何町何番地
　　　　　　　　　　　何　　　某
代 理 人　何市何町何丁目何番何号
　　　　　　　　　　　何　　　某　㊞
　　　　　連絡先の電話番号　〇〇-〇〇〇〇-〇〇〇〇
```

建物の表題部の登記事項の更正の登記の申請は、どのようにするのですか

【建物の表題部の登記事項の更正登記申請書】

受付番号票をはり付ける箇所

登記申請書

登記の目的　建物所在地番・種類更正
添付情報　建物図面
平成何年何月何日申請　何法務局何出張所
申　請　人　何市何町何番地
　　　　　　何　　　某　㊞
　　　　　　連絡先の電話番号　〇〇-〇〇〇〇-〇〇〇〇

不動産番号		1234567890123				
建物の表示	所　在	〇市はろい町〇丁目12番地				
		〇市いろは町〇丁目12番地			錯誤	
	家屋番号	12番				
	主である建物又は附属建物	①種類	②構造	③床面積　㎡	登記原因及びその日付	
		店舗	木造かわらぶき平家建	91 | 00		
		事務所			①錯誤	

それでは、実際に登記申請書を作成しましょう。

```
┌─────────────────────────────────────────┐
│                                         │
│         受付番号票をはり付ける箇所         │
│                                         │
│              登記申請書                  │
└─────────────────────────────────────────┘
```

　登記申請書の上部には、受付時に受付番号票というシールが貼り付けられることになるので、そのシールを貼ることができる余白を設けておいてください。
　その下に「登記申請書」と記載します。

登記の目的　建物所在地番・種類更正

　建物の登記記録の表題部に記録されている建物の所在地番、建物の種類、構造、床面積、建物の名称や、附属建物の種類、構造、床面積などについて、登記をした当初から遺漏または錯誤がある場合に、登記記録と現況を一致させるためにする登記を、建物の表題部の更正の登記といいます。
　本例は、所在に記録されるべき町名が、正しくは「いろは町」であるにもかかわらず、誤って「はろい町」と登記されており、また、建物の種類について、「事務所」であるにもかかわらず、誤って「店舗」と登記されているのを是正するものです。このように、建物の所在地番と種類を訂正する場合の登記の目的は、「建物所在地番・種類更正」と記載します。

添　付　情　報　　建物図面

第8章　表示に関する登記の申請方法を学ぼう

本例のように建物の所在地番を更正する場合には、更正後の建物図面を添付します。ただし、種類または構造のみを更正する場合には不要となります。

> 平成何年何月何日申請　何法務局何出張所

申請書を実際に登記所に提出する年月日と、提出先の法務局もしくは地方法務局またはこれらの支局もしくは出張所の名称を記載します。登記の申請期間が法定されていることは、すでに説明しました（不動産登記法36条）。

建物の表題部の更正の登記は、表題部所有者または所有権の登記名義人以外の者は、申請することができません。変更登記の場合、変更の事由が生じた日から1カ月以内に、建物の表題部の変更の登記を申請しなければならず、この申請を怠ると、10万円以下の過料に処せられますが、更正の登記については、このような規定はありません。表題部所有者または所有権の登記名義人は、登記事項に誤りがあることを発見した場合には、すみやかに更正の登記を申請するのが望ましいでしょう。共有名義の建物については、保存行為として、共有者の1人から申請することができます。

> 申　請　人　何市何町何番地
> 　　　　　　何　　　某　㊞
> 　　　　　　連絡先の電話番号　〇〇－〇〇〇〇－〇〇〇〇

申請人である表題部所有者または所有権の登記名義人の氏名および住所を記載して押印します。ただし、署名があれば、押印を省略することができます。申請書類に不備があり、補正を要する場合に、登記所の担当者から連絡するための連絡先の電話番号を記載します。

建物	不動産番号	1234567890123		
	所在	○市はろい町○丁目12番地		
		○市いろは町○丁目12番地		錯誤
	家屋番号	12番		

不動産番号を記載したときは、建物の所在および地番、家屋番号、種類、構造および床面積の記載を省略することができます。

建物の所在および地番、家屋番号、種類、構造および床面積の記載を省略しない場合には、建物が所在する市、区、郡、村、字、地番および家屋番号を記載します。これは、登記事項証明書の記録のとおり、正確に記載してください。

所在欄の下段には、更正後の建物の所在地番を記載します。登記原因およびその日付として、単に「錯誤」と記載します。

建物の表示	主である建物又は附属建物	①種類	②構造	③床面積 ㎡	登記原因及びその日付
		店舗	木造かわらぶき平家建	91 : 00	
		事務所			①錯誤

建物の種類、構造および床面積の記載を省略しない場合には、上段には、更正前の建物の種類、構造、床面積を登記事項証明書のとおりに正確に記載します。

下段には、更正後の建物の種類を記載します。

(1) 登記原因およびその日付

登記の原因は、「①錯誤」とします。①は、種類が変更したことを示します。

(2) その他
　① 法人代表者の資格証明書
　本例は、申請人が自然人の場合でしたが、申請人が法人であるときは代表者の資格証明情報が添付情報となります。この場合、会社法人等番号を提供すれば、添付情報を省略することができます。
　② 代理人によって登記の申請をするときの代理権限証明情報
　法定代理人が登記の申請をする場合には、戸籍謄本等の法定代理人であることを証する情報の添付が必要となります。また、任意代理人が登記の申請をする場合には、申請人からの委任状が必要となります。
　なお、代理人からの登記申請の場合、申請書に以下の記載が必要となり、添付情報に「代理権限証明情報」を加えます。

```
申 請 人　何市何町何番地
　　　　　　　　　　　何　　　某
代 理 人　何市何町何丁目何番何号
　　　　　　　　　　　何　　　某　㊞
　　　　　連絡先の電話番号　○○－○○○○－○○○○
```

Q85 区分建物の表題登記の申請は、どのようにするのですか

【区分建物表題登記申請書】

受付番号票をはり付ける箇所

登記申請書

登記の目的　区分建物表題
添付情報　建物図面　各階平面図　所有権証明情報
　　　　　住所証明情報　規約証明書　登記事項証明書
平成何年何月何日申請　何法務局何出張所
申　請　人　何市何町何番地（住民票コード　12345678901）
　　　　　　何　　　某　㊞
　　　　　　連絡先の電話番号　〇〇-〇〇〇〇-〇〇〇〇

一棟の建物の表示	所　在	〇市〇町〇丁目500番地1	
	建物の名称	〇〇マンション	
	①構造	②床面積　　　　　㎡	登記原因及びその日付
	鉄筋コンクリート造陸屋根5階建	1階　256：78 2階　256：78 3階　256：78 4階　256：78 5階　256：78	

敷地権の目的たる土地の表示	①土地の符号	②所在及び地番	③地目	④地積 ㎡	登記原因及びその日付
	1	○市○町○丁目500番地1	宅地	789 ː 01	

区分した建物の表示	家屋番号	建物の名称	主である建物又は附属建物	①種類	②構造	③床面積 ㎡	登記原因及びその日付
		102号		居宅	鉄筋コンクリート造1階建	3階部分 59 ː 00	平成何年何月何日新築

敷地権の表示	①土地の符号	②敷地権の種類	③敷地権の割合	登記原因及びその日付
	1	所有権	1000分の65	平成何年何月何日敷地権

それでは、実際に登記申請書を作成しましょう。

受付番号票をはり付ける箇所

登記申請書

登記申請書の上部には、受付時に受付番号票というシールが貼り付けられることになるので、そのシールを貼ることができる余白を設けておいてください。
その下に「登記申請書」と記載します。

登記の目的　区分建物表題

区分建物について表題登記をする場合には、「区分建物表題」と記載します。本例は、敷地権のある区分建物の表題の登記を申請する場合です。

添付情報　建物図面　各階平面図　所有権証明情報
　　　　　住所証明情報　規約証明書　登記事項証明書

添付情報のうち、建物図面と各階平面図については、すでにQ22・Q23で詳細な説明をしましたので、そちらを参照してください。また、104・105ページには図面のサンプルを掲載しました。
ここでは、「所有権証明情報」「住所証明情報」「規約証明書」「登記事項証明書」について説明します。

(1)　所有権証明情報

所有権証明情報としては、たとえば、①建築基準法6条に規定する確認および同法7条の規定による検査のあったことを証する書面、②建築請負人の証明書または敷地所有者の証明書、③国有建物の払下げ契約書、④固定資産税の納付証明書、そのほか申請人の所有権の取得を証するに足る書面を添付します。これらの書面が私人により作成されているときは、作成者の印鑑証明書を添付し、また、法人の代表者の作成に係るときは、その資格を証する情報もあわせて添付します。

(2)　住所証明情報

表題部に所有者を記録するには、所有者が実在している必要があります。これを証明するために、表題部所有者になる者の住所を証する市町村長、登

記官その他の公務員が職務上作成した情報を申請情報に添付しなければなりません。

なお、申請人の住所の記載欄に住民票コードを記載した場合には、住所証明情報としての住民票の添付を省略することができます。

(3) 規約証明書

敷地権の目的となっている土地が規約敷地であるときまたは敷地権の割合が規約によって定められているときは、その規約を証する書面を添付します。あるいは、区分所有者が法的敷地について登記された所有権、地上権または賃借権を有する場合には、これらの権利が敷地権でないことを証する書面（分離処分可能規約を証する書面等）を添付します。あるいは、登記された土地の所有権、地上権または賃借権の一部が敷地権でない場合は、その一部が敷地権でないことを証する書面（分離処分可能規約を証する書面）をそれぞれ添付します。

これらの規約を証する書面には、規約を設定した公正証書の謄本、規約の設定を決議した集会の議事録または区分所有者全員の合意により規約を設定した合意書です。議事録または合意書には、公証人の認証がある場合を除き、議事録または合意書に署名押印した者の印鑑証明書を添付する必要があります。

(4) 登記事項証明書

敷地権の目的である土地のうち他の登記所の管轄に属するものがあるときはその土地の登記事項証明書を添付します。

> 平成何年何月何日申請　何法務局何出張所

申請書を実際に登記所に提出する年月日と、提出先の法務局もしくは地方法務局またはこれらの支局もしくは出張所の名称を記載します。登記の申請期間が法定されていることは、すでに説明しました（不動産登記法36条）。

```
申　請　人　何市何町何番地（住民票コード　12345678901）
　　　　　　　　何　　　某　㊞
　　　　　　　　連絡先の電話番号　○○－○○○○－○○○○
```

　申請人となる建物の所有者の氏名および住所を記載して押印します。ただし、署名があれば、押印を省略することができます。申請書類に不備があり、補正を要する場合に、登記所の担当者から連絡するための連絡先の電話番号を記載します。

一棟の建物の表示	所　在	○市○町○丁目500番地1		
	建物の名称	○○マンション		
	①構造	②床面積 m²		登記原因及びその日付
	鉄筋コンクリート造陸屋根5階建	1階　256　78 2階　256　78 3階　256　78 4階　256　78 5階　256　78		

　1棟の建物が所在する市、区、郡、町、村、字および地番ならびに構造および床面積を記載します。1棟の建物の名称があるときはそれを記載します。平屋建以外の建物については、各階ごとに床面積を記載します。

敷地権の目的たる土地の表示	①土地の符号	②所在及び地番	③地目	④地積 m²	登記原因及びその日
	1	○市○町○丁目500番地1	宅地	789:01	

敷地権がある場合には、符号、敷地権の目的である土地の所在、地目および地積を記載します。

区分した建物の表示	家屋番号	建物の名称	主である建物又は附属建物	①種類	②構造	③床面積 m²	登記原因及びその日付
		102号		居宅	鉄筋コンクリート造1階建	3階部分 59:00	平成何年何月何日新築

専有部分(区分建物)の種類、構造(屋根は表示しない)、床面積を記載し、建物の名称があるときはこれも記載します。家屋番号は、登記所で記載するので申請時は記載不要です。なお、専有部分が3階部分のみにある場合の構造は、「1階建」とし、床面積の箇所に「3階部分」であることを明示します。

登記原因およびその日付は、建物が完成した日付と新築の旨を記載します。

敷地権の表示	①土地の符号	②敷地権の種類	③敷地権の割合	登記原因及びその日付
	1	所有権	1000分の65	平成何年何月何日敷地権

　敷地権がある場合には、敷地権の表示として、符号、敷地権の種類および割合を記載します。　敷地権の表示の登記原因およびその日付を記載します。

(5)　そ　の　他
　①　法人代表者の資格証明書
　本例は、申請人が自然人の場合でしたが、申請人が法人であるときは代表者の資格証明情報が添付情報となります。この場合、会社法人等番号を提供すれば、添付情報を省略することができます。
　②　代理人によって登記の申請をするときの代理権限証明情報
　法定代理人が登記の申請をする場合には、戸籍謄本等の法定代理人であることを証する情報の添付が必要となります。また、任意代理人が登記の申請をする場合には、申請人からの委任状が必要となります。
　なお、代理人からの登記申請の場合、申請書に以下の記載が必要となり、添付情報に「代理権限証明情報」を加えます。

```
申　請　人　何市何町何番地（住民票コード　12345678901）
　　　　　　　　　　何　　　　　某
代　理　人　何市何町何丁目何番何号
　　　　　　　　　　何　　　　　某　㊞
　　　　　　連絡先の電話番号　〇〇-〇〇〇〇-〇〇〇〇
```

地図訂正の申出は、どのようにするのですか

　地図に記載された土地の区画や地番に誤りがあった場合には、その土地の所有者は、誤った内容を訂正するように申し出ることができます。登記所備付地図だけでなく、地図に準ずる図面に誤りがある場合も同様です。

　地図または地図に準ずる図面を訂正することができるか、できないかについて、登記官の判断を求める手続上の権利がある者を、法務省令では、「当該土地の表題部所有者若しくは所有権の登記名義人又はこれらの相続人その他の一般承継人」と定めています。

　ここに明記されていない利害関係人などは、権利がないので、この手続による申出をすることができません。

> **ちょっと待った！**
>
> 　ただし、申出そのものがいっさいできないということではなく、利害関係人などが申出をした場合、それは、権利としての申出ではなく、訂正する法務局による地図訂正の職権発動を求める趣旨として取り扱われる。この登記官による職権による地図等の訂正手続（規則16条15項）は、職権による表示に関する登記についての手続に準じて行われる。

【地図訂正の申出書（筆界の訂正の場合）】

```
┌─────────────────────────────────────┐
│                                     │
│         受付シールをはり付ける箇所      │
│                                     │
└─────────────────────────────────────┘

                地図訂正申出書

地図訂正の目的　土地筆界訂正
地図番号　　　　何号
添付情報　　地積測量図　承諾書
地図訂正を要する部分　別紙地積測量図のとおり
平成何年何月何日申出　何法務局何出張所
申　出　人　何市何町何番地
　　　（1番の土地所有者）　　何　　　某　㊞
　　　連絡先の電話番号　○○-○○○○-○○○○
地図訂正を要する土地
　所　在　　何市何町
　地　番　　1番
```

地図または地図に準ずる図面の訂正の申出をする場合には、地図訂正申出情報を提供します。

それでは、実際に申出書を作成しましょう。

①申出人の氏名または名所および住所（法人の場合には代表者の氏名）、②代理人によって申出をするときは、その代理人の氏名または名称および住所ならびに代理人が法人であるときは代表者の氏名、③申出人が表題部所有者または所有権の登記名義人の相続人その他の一般承継人であるときは、その旨ならびに④申出に係る訂正の内容を記載しなければなりません。

受付シールをはり付ける箇所

地図訂正申出書

　地図訂正申出書の上部には、受付シールを貼ることができる余白を設けておいてください。

　その下に「地図訂正申出書」と記載します。

地図訂正の目的　土地筆界訂正

　本事例は、地図または地図に準ずる図面上の土地の筆界に誤りがある場合の訂正を求める申出の方法です。「土地境界訂正」とする書式もありますが、本書では「土地筆界訂正」に統一します。旧土地台帳附属地図の特定の土地の筆界に誤りがある場合も同様の申立てをすることができます。

地図番号　　　　何号

　地図または地図に準ずる図面の記載を訂正する場合には、その訂正に係る地図または地図に準ずる図面の番号を記載します。

地図訂正を要する部分　別紙地積測量図のとおり

　地図訂正を要する部分の記載は、添付した真正な地積測量図の記載を援用することができます。

| 添付情報　　地積測量図　承諾書 |

　本事例は、地図または地図に準ずる図面に表示された土地の区画または位置もしくは形状に誤りがあるときに該当するので、土地所在図または地積測量図のほかに、承諾書などを添付します。このうち、地積測量図については、すでに81ページで詳細な説明をしましたので、そちらを参照してください。また、90・91ページには図面のサンプルを掲載しました。

　ここでは「承諾書」について説明します。

　地図または地図に準ずる図面に表示された土地の区画または位置もしくは形状または地番に誤りがある場合には、これを証する情報を提供しなければなりません。本事例では、これを証する情報として、隣地所有者の証明書（承諾書：印鑑証明書付き）、関係土地につき利害関係人があるときは、その者の承諾書（印鑑証明書付き）などを提供します。

| 平成何年何月何日申出　何法務局何出張所 |

　申出書を実際に登記所に提出する年月日と提出先の法務局もしくは地方法務局またはこれらの支局もしくは出張所の名称を記載します。

| 申　出　人　何市何町何番地
　　　　　　（1番の土地所有者）　　何　　　某　㊞
　　　　　　連絡先の電話番号　〇〇-〇〇〇〇-〇〇〇〇 |

　申出人となる土地の所有者の氏名および住所を記載した押印をします。ただし、署名があれば、押印を省略することができます。申請書類に不備があり、補正を要する場合に、登記所の担当者から連絡するための連絡先の電話番号を記載します。

第8章　表示に関する登記の申請方法を学ぼう

```
地図訂正を要する土地
　所　在　　何市何町
　地　番　　１番
```

　訂正を要する土地の所在地番を記載します。

そ の 他

　①　法人代表者の資格証明書

　本事例は、申出人が自然人の場合でしたが、申出人が法人であるときは代表者の資格証明情報が添付情報となります。この場合、会社法人等番号を提供すれば、添付情報を省略することができます。

　②　相続その他の一般承継があったことを証する情報

　また、表題部所有者または所有権の登記名義人の相続人その他の一般承継人が申出をするときには、相続その他の一般承継があったことを証する市町村長、登記官その他の公務員が職務上作成した情報を提供します。

　③　代理人によって申出をするときの代理権限証明情報

　法定代理人が申出をする場合には、戸籍謄本等の法定代理人であることを証する情報の添付が必要となります。また、任意代理人が申出をする場合には、申請人からの委任状が必要となります。

　なお、代理人からの申出の場合、申出書に以下の記載が必要となります。

```
申　出　人　何市何町何番地
　　　　　　　　　　何　　　某
代　理　人　何市何町何丁目何番何号
　　　　　　　　　　何　　　某　㊞
　　　　連絡先の電話番号　○○－○○○○－○○○○
```

　地図訂正申出は、オンラインでも書面ですることができます。

　地図訂正等の申出がされた場合には、登記官は、地図訂正等申出に係る事項を調査し、地図または地図に準ずる図面を訂正する必要があるかどうかを

判断します。このとき、却下事由がある場合を除き、地図または地図に準ずる図面を訂正することになります。

【事項索引】

[数字]
1棟の建物の表題部 …………… 198
2階建 ……………………………… 175

[あ]
亜鉛メッキ鋼板ぶき ………… 174
新たに生じた土地 ……………… 211

[い]
意思主義 ………………………… 15
石造 ……………………………… 173
移築 ……………………………… 244
一元化 …………………………… 12
一部地目変更による分筆及び地目
　変更の登記 ………………… 234
一物一権主義 …………………… 8
一不動産一登記記録の原則 ……… 37
一体性の原則 ………………… 185
一筆地測量 ……………………… 62
委任状 …………………………… 301

[う]
運河用地 ………………………… 129

[え]
映画館 …………………………… 169
えい行移転 ……………………… 245
えい行移転と解体移転 ………… 245
永続性 …………………………… 28
塩田 ……………………………… 127

[お]
乙区 ……………………………… 116
主である建物の表示欄 ……… 152, 154
温室 ……………………………… 169

オンライン申請手続 …………… 4

[か]
外気分断性 ……………………… 28
改租図 …………………………… 72
解体移転 ………………………… 245
改築 ……………………………… 244
海底隆起 ………………………… 211
回答 ……………………………… 5
海面下の土地 …………………… 20
家屋台帳 ………………………… 12
家屋番号 ………………………… 157
家屋番号欄 ……………………… 157
各階平面図 …………………… 7, 53
河川 ……………………………… 23
火葬場 …………………………… 169
学校用地 ………………………… 127
合併制限 ………………………… 237
かわらぶき ……………………… 174
管轄登記所の指定 ……………… 245
観念的周壁 ……………………… 29

[き]
寄宿舎 …………………………… 170
基準点測量・基準点 …………… 55
基本三角点等 …………………… 86
規約共用部分 ………………… 193
規約敷地 ……………………… 185
却下 ………………………… 33, 282
(旧) 不動産登記法 ……………… 4
給油所 …………………………… 169
境界標 …………………………… 87
競技場 …………………………… 169
許可があったことを証する情報 … 303
行政区画 ………………………… 120

374

共同住宅	170
共用部分	193
共用部分である旨の登記	14
居宅	170, 171
許容誤差	137

[く]

草ぶき	174
区分建物	183, 188
区分建物の登記記録	198
区分建物の表題登記の申請	361
区分建物の表題部	200

[け]

形式主義	15
形式的審査権	17
鶏舎	169
形成的処分	41
形成的（創設的）登記	18, 40
境内地	129
競馬場	169
劇場	169
研究所	169
現地調査	64
原野	128
権利書	292
権利証	292
権利消滅承諾	319
権利に関する登記	8
権利の客体	9
権利の主体	9
権利部	37

[こ]

公園	131
公会堂	169
公共用物	20
甲区	116

公差	138
工作物	25
公示	8
校舎	169
公衆用道路	131
公衆浴場	169
工場	170
鉱泉地	127
構築性	28
講堂	169
合筆の登記	236
合筆の登記の申請	323
公有水面	23
公有水面の埋立て	211
公用廃止処分	21
誤差の限度	137
固着性	26
国家賠償法	35
固定資産税を課することができない土地建物	212
コンクリートブロック造	173

[さ]

再区分	262
債権者代位	46
最小行政区画	120
再築	244
作業場	170
雑種地	132
蚕室	169
山林	128

[し]

地押調査図	72
資格者代理人による本人確認情報の提供	294
敷地権	187
敷地権である旨の登記	191

敷地利用権	185		333
事前通知	294	診療所	169, 170
実質的審査権	16		
実地調査	31	[す]	
実地調査権	16	水道用地	130
事務所	169	スレートぶき	174
社会通念	25		
車庫	170	[せ]	
尺貫法	221	井溝	130
集会所	169	精度区分	138
住居表示番号	122	政令	5
住所証明情報	299	専有部分	194
従属的附属建物	179	専有部分の家屋番号欄	198
住民票コード	299	専有部分の建物の表示欄	200
守衛所	169	先例	5
縮尺	66		
種類欄	168	[そ]	
省令	5	倉庫	169
嘱託登記	49	測量	54
所在	7	測量の誤差	63
所在図番号欄	151	測量の精度	63
職権主義	17		
書面申請	277	[た]	
所有	42	田	125
所有権証明情報	299	代位による登記	46
所有権の登記名義人	42	堆積物	22
所有者	10	台帳制度	12
所有者の更正の登記	226	大福帳	5
所有者欄	116, 118	代理権限証明情報	301
人貨滞留性	29	宅地	125
人工地盤	27	建物	25
申請義務	15	建物所在図	7, 53
申請主義	17	建物図面	7, 53
申請書とじ方	280	建物の合体の登記	264
申請書の契印	280	建物の合併の登記	267
申請適格者	10	建物の区分の登記	259
新築	244	建物の構造	172
新築による建物の表題登記の申請		建物の個数	30

建物の種類 ………………… 168
建物の所在地番 …………… 154
建物の増築登記の申請 …… 346
建物の登記記録の表題部 … 151
建物の認定 ………………… 25
建物の表題部の更正の登記 … 253
建物の表題部の登記事項の変更の
　登記の申請 ……………… 356
建物の表題部の変更の登記 … 247
建物の分割の登記 ………… 255
建物の名称 ………………… 161
建物の滅失の登記 ………… 272
建物の滅失の登記の申請 … 341
建物の床面積 ……………… 162
ため池 ……………………… 130
団地 ………………………… 196
団地共用部分 ……………… 196

［ち］
地役権図面 ………………… 53
地先 ………………………… 156
池沼 ………………………… 128
地図 …………………………… 7, 53
地図混乱地域 ……………… 64
地図に準ずる図面（公図） … 53
地図の写し ………………… 68
地図の写しの交付請求 …… 67
地図の作成方法 …………… 64
地図番号欄 ………………… 117
地積 ………………………… 134
地積測定の公差 …………… 140
地積測定（面積測定）……… 62
地積測量図 ………………… 7, 53
地積の更正の登記 ………… 225
地積の更正の登記の申請 … 312
地積の変更の登記 ………… 222
地番区域 …………………… 120
地目 ………………………… 123

地目の更正の登記 ………… 224
地目の更正の登記の申請 … 307
地目の変更の登記 ………… 219
茶室 ………………………… 169
中間地目 …………………… 124
駐車場 ……………………… 170

［つ］
通達 ………………………… 5
堤 …………………………… 130

［て］
停車場 ……………………… 169
抵当権の消滅の承諾 ……… 231
鉄筋コンクリート造 ……… 173
鉄骨造 ……………………… 173
鉄骨鉄筋コンクリート造 … 173
鉄道用地 …………………… 127
電子申請 …………………… 277
添付情報 …………………… 288
店舗 ………………………… 170, 171

［と］
登記官 ……………………… 3
登記記録 …………………… 5
登記原因およびその年月日 … 145
登記識別情報の通知 ……… 293
登記識別情報の提供 ……… 293
登記事項証明書 …………… 10
登記所 ……………………… 3
登記申請の却下 …………… 282
登記済証 …………………… 292
登記の対抗力 ……………… 13, 14
登記の年月日 ……………… 146
登記の流用 ………………… 245
登記簿 ……………………… 5
登記簿の電子化 …………… 6
登録免許税 ………………… 281

特別法による代位 ……………… 46	表題部 ………………………… 7, 116
土蔵造 …………………………… 173	表題部所有 ……………………… 42
土地改良事業 …………………… 70	平屋建 …………………………… 175
土地家屋調査士 ………………… 33	
土地区画整理事業 ……………… 70	[ふ]
土地所在図 ……………………… 53	不完全物権変動説 ……………… 14
土地台帳 ………………………… 12	附属建物 ………………………… 177
土地台帳事務 …………………… 72	附属建物の新築の登記の申請 …… 351
土地の所在 ……………………… 119	附属建物の表示欄 ……………… 153
土地の定着物 …………………… 6, 26	物権 ……………………………… 8
土地の表示欄 …………………… 118	物権行為 ………………………… 14
土地の表題部の氏名等の変更また	物権的請求権 …………………… 8
は更正の登記 ………………… 216	物権の得喪及び変更 …………… 7
土地の表題部の登記事項の更正の	物権の優先的効力 ……………… 8
登記 …………………………… 223	物権変動 ………………………… 13
土地の表題部の登記事項の変更の	不動産 …………………………… 6
登記 …………………………… 214	不動産登記規則（法務省令）…… 4
土地の滅失の登記 ……………… 228	不動産登記事務取扱手続準則（法
土地の滅失の登記の申請 ……… 329	務省民事局長通達）…………… 4
	不動産登記法 …………………… 4
[な]	不動産登記法の目的 …………… 9
縄縮み …………………………… 136	不動産登記令（政令）…………… 4
縄のび …………………………… 136	不動産番号 ……………………… 144
	分合筆の登記 …………………… 240
[は]	分筆錯誤 ………………………… 232
バインダー式 …………………… 5	分筆の意思 ……………………… 230
畑 ………………………………… 125	分筆の登記 ……………………… 229
発電所 …………………………… 169	分筆の登記の申請 ……………… 317
	分離処分可能規約 ……………… 186
[ひ]	分離処分禁止の原則（一体性の原
筆界点 …………………………… 55	則）……………………………… 185
筆界点間の距離誤差 …………… 138	
筆界点の位置誤差 ……………… 138	[へ]
筆界特定 ………………………… 117	平均二乗誤差（標準偏差）……… 138
病院 ……………………… 169, 170	便所 ……………………………… 169
表示に関する登記 ……………… 7	変電所 …………………………… 169
表題登記の申請人 ……………… 213	
表題登記のない土地 …………… 212	

[ほ]
保安林 ……………………………… 131
報告的登記 ………………………… 40
法人代表者の資格証明書 ………… 300
法定共用部分 ……………………… 193
法定敷地 …………………………… 188
法務局以外が作成した地図 ……… 63
法務局による不動産登記法14条地
　　図作成作業 …………………… 63
法律 …………………………………… 5
牧場 ………………………………… 128
補正 …………………………………… 33
墓地 ………………………………… 129

[ま]
マイラー化 ………………………… 56
マイラー地図 ……………………… 54

[も]
木造 ………………………………… 173
物 ……………………………………… 9
物置 ………………………………… 169

[や]
野球場 ……………………………… 169

屋根の種類 ………………………… 174

[ゆ]
遊技場 ……………………………… 169
床面積欄 …………………………… 162

[よ]
用悪水路 …………………………… 130
用途性 ……………………………… 29
寄洲 ………………………………… 212

[ら]
酪農舎 ……………………………… 169

[り]
陸屋根(りくやね) ………………… 174
料理店 ……………………………… 169
旅館 ………………………………… 169

[れ]
れんが造 …………………………… 173

事項索引　379

基礎からわかる表示登記

平成29年3月30日　第1刷発行

著　者　横　山　亘
発行者　小　田　徹
印刷所　株式会社日本制作センター

〒160-8520　東京都新宿区南元町19
発　行　所　一般社団法人 金融財政事情研究会
　　　　　編集部　TEL 03(3355)2251　FAX 03(3357)7416
販　　売　株式会社きんざい
　　　　　販売受付　TEL 03(3358)2891　FAX 03(3358)0037
　　　　　URL http://www.kinzai.jp/

・本書の内容の一部あるいは全部を無断で複写・複製・転訳載すること、および磁気または光記録媒体、コンピュータネットワーク上等へ入力することは、法律で認められた場合を除き、著作者および出版社の権利の侵害となります。
・落丁・乱丁本はお取替えいたします。定価はカバーに表示してあります。

ISBN978-4-322-13032-4